THÉATRE COMPLET

DE

ALEX. DUMAS

VII

MADEMOISELLE DE BELLE-ISLE
UN MARIAGE SOUS LOUIS XV — LORENZINO

NOUVELLE ÉDITION

PARIS
CALMANN LÉVY, ÉDITEUR
ANCIENNE MAISON MICHEL LÉVY FRÈRES
3, RUE AUBER, 3

—

1883
Droits de reproduction et de traduction réservés

ŒUVRES COMPLÈTES

D'ALEXANDRE DUMAS

THÉATRE

VII

ŒUVRES COMPLÈTES D'ALEXANDRE DUMAS
PUBLIÉES DANS LA COLLECTION MICHEL LÉVY

Titre	Vol.
Acté	1
Amaury	1
Ange Pitou	2
Ascanio	2
Une Aventure d'amour	1
Aventures de John Davys	2
Les Baleiniers	2
Le Bâtard de Mauléon	3
Black	1
Les Blancs et les Bleus	3
La Bouillie de la comtesse Berthe	1
La Boule de neige	1
Bric-à-Brac	1
Un Cadet de famille	3
Le Capitaine Pamphile	1
Le Capitaine Paul	1
Le Capitaine Rhino	1
Le Capitaine Richard	1
Catherine Blum	1
Causeries	2
Cécile	1
Charles le Téméraire	2
Le Chasseur de Sauvagine	1
Le Château d'Eppstein	2
Le Chevalier d'Harmental	2
Le Chevalier de Maison-Rouge	2
Le Collier de la reine	3
La Colombe. — Maître Adam le Calabrais	1
Les Compagnons de Jéhu	2
Le Comte de Monte-Cristo	6
La Comtesse de Charny	6
La Comtesse de Salisbury	2
Les Confessions de la marquise	2
Conscience l'Innocent	1
Création et Rédemption. — Le Docteur mystérieux	2
— La Fille du Marquis	1
La Dame de Monsoreau	3
La Dame de Volupté	2
Les Deux Diane	3
Les Deux Reines	2
Dieu dispose	2
Le Drame de 93	3
Les Drames de la mer	1
Les Drames galants. — La Marquise d'Escoman	2
Emma Lyonna	5
La Femme au collier de velours	1
Fernande	1
Une Fille du régent	1
Filles, Lorettes et Courtisanes	1
Le Fils du forçat	1
Les Frères corses	1
Gabriel Lambert	1
Les Garibaldiens	1
Gaule et France	1
Georges	1
Un Gil Blas en Californie	1
Les Grands Hommes en robe de chambre : César	2
— Henri IV, Louis XIII, Richelieu	2
La Guerre des femmes	2
Hist. de mes bêtes	1
Histoire d'un casse-noisette	1
L'Homme aux contes	1
Les Hommes de fer	1
L'Horoscope	1
L'Ile de Feu	2
Impressions de voyage : En Suisse	3
— Une Année à Florence	2
— L'Arabie Heureuse	2
— Les Bords du Rhin	2
— Le Capit. Arena	1
— Le Caucase	3
— Le Corricolo	2
— Le Midi de la France	2
— De Paris à Cadix	2
— Quinze jours au Sinaï	1
— En Russie	4
— Le Speronare	2
— Le Véloce	2
— La Villa Palmieri	1
Ingénue	2
Isaac Laquedem	1
Isabel de Bavière	2
Italiens et Flamands	2
Ivanhoe de Walter Scott (traduction)	2
Jacques Ortis	1
Jacquot sans Oreilles	1
Jane	1
Jehanne la Pucelle	1
Louis XIV et son Siècle	4
Louis XV et sa Cour	2
Louis XVI et la Révolution	2
Les Louves de Machecoul	3
Madame de Chamblay	2
La Maison de glace	2
Le Maître d'armes	1
Les Mariages du père Olifus	1
Les Médicis	1
Mes Mémoires	10
Mémoires de Garibaldi	2
Mém. d'une aveugle	1
Mémoires d'un médecin : Balsamo	5
Le Meneur de loups	1
Les Mille et un Fantômes	1
Les Mohicans de Paris	4
Les Morts vont vite	2
Napoléon	1
Une Nuit à Florence	1
Olympe de Clèves	3
Le Page du duc de Savoie	2
Parisiens et Provinciaux	2
Le Pasteur d'Ashbourn	1
Pauline et Pascal Bruno	1
Un Pays inconnu	2
Le Père Gigogne	2
Le Père la Ruine	1
Le Prince des Voleurs	2
Princesse de Monaco	2
La Princesse Flora	1
Propos d'Art et de Cuisine	1
Les Quarante-Cinq	3
La Régence	1
La Reine Margot	2
Robin Hood le Proscrit	3
La Route de Varennes	1
Le Saltéador	1
Salvator (suite des Mohicans de Paris)	5
La San-Félice	4
Souvenirs d'Antony	1
Souvenirs dramatiques	2
Souvenirs d'une Favorite	4
Les Stuarts	1
Soltanetta	1
Sylvandire	1
Terreur prussienne	2
Le Testament de M. Chauvelin	1
Théâtre complet	25
Trois Maîtres	1
Les Trois Mousquetaires	2
Le Trou de l'enfer	1
La Tulipe noire	1
Le Vicomte de Bragelonne	6
La Vie au Désert	2
Une Vie d'artiste	1
Vingt Ans après	3

F. Aureau. — Imp. de Lagny.

MADEMOISELLE DE BELLE-ISLE

, DRAME EN CINQ ACTES, EN PROSE

Théâtre-Français. — 12 avril 1839.

A MADEMOISELLE MARS

Hommage d'admiration profonde et de sincère reconnaissance.

ALEX. DUMAS.

DISTRIBUTION

LE DUC DE RICHELIEU, pair de France............ MM.	FIRMIN.
LE CHEVALIER D'AUBIGNY, gentilhomme breton, lieutenant aux gardes du roi.....................	LOCKROY
LE DUC D'AUMONT, capitaine aux gardes..........	MIRECOURT.
LE CHEVALIER D'AUVRAY, lieutenant des maréchaux de France, greffier du point d'honneur.......	FONTA.
CHAMILLAC....................................	MATHIEN.
PREMIER LAQUAIS de la marquise de Prie............	ALEXANDRE.
GERMAIN, laquais du duc de Richelieu..............	MONTLAUR.
LA MARQUISE DE PRIE........................ Mlles	MANTE.
MADEMOISELLE GABRIELLE DE BELLE-ISLE.....	MARS.
MARIETTE, femme de chambre de la marquise de Prie.	DUPONT.
SEIGNEURS, VALETS.	

— A Chantilly, les 25 et 26 du mois de juin 1726.

ACTE PREMIER

Un boudoir attenant à une chambre à coucher.

SCÈNE PREMIÈRE

LA MARQUISE DE PRIE, à sa toilette; MARIETTE, décachetant des lettres qu'elle jette dans un brûle-parfums.

LA MARQUISE.

Va tout de suite à la signature, il n'y a pas une de ces lettres dont je ne sache d'avance le contenu.

MARIETTE.

Madame la marquise est bien indifférente aujourd'hui.

LA MARQUISE.

Eh! ne voyez-vous pas, ma chère, que toutes ces protestations d'amour, toutes ces assurances de dévouement, s'adressent, non à la fille du traitant Pléneuf, ni à la femme du marquis de Prie, mais à la favorite de M. le duc de Bourbon, successeur du régent et premier ministre de Sa Majesté Louis XV? Brûle donc, brûle!

MARIETTE, lisant les signatures.

M. de Nocé.

LA MARQUISE, se coiffant.

Brûle!

MARIETTE.

M. de Duras.

LA MARQUISE.

Brûle!

MARIETTE.

M. d'Aumont.

LA MARQUISE.

Brûle, brûle!

MARIETTE.

J'espère qu'en voilà, de l'amour, qui s'en va en fumée!

LA MARQUISE.

C'est tout?

MARIETTE.

C'est tout.

LA MARQUISE.

Rien de M. le duc de Richelieu?

MARIETTE.

Rien.

LA MARQUISE.

C'est bizarre!

MARIETTE.

Madame la marquise me permettra-t-elle de lui avouer qu'elle m'inquiète sérieusement?

LA MARQUISE.

Comment cela?

MARIETTE.

C'est que madame la marquise paraît menacée d'un véritable amour.

LA MARQUISE.

Pour le duc?

MARIETTE.

Pour le duc.

LA MARQUISE.

Vous croyez?

MARIETTE.

J'en tremble! Que madame la marquise y prenne garde, on en meurt.

LA MARQUISE.

Bah!

MARIETTE.

Madame Michelin.

LA MARQUISE.

Une tapissière...

MARIETTE.

N'importe : à la place de madame la marquise, j'y ferais attention.

LA MARQUISE.

Et qui vous fait croire que ce soit dangereux?

MARIETTE.

Les symptômes.

LA MARQUISE.

Vraiment?

MARIETTE.

Il y a inquiétude quand ses lettres n'arrivent pas, indifférence quand les lettres des autres arrivent, fidélité depuis trois semaines; la maladie en est au troisième degré, dernière période.

LA MARQUISE.

Je t'étonnerais bien davantage si je te disais une chose.

MARIETTE.

Laquelle?

LA MARQUISE.

Curieuse!

MARIETTE.

Que madame la marquise me pardonne; c'est qu'il y a si longtemps que je n'ai été étonnée!

LA MARQUISE.

Eh bien, c'est que le duc est fidèle.

MARIETTE.

Est-ce que madame la marquise me permettra d'en douter?

LA MARQUISE.

Doute si tu veux; j'en suis sûre, moi.

MARIETTE.

Malgré son voyage à Paris?

LA MARQUISE.

Malgré son voyage.

MARIETTE.

Madame la marquise lui a donc fait prendre un philtre?

LA MARQUISE.

Non, je lui ai fait donner sa parole.

MARIETTE.

Ah! le bon billet qu'a la Châtre!

LA MARQUISE, tirant d'une bourse la moitié d'un s...

Vois-tu ceci?

MARIETTE.

La moitié d'une pièce d'or?

LA MARQUISE.

Oui; eh bien, le duc de Richelieu ne m'a pas encore renvoyé l'autre.

MARIETTE.

Ce qui veut dire?

LA MARQUISE.

Qu'il m'aime toujours.

MARIETTE.

Cela demande une explication.

LA MARQUISE.

Elle ne sera pas longue... Ce qui rend malheureux en amour, c'est moins de ne pas être aimé quand on aime que d'être encore aimé quand on n'aime plus.

MARIETTE.

Ce que dit madame la marquise est plein de profondeur.

LA MARQUISE.

Eh bien, quand j'ai renoué avec M. le duc de Richelieu, à son retour de Vienne, nous avons arrêté une chose : c'est que, sous aucun prétexte, cette liaison ne deviendrait un tourment; en conséquence, nous avons brisé un sequin en deux parties égales, nous en avons pris chacun une, et nous sommes convenus que le premier qui n'aimerait plus, au moment même où il cesserait d'aimer, renverrait à l'autre sa moitié, avec parole mutuelle que celui qui la recevrait n'aurait pas le plus petit mot à dire, et ne ferait pas le moindre reproche. M. de Richelieu ne m'a pas encore renvoyé sa moitié; donc, il m'aime encore.

(Madame de Prie remet la moitié de sequin dans sa bourse, qu'elle referme et pose sur sa toilette.)

MARIETTE.

Oh ! mais c'est du plus grand ingénieux, cela ! peut-être aussi est-ce l'habitude en Autriche; cela prouverait énormément en faveur de la civilisation allemande.

UN LAQUAIS, entrant.

M. le duc de Richelieu désirerait avoir l'honneur de présenter ses hommages à madame la marquise.

LA MARQUISE.

Le duc de Richelieu?

LE LAQUAIS.

Il arrive de Paris à l'instant même, et fait demander si madame la marquise est visible.

LA MARQUISE.

Certainement. (Le Laquais sort. A Mariette.) Voilà pourquoi je n'avais pas de lettre.

MARIETTE.

C'est miraculeux ! Madame la marquise veut-elle que je la laisse seule?

LA MARQUISE.

Dans un instant; ce serait remarqué, peut-être, si vous me quittiez tout de suite.

SCÈNE II

Les Mêmes, LE DUC DE RICHELIEU.

LE DUC, de la porte.

Madame la marquise veut bien me recevoir à mon débotté?

LA MARQUISE.

En aviez-vous douté, cher duc?

LE DUC, lui baisant la main.

Est-ce trop de fatuité que de vous répondre non?

LA MARQUISE.

Vous permettez que cette fille achève de m'ajuster?

LE DUC.

Comment donc!

(Il s'appuie au canapé sur lequel est assise la Marquise.)

LA MARQUISE.

Et vous arrivez de Paris?

LE DUC.

Il y a dix minutes.

LA MARQUISE.

Qu'y fait-on de nouveau?

LE DUC.

On portait dans les rues la châsse de sainte Geneviève.

LA MARQUISE.

Et pourquoi?

LE DUC.

Pour obtenir du soleil.

LA MARQUISE.

Et les Parisiens s'adressent à sainte Geneviève pour cela?

LE DUC.

Que voulez-vous! ils ne savent pas que c'est vous qui faites la pluie et le beau temps.

LA MARQUISE.

A propos, avez-vous rencontré madame d'Allainville?

LE DUC.

Oui, chez Charost.

LA MARQUISE.

Que fait-elle?

LE DUC.

Elle continue de maigrir.

LA MARQUISE.
Ah bah! impossible, elle était impalpable.
LE DUC.
Eh bien, elle devient invisible, voilà tout! Et ici?
LA MARQUISE.
Oh! mon Dieu, rien qui mérite la peine d'être dit. M. le duc de Bourbon a chassé; moi, je vous ai attendu; voilà comme le temps s'est écoulé.
LE DUC.
Je croyais d'Auvray à Chantilly.
LA MARQUISE.
Il y est effectivement.
LE DUC.
Est-ce qu'en sa qualité de lieutenant de nosseigneurs les maréchaux et de greffier du point d'honneur, il flairait quelque duel?
LA MARQUISE.
Non pas, que je sache.
LE DUC.
Est-il venu seul?
LA MARQUISE.
Avec d'Aumont.
LE DUC.
Oh! vraiment? Ce brave duc, toujours coiffé de la veille et rasé d'une semaine, c'est bien, sur mon honneur, le gentilhomme le plus débraillé de France.
LA MARQUISE, à Mariette.
Cela suffit, mademoiselle; je n'ai plus besoin de vous; mais ne vous éloignez pas.

(Mariette sort.)

SCÈNE III

LE DUC DE RICHELIEU, LA MARQUISE.

LE DUC, s'asseyant près de la Marquise.
Chère marquise, enfin nous voilà donc seuls!
LA MARQUISE.
Après huit jours d'absence, quand vous deviez revenir au bout de cinq!

LE DUC.

Huit jours!... était-ce trop pour faire ma cour au jeune roi, après deux ans d'exil à Vienne?

LA MARQUISE.

Et puis pour revoir madame de Villars, madame de Duras, madame de Villeroy, madame de Sabran, madame de Mouchy, mademoiselle de Charolais, madame de Soubise, madame...

LE DUC.

Mais cela m'a presque l'air d'un reproche.

LA MARQUISE.

Et, si c'en était un, que diriez-vous?

LE DUC.

Que vous venez au-devant de celui que j'allais vous faire.

LA MARQUISE.

Et lequel, s'il vous plaît?

LE DUC.

Pendant ces huit jours, pas la plus petite lettre, pas le moindre mot d'amour! Savez-vous que je ne connais pas même votre écriture?

LA MARQUISE.

Ah! duc, pour un diplomate, vous faites là une lourde faute. Est-ce que la favorite d'un premier ministre peut écrire à son amant, surtout lorsque cet amant s'appelle le duc de Richelieu? Nous savons trop bien le parti que vous tirez de pareilles pièces, monseigneur!

LE DUC.

Ah! vous voulez parler de la lettre de la duchesse de Berry. Voilà que vous allez me reprocher le plus beau trait de ma carrière amoureuse! une action à la Bayard! Eh bien, je lui ai rendu sa lettre pour ne pas désoler Riom. Est-ce que je vous parle de d'Aumont, moi, lequel a profité de mon absence pour venir traîtreusement à Chantilly?

LA MARQUISE.

Le fait est que je ne sais pas si c'est d'amour, mais, d'honneur, il est à moitié fou.

LE DUC.

Oh! marquise, vous lui faites tort de l'autre moitié. Vous m'aimez donc toujours?

LA MARQUISE.

Et vous?

LE DUC.

Moi, c'est de la folie. A propos, permettez-vous, quoique vous n'écriviez pas, ma belle discrète, que je vous offre ces tablettes? C'est ce que j'ai trouvé de plus nouveau et de plus digne de vous.

LA MARQUISE.

Vous croyez me prendre en défaut et avoir un avantage sur moi? Me permettrez-vous, mon fidèle chevalier, maintenant que l'on dit que vous êtes devenu économe, de vous offrir cette bourse, que j'ai brodée de ma main?

LE DUC.

Ah! mais voilà qui est charmant de votre part, marquise, chère marquise!

LA MARQUISE, regardant les tablettes.

Mes armes! décidément, c'était bien pour moi.

LE DUC, regardant la bourse.

Mon chiffre! il n'y a pas à s'y tromper. (La Marquise veut ouvrir les tablettes.) Ah! n'ouvrez pas! quand je n'y serai plus, à la bonne heure!

(Il se lève.)

LA MARQUISE.

Est-ce que vous me quittez déjà?

LE DUC.

Il faut que j'aille faire ma cour à M. le duc.

LA MARQUISE.

Vous savez qu'il part demain?

LE DUC.

Oui, j'ai appris cela; il est invité aux chasses de Rambouillet, n'est-ce pas?

LA MARQUISE.

Décidément, monseigneur de Fréjus est en baisse, et nous sommes toujours rois de France.

LE DUC.

Je baise les mains de Votre Majesté.

LA MARQUISE.

A bientôt?

LE DUC.

Vous le demandez! (A part, en sortant.) Elle m'aime toujours, cette bonne marquise.

(Il sort.)

LA MARQUISE.

Ce pauvre duc! plus amoureux que jamais! il n'a pas voulu me laisser ouvrir ses tablettes... Quelque lettre d'amour! quelque madrigal! (Elle les ouvre.) Que vois-je! la moitié de mon sequin!

LE DUC, reparaissant à la porte, tenant la bourse d'une main et, de l'autre, montrant la seconde moitié de la pièce.

Marquise!

LA MARQUISE, tenant les tablettes d'une main et lui montrant, de l'autre, sa moitié de pièce.

Duc!

(Ils éclatent de rire tous deux.)

LE DUC.

Parbleu! nos cœurs étaient faits l'un pour l'autre, ou je ne m'y connais pas!

LA MARQUISE.

Oh! le fait est, mon cher duc, que c'est d'une sympathie miraculeuse!

LE DUC, s'approchant.

Vous ne m'aimez plus?

LA MARQUISE.

Si, je vous aime toujours. Et vous?

LE DUC.

Oh! et moi aussi.

LA MARQUISE.

Comme amie.

LE DUC.

Comme ami.

LA MARQUISE.

Alors, vous en aimez une autre comme maîtresse?

LE DUC.

J'en ai peur! Et vous, vous avez un nouvel amant?

LA MARQUISE.

Oh! moi, j'ai la tête perdue.

LE DUC, se rasseyant.

Bah! vraiment! vous allez me conter cela?

LA MARQUISE.

Confidence pour confidence.

LE DUC.

C'est juste!... d'autant plus que j'ai compté sur vous!

LA MARQUISE.

Ah! voilà que vous me donnez le rôle de madame de Villars; eh bien, je l'accepte. Voyons, qu'y a-t-il?

LE DUC.

Vous, d'abord.

LA MARQUISE.

Un jeune gentilhomme breton que j'ai fait passer du régiment de Champagne dans les gardes du roi.

LE DUC.

Par l'influence du duc de Bourbon?

LA MARQUISE.

Oh! non, par celle de Moutrain de Fournaise.

LE DUC.

Ah! ce bon capitaine! c'est vrai, je l'avais oublié : toujours en enfance?

LA MARQUISE.

Mon Dieu, oui, depuis l'âge de raison.

LE DUC.

Et le nom du rival?

LA MARQUISE.

Le chevalier d'Aubigny.

LE DUC.

Ah! bonne famille, ma foi, bonne famille! Et connaît-il son bonheur?

LA MARQUISE.

Il ne connaît rien du tout; les épaulettes lui sont venues toutes seules.

LE DUC.

Ah çà! mais, ce coquin-là, il doit se croire le filleul d'une fée. Et où est-il, sans indiscrétion?

LA MARQUISE.

Ici.

LE DUC.

Ah! ici!

LA MARQUISE.

Il fait partie du détachement en garnison à Chantilly.

LE DUC.

Diable! et comment ne m'avez-vous pas envoyé cette bourse plus tôt?

LA MARQUISE.

Il n'est arrivé que d'hier.

LE DUC.
Je suis dans mon tort ; il n'y avait pas de temps perdu.
LA MARQUISE.
A votre tour maintenant... J'espère que j'ai été franche.
LE DUC.
Je vais suivre l'exemple. Imaginez-vous une personne charmante.
LA MARQUISE.
Ah ! ménagez mon amour-propre ; je ne vous ai pas fait le portrait du chevalier.
LE DUC.
C'est juste : une provinciale.
LA MARQUISE.
Que vous avez rencontrée ?
LE DUC.
Chez M. de Fréjus, d'abord.
LA MARQUISE.
Ah ! M. de Fleury.
LE DUC.
Puis chez le roi.
LA MARQUISE.
Quelque la Vallière ?
LE DUC.
Point ; c'est ce qui vous trompe ; une fille de noblesse qui vient de la Bretagne pour solliciter la grâce de son père et de ses frères, prisonniers à la Bastille, et que monseigneur de Fréjus a renvoyée au roi, et le roi à M. le duc ; de sorte qu'elle est arrivée ce matin une heure avant moi.
LA MARQUISE.
Et elle est ici ?
LE DUC.
Comme M. le chevalier d'Aubigny... C'est d'un hasard étourdissant.
LA MARQUISE.
Vraiment, duc ?
LE DUC.
En honneur !
LA MARQUISE.
Eh bien, qu'est-ce que tout cela va devenir ?

LE DUC.

Je n'en sais rien; mais cela promet d'être assez amusant, pour peu que cela se complique.

LA MARQUISE.

Maintenant, vous n'avez oublié qu'une chose.

LE DUC.

Laquelle?

LA MARQUISE.

Le nom de cette charmante Bretonne.

LE DUC.

Mademoiselle de Belle-Isle.

LA MARQUISE.

La petite-fille de Fouquet?

LE DUC.

Elle-même.

LA MARQUISE.

Mais, vous le savez, duc, ces Belle-Isle sont mes ennemis.

LE DUC.

Bah! qui vous a dit cela? Un Pâris-Duverney, qui est devenu, de garçon cabaretier, soldat aux gardes, et, de soldat aux gardes, financier. Quelle foi voulez-vous ajouter aux accusations d'un pareil homme?

LA MARQUISE.

Cependant le père est compromis dans l'affaire Leblanc, et les fils sont accusés d'assassinat.

LE DUC.

Eh! mon Dieu, oui; on dit ces choses-là pour faire mettre les gens à la Bastille; on y croit même tant qu'ils n'y sont pas; et puis, quand ils y sont, on les y laisse, mais on n'y croit plus. Tenez, marquise, je ne sais pas si c'est parce que j'y ai été trois fois, à la Bastille, mais j'ai grande pitié de ceux qui y vont, et surtout de ceux qui y retournent.

LE LAQUAIS, annonçant.

Mademoiselle de Belle-Isle.

LA MARQUISE.

Eh bien, pourquoi annoncez-vous ainsi sans vous informer si je veux recevoir?

LE LAQUAIS.

Madame la marquise avait dit que, ce matin...

LA MARQUISE.

Oui, j'aurais un lever, mais pas pour tout le monde.

LE DUC.

Oh! marquise, je vous en supplie.

LA MARQUISE.

Je n'ai rien à vous refuser, mon cher duc. (Au Laquais.) Faites entrer.

LE DUC.

Vous êtes adorable.

LA MARQUISE.

Il paraît que mon rôle commence.

SCÈNE IV

Les Mêmes, MADEMOISELLE DE BELLE-ISLE.

MADEMOISELLE DE BELLE-ISLE.

Madame...

LA MARQUISE.

Approchez, mademoiselle.

MADEMOISELLE DE BELLE-ISLE.

Que vous êtes bonne d'avoir daigné me recevoir ainsi sur ma première demande!

LA MARQUISE.

Ce n'est pas moi qu'il faut remercier, c'est M. le duc de Richelieu.

MADEMOISELLE DE BELLE-ISLE.

Monsieur le duc!

LA MARQUISE.

Il m'a dit que l'affaire qui vous amenait était pressante et ne pouvait se remettre.

MADEMOISELLE DE BELLE-ISLE.

Merci donc d'abord à M. le duc de Richelieu! j'avais eu le bonheur de le rencontrer sur ma route pour m'ouvrir les portes de Versailles : il paraît qu'il ne m'a point abandonnée à Chantilly. Mais, ensuite, merci à vous, madame, à vous dont la grâce et la bonté me sont d'un si heureux présage!

LA MARQUISE.

Eh bien, me voilà ; dites-moi comment je puis vous être utile.

MADEMOISELLE DE BELLE-ISLE.

Mon nom vous a appris qui je suis ; ma démarche doit vous dire quelle est la grâce que je sollicite. Mon père et mes deux frères sont à la Bastille depuis trois ans ; mon père, un vieux gentilhomme, accusé de fraude et de concussion ; mes frères, des soldats, accusés de meurtre et de guet-apens. Vous voyez bien que c'est impossible, madame ; et cependant, depuis trois ans, j'attendais près de ma mère que justice leur fût faite ; mais ma mère est morte, et je me suis trouvée entre une tombe et une prison. Alors, je suis partie seule, sous la sauvegarde de mon malheur.

LA MARQUISE.

Que vouliez-vous ?

MADEMOISELLE DE BELLE-ISLE.

Voir M. de Fréjus, me jeter aux pieds du roi !

LA MARQUISE.

Eh bien ?

MADEMOISELLE DE BELLE-ISLE.

Eh bien, madame, j'ai été repoussée par tous : par M. de Fréjus, qui m'a dit que les affaires politiques ne le regardaient pas ; par le roi, qui, occupé des plaisirs de son âge, ignore jusqu'à l'existence de ceux que l'on persécute en son nom. Enfin on m'a renvoyée à M. le duc de Bourbon, et je suis venue à vous, madame ; pourquoi ? par instinct, parce que vous êtes une femme, parce que, moi, pauvre fille de la Bretagne, épouvantée des cours, tremblant à chaque instant de commettre quelque faute d'étiquette, je me suis crue sauvée du moment que je pourrais parler à une femme.

LE DUC.

Et vous avez eu raison, mademoiselle : madame la marquise fera tout ce qu'elle pourra, je vous le promets en son nom.

LE LAQUAIS, annonçant.

M. le duc d'Aumont, M. le chevalier d'Auvray.

LE DUC.

Au diable les malvenus !

LA MARQUISE.

Vous le voyez, mademoiselle, quelque intérêt que m'inspire votre dévouement, je suis forcée de recevoir ; plus tard, nous reprendrons cette conversation.

MADEMOISELLE DE BELLE-ISLE.

Ah ! madame, plus tard, vous retrouverai-je aussi parfaite ? Il me reste tant de choses à vous dire, mon Dieu, qui convaincraient votre esprit ou qui toucheraient votre cœur ! Qui sait même si je pourrai parvenir jusqu'à vous, et si les persécuteurs de ma famille ne lui auront pas fait demain une ennemie de celle que j'implore aujourd'hui comme mon ange sauveur?

LA MARQUISE.

Comment faire? Je voudrais vous entendre; mais...

LE DUC.

Eh bien, marquise, il y a moyen de tout arranger : entrez chez vous avec mademoiselle, et je vais recevoir ces messieurs en votre nom.

LA MARQUISE.

Je me suis engagée à ne vous rien refuser aujourd'hui, monsieur le duc; faites donc les honneurs à ma place. Venez, mademoiselle.

MADEMOISELLE DE BELLE-ISLE.

Ah! madame, c'est le ciel qui m'a inspirée lorsque je suis venue à vous, et c'est lui qui vous récompensera tous deux; car, moi, je ne puis que vous remercier.

(Elle sort avec la Marquise.)

SCÈNE V

LE DUC DE RICHELIEU, puis LE DUC D'AUMONT et LE CHEVALIER D'AUVRAY.

LE DUC.

Voilà qui va à merveille : je tire le père et les fils de la Bastille, et, comme une bonne action trouve toujours sa récompense, je suis récompensé, ou il n'y a plus de justice humaine. Faites entrer ces messieurs. (Ils entrent.) Bonjour, duc.

D'AUMONT.

Bonjour, duc.

LE DUC, à d'Auvray.

Ah! c'est vous, chevalier! Nous ne nous sommes pas vus, je crois, depuis le jour où je voulais me couper la gorge avec le comte Emmanuel de Bavière, et où vous m'avez arrêté; oui, parbleu! bien arrêté, au nom de nosseigneurs les maréchaux de France. Sans rancune.

D'AUVRAY.

Sans rancune, sans rancune! c'est bientôt dit. Que vous me pardonniez de vous avoir sauvé un coup d'épée, peut-être, je le comprends; mais reste à savoir si nous vous pardonnerons, nous, d'être depuis une heure en tête-à-tête avec la marquise, tandis que nous ne serons pas même admis à baiser le bas de sa robe.

D'AUMONT.

Elle t'a donc chargé de ses pouvoirs vis-à-vis de nous?

LE DUC.

Oui, et j'en profiterai pour te donner un conseil en son nom.

D'AUMONT.

A moi?

LE DUC.

A toi.

D'AUMONT.

Donne.

LE DUC, lui mettant la main sur l'épaule.

Écoute, d'Aumont : Dieu t'a fait bon gentilhomme, le roi t'a fait duc et pair, madame la duchesse d'Orléans t'a fait cordon bleu, ta femme t'a fait... capitaine des gardes; moi, je t'ai fait chevalier de Saint-Louis, à telles enseignes que j'ai été forcé de t'embrasser ce jour-là; fais donc à ton tour quelque chose pour toi : fais-toi la barbe.

D'AUMONT.

Que veux-tu, mon cher! c'est une tradition de la Régence : on nous aimait comme cela alors, et ce n'est pas nous qui avons changé, ce sont les femmes. Au diable la mode! tout le monde n'a pas été doué comme toi de la faculté de se plier à tout et de passer partout; il n'était donné qu'à Fronsac de devenir Richelieu! Mais nous verrons comment tu t'en tireras au milieu de l'amélioration des mœurs, comme disent les philosophes.

LE DUC.

Ah çà! véritablement, chevalier, est-ce que nous sommes devenus aussi prudes que le dit d'Aumont?

D'AUVRAY.

Mon cher duc, ne m'en parlez pas : autrefois, vous savez, de fondation, toutes les femmes avaient un confesseur et deux amants; aujourd'hui, c'est tout le contraire, elles ont un amant et deux confesseurs; c'est une conséquence naturelle des choses; nous sommes tombés de cardinal en évêque, passés de Dubois à Fleury.

LE DUC.

Bah! vous avez toujours été misanthrope, mon cher d'Auvray.

D'AUMONT.

Non, d'honneur, c'est la vérité pure; il tient la chose de bonne source : c'est sa femme qui la lui a dite.

D'AUVRAY.

Eh bien, voilà ce qui te trompe, d'Aumont : c'est la tienne.

D'AUMONT.

Alors la chose n'en est que plus sûre. Tu vois bien, mon cher, qu'en échange de ton conseil, je puis t'en donner un à mon tour : c'est de retourner à Vienne.

LE LAQUAIS.

M. le chevalier d'Aubigny.

LE DUC, à part.

Ah! ah! mon rival!... Décidément, c'est une femme de goût que la marquise. (Haut.) Et pourquoi retourner à Vienne?

D'AUVRAY.

Parce qu'il n'y a plus rien à faire ici.

LE DUC.

Parlez pour vous, messieurs.

D'AUVRAY.

Ah! nous parlons pour tous.

LE DUC.

Eh bien, c'est ce que nous verrons.

D'AUMONT.

D'honneur, duc, je n'aurais pas cru que tu pusses devenir plus fat que tu ne l'étais. C'est la maîtresse du prince Eugène qui t'a achevé. Tu te crois un grand tacticien parce que vous vous êtes rencontrés sur le même champ de bataille : retourne à Vienne, mon cher.

LE DUC.

Un pari.

D'AUVRAY.

Lequel?

LE DUC.

J'ai besoin de mille louis. D'Aumont est si avare, qu'il ne me les prêterait pas; vous êtes si prodigue, que vous ne pourriez pas me les donner. Je veux vous en gagner à chacun cinq cents.

D'AUMONT.
Je ne demande pas mieux.
D'AUVRAY.
Ni moi.
LE DUC.
Vous dites que les femmes sont devenues, en mon absence, d'une vertu féroce?
D'AUMONT.
C'est notre opinion.
LE DUC.
Eh bien, je parie, moi, duc de Richelieu, entendez-vous, d'Auvray? entens-tu, d'Aumont? je parie obtenir de la première fille, femme ou veuve que nous verrons, soit ici, soit en sortant du château, un rendez-vous dans les vingt-quatre heures.
D'AUVRAY.
Un instant! précisons : un rendez-vous d'amour?
LE DUC.
Pardieu! les rendez-vous d'affaires regardent mon intendant.
D'AUMONT.
Un rendez-vous d'amour?
LE DUC.
Un rendez-vous d'amour !
D'AUVRAY.
Et où sera donné ce rendez-vous?
LE DUC.
Dans sa chambre, si vous le voulez.
D'AUMONT.
A quelle heure?
LE DUC.
A minuit, si cela vous convient.
D'AUVRAY.
Et comment la chose sera-t-elle prouvée?
LE DUC.
Eh! pardieu! je vous jetterai un billet par sa fenêtre; ce n'est pas plus difficile que cela.
D'AUMONT.
Tope!
D'AUVRAY.
Je suis de moitié.

LE DUC.

C'est bien entendu : la première fille, femme ou veuve que nous voyons, soit dans le château, soit en sortant du château... à une condition cependant.

D'AUMONT.

Laquelle?

LE DUC.

C'est qu'elle sera jolie !

D'AUVRAY.

Cela va sans dire.

DEUXIÈME LAQUAIS, annonçant.

Madame la marquise de Prie.

LE DUC.

Ah! celle-ci ne compte pas, messieurs; je vous volerais votre argent.

SCÈNE VI

Les Mêmes, LA MARQUISE, entrant, suivie d'un Laquais qui porte son livre d'heures.

LA MARQUISE.

Pardon, messieurs, pardon. J'ai été empêchée ce matin, et, maintenant, il faut que j'aille à la messe; demain, il y a soirée au château, vous entendez.

D'AUMONT, saluant.

Marquise...

LA MARQUISE, au Duc.

Revenez dans une heure, il faut que je vous parle.

LE DUC.

Merci.

D'AUVRAY.

Et madame la marquise ne nous recevra pas demain matin pour nous dédommager de sa rigueur d'aujourd'hui ?

LA MARQUISE.

Impossible, chevalier; demain matin, j'accompagne M. le duc à Paris, et je ne serai de retour que pour le bal! Adieu, duc. Messieurs, à demain.

(Elle sort par la porte opposée; le Laquais la suit.)

D'AUVRAY.

Eh bien, que disions nous, duc? la marquise à la messe; si cela continue, madame de Parabère mourra aux Carmélites.

D'AUMONT.

Eh! messieurs, messieurs, nous ne faisons pas attention.

(Mademoiselle de Belle-Isle passe par la galerie.)

LE DUC.

Mademoiselle de Belle-Isle!

D'AUVRAY.

Ah! ah! ceci paraît vous gêner.

D'AUMONT.

Cette fois, tu ne nous voleras pas notre argent.

LE DUC.

Non; mais j'espère vous le gagner.

D'AUVRAY.

Allons donc, va pour mille louis.

D'AUBIGNY, s'avançant.

Un instant, messieurs! c'est moi qui tiens le pari.

LE DUC.

Vous?

D'AUBIGNY.

Oui, moi

D'AUMONT.

Et comment cela?

D'AUBIGNY.

Parce que j'en ai le droit : j'épouse, dans trois jours, celle que M. le duc de Richelieu doit déshonorer dans les vingt-quatre heures.

ACTE DEUXIÈME

Même décoration.

SCÈNE PREMIÈRE

LA MARQUISE et LE DUC DE RICHELIEU, entrant.

LA MARQUISE.

Et vous avez tenu le pari?

LE DUC.

Je l'ai tenu.

LA MARQUISE.

Quelle folie!

LE DUC.

Ai-je la réputation d'un homme sage?

LA MARQUISE.

Vous avez perdu.

LE DUC.

J'ai jusqu'à demain, onze heures du matin, et il n'est encore que cinq heures du soir.

LA MARQUISE.

Et avec qui avez-vous fait cette belle gageure?

LE DUC.

Je vous le dirai quand j'aurai gagné; qu'il vous suffise de savoir que je défends vos intérêts, que je suis fidèle à ma parole : aussi, je réclame la vôtre.

LA MARQUISE.

Ma parole?

LE DUC.

Oui; n'avez-vous pas promis de m'aider dans tout ce que j'entreprendrais?

LA MARQUISE

Si fait.

LE DUC.

Eh bien, je compte sur vous.

LA MARQUISE.

Et vous avez raison.

LE DUC.

Vous me dites cela de manière...

LA MARQUISE.

Comment donc! n'est-ce point parole engagée?

LE DUC.

Adieu, marquise.

LA MARQUISE.

Vous me quittez?

LE DUC.

Je vais reconnaître la place.

LA MARQUISE.

Elle loge?

LE DUC.

Hôtel du *Soleil*.

LA MARQUISE.

Ah! oui, je m'en souviens maintenant; elle me l'a dit ce matin.

LE DUC.

Un brave homme d'hôtelier qui nous vole de père en fils depuis trois générations, et qui n'aura rien à me refuser.

LA MARQUISE.

Allez, et revenez vite; vous savez que M. le duc a des dépêches à vous remettre.

LE DUC.

Et puis il faut que je vous tienne au courant.

LA MARQUISE.

Au revoir. (Le Duc sort.) Mariette!

SCÈNE II

LA MARQUISE, MARIETTE, sortant du cabinet à gauche du spectateur.

LA MARQUISE.

Vous étiez là ?

MARIETTE.

Je n'ai rien écouté.

LA MARQUISE.

Ce qui veut dire que vous avez tout entendu.

MARIETTE.

Oh! mais bien malgré moi.

LA MARQUISE.

Que dites-vous du duc?

MARIETTE.

Je dis que, pour un homme amoureux comme il l'était, il s'est bien vite consolé d'avoir reçu la moitié de son sequin.

LA MARQUISE.

N'était-ce pas chose convenue?

MARIETTE.

Et madame la marquise ne lui en veut pas un peu de cette fidélité à observer ses conventions?

LA MARQUISE.

Oh! si fait!

MARIETTE.

A la bonne heure! Madame la marquise ne serait pas femme.

LA MARQUISE.

Le fat! venir tout me dire, sous la seule promesse que je ne révélerai rien à mademoiselle de Belle-Isle!

MARIETTE.

C'est mettre madame la marquise au défi.

LA MARQUISE.

Et croire qu'il peut compter sur moi pour cela!

MARIETTE.

J'espère qu'il s'est trompé.

LA MARQUISE.

Oh! oui; d'ailleurs, c'est une bonne œuvre que de protéger une femme isolée, sans appui, sans expérience... contre les attaques d'un homme aussi corrompu que M. le duc de Richelieu.

MARIETTE.

Certainement que c'est une bonne œuvre; et une bonne œuvre en rachète deux mauvaises, dit M. de Fréjus.

LA MARQUISE.

Qu'entendez-vous par là, mademoiselle?

MARIETTE.

Qu'au jour du jugement, madame la marquise me donnera ce qu'elle en aura de trop.

LA MARQUISE.

Vous avez bien de l'esprit pour une femme de chambre.

MARIETTE.

Ce n'est pas ma faute, madame la marquise, l'esprit se gagne. Je le savais en entrant chez vous; c'est pour cela que je n'ai pas été difficile sur les gages... Ah! à la place de madame la marquise...

LA MARQUISE.

Eh bien?

MARIETTE.

Non-seulement je ferais une bonne action, mais encore je trouverais moyen de mystifier M. de Richelieu; ce qui serait encore une action meilleure.

LA MARQUISE.

Eh! ne voyez-vous pas que c'est à cela que je pense?

MARIETTE.

Est-ce trouvé ?

LA MARQUISE.

A peu près.

UN LAQUAIS, annonçant.

Mademoiselle de Belle-Isle !

LA MARQUISE.

Elle arrive à merveille. (Au Laquais.) Faites entrer.

SCÈNE III

LA MARQUISE, MARIETTE, MADEMOISELLE DE BELLE-ISLE.

MADEMOISELLE DE BELLE-ISLE.

Pardon, madame ! mais je n'ai pu résister à mon impatience ; car j'ai espéré que vous excuseriez cette nouvelle importunité. Avez-vous vu M. le duc de Bourbon ?

LA MARQUISE.

Oui, mon enfant ; mais je n'ai pas été heureuse.

MADEMOISELLE DE BELLE-ISLE.

Oh ! mon Dieu ! que me dites-vous, madame ?

LA MARQUISE.

M. le duc est fortement prévenu.

MADEMOISELLE DE BELLE-ISLE.

Madame, je suis bien malheureuse de ne pas avoir reçu du ciel la faculté de faire passer dans votre âme la conviction qu'il a mise dans la mienne... Oh ! si vous saviez...

LA MARQUISE.

Eh ! mon Dieu, ce n'est pas moi que vous avez besoin de convaincre ; je suis toute convaincue ; mais c'est M. le duc de Bourbon. Tenez, il y a un homme qui possède une grande influence sur lui, et qui, s'il voulait se charger de votre cause, la plaiderait d'une voix si puissante, que je suis sûre qu'il la gagnerait.

MADEMOISELLE DE BELLE-ISLE.

Oh ! quel est cet homme ? Dites-le-moi, madame, et, partout où il sera, j'irai le trouver.

LA MARQUISE.

Vous n'aurez pas besoin pour cela de quitter Chantilly ?

MADEMOISELLE DE BELLE-ISLE.

Il est ici?

LA MARQUISE.

Ici même... Mais, au fait, j'oubliais, vous le connaissez.

MADEMOISELLE DE BELLE-ISLE.

Son nom, madame?

LA MARQUISE.

C'est M. le duc de Richelieu.

MADEMOISELLE DE BELLE-ISLE.

Je suis sauvée, alors : il a déjà été si bon pour moi à Versailles! et ici même, madame, vous vous rappelez, ce matin encore!

LA MARQUISE.

C'est vrai. Eh bien, il faut lui écrire pour lui demander un rendez-vous.

MADEMOISELLE DE BELLE-ISLE.

Oh! mais, voyez si ce n'est pas un présage heureux! nous nous sommes rencontrées dans notre espérance : vous me dites qu'il faut lui écrire, je l'ai fait.

LA MARQUISE.

Et vous avez envoyé la lettre?

MADEMOISELLE DE BELLE-ISLE.

Non, je voulais vous la montrer, vous demander si c'était une chose convenable pour moi que de solliciter un rendez-vous de M. le duc de Richelieu.

LA MARQUISE.

Comment! mais le motif est assez sacré pour vous mettre à l'abri de toute fausse interprétation.

MADEMOISELLE DE BELLE-ISLE.

C'est ce que j'ai pensé, madame.

LA MARQUISE.

D'ailleurs, ce rendez-vous, vous pouvez le demander ici... chez moi.

MADEMOISELLE DE BELLE-ISLE.

Oh! si vous le permettez...

LA MARQUISE.

Comment donc!

MADEMOISELLE DE BELLE-ISLE.

Où le trouvera-t-on?

LA MARQUISE.

Je le ferai chercher.

MADEMOISELLE DE BELLE-ISLE.
Que vous êtes bonne!
LA MARQUISE.
Mais mieux que cela encore.
MADEMOISELLE DE BELLE-ISLE.
Quoi?
LA MARQUISE.
Comment n'y ai-je pas songé plus tôt? Vous êtes seule ici, n'est-ce pas? vous me l'avez dit, du moins.
MADEMOISELLE DE BELLE-ISLE.
Toute seule.
LA MARQUISE.
Dans un hôtel?
MADEMOISELLE DE BELLE-ISLE.
Oui.
LA MARQUISE.
Dans un hôtel, exposée à tous les inconvénients d'une pareille maison. Vous ne pouvez pas rester dans un hôtel
MADEMOISELLE DE BELLE-ISLE.
Je ne connais personne à Chantilly, madame.
LA MARQUISE.
Oublieuse que vous êtes!... ne suis-je pas là, moi?
MADEMOISELLE DE BELLE-ISLE.
Vous?
LA MARQUISE.
Oui, moi! quand j'entreprends une affaire, c'est pour la mener à bien. Je me suis compromise, je n'en aurai pas le démenti; nous assiégeons M. le duc de Bourbon jusqu'à ce qu'il se rende... Eh bien, pour commencer, j'introduis l'ennemi dans la place... Vous logerez ici.
MADEMOISELLE DE BELLE-ISLE.
Qu'ai-je donc fait pour mériter tant de bienveillance, moi qui tremblais de venir réclamer votre protection?... Mais je ne puis accepter l'offre que vous me faites, madame.
LA MARQUISE.
Et pourquoi donc cela, je vous prie? Voyez un peu le dérangement que cela me cause!... je vous cède ces deux chambres et ce cabinet de travail, et je prends l'appartement à côté· nous serons porte à porte, comme deux bonnes amies.
MADEMOISELLE DE BELLE-ISLE.
Oh! madame la marquise! mon Dieu! si vous saviez quelle

joie vous versez dans mon cœur!... Je suis si sûre que, si vous voulez, toutes choses iront au mieux!...

LA MARQUISE.

J'ai déjà commencé, je l'espère... et, quand nous serons l'une à côté de l'autre, nous aurons bien mauvaise chance si nous ne réparons pas les malheurs passés, et si nous ne parons pas aux malheurs à venir!... Mais l'important, en pareille affaire, est de ne point perdre de temps... Allez donc à votre hôtel, et faites transporter ici tout ce qui vous appartient. (Elle sonne et Mariette paraît.) Demandez s'il y a une voiture attelée. (A mademoiselle de Belle-Isle.) Je vais envoyer votre billet au duc.

MARIETTE.

Oui, madame la marquise.

LA MARQUISE.

Conduisez mademoiselle, et restez à ses ordres.

MADEMOISELLE DE BELLE-ISLE.

Je ne sais comment vous remercier.

(Elle veut baiser la main de la Marquise.)

LA MARQUISE.

Que faites-vous donc! (Elle l'embrasse au front.) Vous me retrouverez ici. Adieu.

(Mademoiselle de Belle-Isle sort, suivie de Mariette.)

SCÈNE IV

LA MARQUISE, puis MARIETTE.

LA MARQUISE ouvre le billet et lit.

Vraiment, je ne connais rien de plus imprudent que la reconnaissance : il n'y a que deux mots à changer à cette lettre pour que M. le duc de Richelieu, grâce à la bonne opinion qu'il a de lui-même, y voie percer un autre sentiment. Vous ne connaissez pas mon écriture, monsieur le duc, cela tombe à merveille, car nous allons peut-être avoir, sous le couvert de mademoiselle de Belle-Isle, une assez longue correspondance. Mariette!

MARIETTE.

Madame la marquise?

LA MARQUISE.

Restez ici, et, si M. le duc vient, vous le prierez d'avoir patience ; dans cinq minutes, je suis à lui.

(Elle entre dans le cabinet.)

MARIETTE.

Certainement, madame la marquise! Si j'attendrai M. le duc de Richelieu!... Je crois bien, il y a toujours quelque chose à gagner à l'attendre.

SCÈNE V

MARIETTE, LE DUC DE RICHELIEU.

LE DUC, à la porte.

Eh bien, la marquise?

MARIETTE.

Pardon, monsieur le duc, elle est là, et va revenir.

LE DUC.

Ah! ah! c'est toi, Mariette?

MARIETTE.

Oui, monsieur le duc.

LE DUC.

Mais je crois, Dieu me pardonne, que je ne t'ai jamais rien donné, mon enfant.

MARIETTE.

J'en demande excuse à M. le duc : il m'a donné vingt-cinq louis la première fois qu'il est passé par la porte secrète.

LE DUC.

Voilà tout?

MARIETTE.

Et puis cette bague, la dernière fois qu'il est sorti par la même porte.

LE DUC.

Cette bague, un pauvre diamant qui vaut à peine cent pistoles! Mais je me suis conduit en véritable croquant, ma chère... Tiens, mon enfant, tiens.

(Il lui donne sa bourse en lui passant le bras autour du cou.

MARIETTE.

Ah! monsieur le duc, merci.

SCÈNE VI

LE DUC DE RICHELIEU, MARIETTE, LA MARQUISE.

LA MARQUISE.
Eh bien, duc, que faites-vous donc à cette fille?

LE DUC.
Je prends congé d'elle, madame la marquise, et je lui paye ses gages.

LA MARQUISE.
Allez, mademoiselle. (Mariette sort.) Il paraît que les choses vont à votre gré, monsieur le duc.

LE DUC.
Qui vous fait croire cela?

LA MARQUISE.
C'est que l'on n'est pas si généreux lorsque l'on est de mauvaise humeur!

LE DUC.
Le fait est que je ne suis pas mécontent.

LA MARQUISE.
Eh bien, duc, je vais encore augmenter vos espérances.

LE DUC.
Et comment cela?

LA MARQUISE.
Mademoiselle de Belle-Isle sort d'ici.

LE DUC.
Vraiment?

LA MARQUISE.
Elle vous cherchait.

LE DUC.
Bah!

LA MARQUISE.
Et, ne vous trouvant pas...

LE DUC.
Eh bien?

LA MARQUISE.
Elle a laissé...

LE DUC.
Quoi?

LA MARQUISE.
Ceci.

LE DUC.

Une lettre ?

LA MARQUISE.

Une lettre.

LE DUC.

Pour moi ?

LA MARQUISE.

Pour vous.

LE DUC.

Que me veut-elle ?

LA MARQUISE.

Elle désire un rendez-vous.

LE DUC.

Pardieu ! cela tombe à merveille, j'allais lui en demander un !

LA MARQUISE.

Vous le voyez, la fortune vient au-devant de vous.

LE DUC.

Et qui me vaut cette grâce ?

LA MARQUISE.

Votre mérite, d'abord ; ensuite, on lui a dit que vous aviez une grande influence sur le duc de Bourbon, et elle vient vous prier de vouloir bien l'employer en sa faveur.

LE DUC.

Comment donc ! mais je suis à ses ordres ; j'en ai, au reste, déjà touché deux mots.

LA MARQUISE.

Et comment avez-vous trouvé le duc ?

LE DUC.

Assez mal disposé.

LA MARQUISE.

Oh ! vous savez, avec de la persistance, on obtient tout de lui : le duc d'Orléans donnait, le duc de Bourbon laisse prendre.

LE DUC.

A propos, il m'a mandé ?

LA MARQUISE.

Non, pas encore ; mais cela ne peut tarder : attendez-le ici.

LE DUC.

Vous me quittez ?

LA MARQUISE.

J'ai quelques ordres à donner pour un déménagement; je cède cette chambre à une amie.

LE DUC.

Faites, marquise.

LA MARQUISE.

Au revoir, duc.

SCÈNE VII

LE DUC DE RICHELIEU, seul.

Voyons ce que me dit mademoiselle de Belle-Isle. (Lisant.) « M. le duc de Richelieu serait-il assez bon pour accorder le plus tôt possible à mademoiselle de Belle-Isle la faveur d'un moment d'entretien? » Mais la faveur sera pour moi, ma toute belle ! Ces provinciales ont des mots d'une naïveté charmante ! « Mademoiselle de Belle-Isle espère ne pas s'être trompée en comptant sur sa protection, en échange de laquelle elle lui promet une reconnaissance sans bornes. » C'est marché fait, ma belle solliciteuse ; vous aurez ma protection, et j'aurai votre reconnaissance... C'est égal, le billet n'est pas tremblé, pour une ingénue... Voyons, au reste... Il y a quelque chose, dans la manière dont la marquise me sert, qui ne me paraît pas de bon aloi... Ne nous laissons pas jouer comme un enfant... La lettre m'a été remise par madame de Prie, assurons-nous qu'elle nous vient de mademoiselle de Belle-Isle. La voici.

SCÈNE VIII

LE DUC DE RICHELIEU, MADEMOISELLE DE BELLE-ISLE.

MADEMOISELLE DE BELLE-ISLE.

M. le duc Richelieu...

LE DUC.

Mais je crois qu'elle tremble, Dieu me damne !

MADEMOISELLE DE BELLE-ISLE.

Pardon, monsieur le duc, mais, je l'avoue, je ne puis me défendre d'une certaine émotion à votre aspect.

LE DUC.

Et de quelle manière dois je l'interpréter, mademoiselle?

MADEMOISELLE DE BELLE-ISLE.

D'une manière bien simple, mon Dieu ! c'est que je ne puis vous voir sans me dire que vous êtes peut-être l'homme destiné à mettre fin à tous mes malheurs. Est-ce le hasard seulement qui vous a ramené pour moi de Vienne, où vous résidiez depuis deux ans, afin que je vous rencontre à Versailles, puis à Chantilly ? Les affligés sont superstitieux, monsieur le duc, et je sais que vous ne vous défendez pas vous-même de croire aux pressentiments.

LE DUC.

Aux pressentiments, mademoiselle? Mais je serais trop ingrat si je n'y croyais point, surtout depuis trois jours ; oui, oh! oui, je crois comme vous aux pressentiments, et je serai bien malheureux si les miens me trompent.

MADEMOISELLE DE BELLE-ISLE.

Madame la marquise a eu la bonté de vous remettre un billet.

LE DUC.

Qu'elle m'a dit être de vous. Je dois beaucoup à madame de Prie; car, sans doute, c'est elle qui vous a suggéré l'idée de vous adresser à moi.

MADEMOISELLE DE BELLE-ISLE.

Non, monsieur le duc, je veux être franche; j'y avais pensé avant qu'elle m'en parlât. Prenez-vous-en à vous-même de mon importunité; mais j'ai songé que vous ne voudriez pas sitôt me ravir les espérances conçues. Monsieur le duc, on vous dit tout-puissant; ce que je sollicite, vous le savez, c'est la liberté d'un père et de deux frères. Le bonheur de toute une famille est entre vos mains.

LE DUC.

Il ne tiendra pas à moi que votre double dévouement, mademoiselle, n'obtienne la récompense qu'il mérite; mais ce que vous sollicitez dépend d'une volonté plus haute que la mienne : je ne puis être que l'intermédiaire entre la beauté et la puissance. Veuillez me donner un placet; écrivez-le, comme vous parlez, avec votre âme, et, aujourd'hui même, je le remettrai au duc de Bourbon.

LE LAQUAIS.

Les dépêches que M. le duc de Richelieu attendait sont prêtes.

LE DUC.

Vous le voyez, il faut que je vous quitte un instant. Mille pardons, mademoiselle. Voici tout ce qu'il faut pour écrire; dans quelques minutes, je reviens.

MADEMOISELLE DE BELLE-ISLE.

Comment vous remercierai-je jamais?

LE DUC.

En me donnant une place parmi vos amis.

MADEMOISELLE DE BELLE-ISLE.

Oh! monsieur le duc...

LE DUC.

Écrivez. (En sortant.) De cette manière, je saurai bien si le billet est d'elle.

SCÈNE IX

MADEMOISELLE DE BELLE-ISLE, puis LA MARQUISE.

MADEMOISELLE DE BELLE-ISLE, écrivant.

Mon Dieu! que me disait-on de la cour? que je n'y trouverais que des êtres envieux et méchants!... (Elle s'imterrompt pour continuer d'écrire.) Je ne me suis encore adressée qu'à deux personnes, et l'une est devenue pour moi une amie, et l'autre un frère.

LA MARQUISE, entrant et venant s'appuyer sur le fauteuil.

Que faites-vous donc, ma chère?

MADEMOISELLE DE BELLE-ISLE.

Ah! c'est vous! Vous le voyez, j'adresse un placet à M. le premier ministre.

LA MARQUISE.

Qui vous a dit d'employer ce moyen?

MADEMOISELLE DE BELLE-ISLE.

M. de Richelieu.

LA MARQUISE.

Et vous envoyez ce placet directement?

MADEMOISELLE DE BELLE-ISLE.

Non, il se charge de le remettre.

LA MARQUISE.

Et quand cela?

MADEMOISELLE DE BELLE-ISLE.

Tout à l'heure il va revenir le chercher.

LA MARQUISE, à part.

Il se doute de quelque chose. (Haut.) Voyons donc comment vous vous y prenez. Oh! mais ce n'est pas comme cela, ma chère; il y a des formules d'usage que vous négligez.

MADEMOISELLE DE BELLE-ISLE.

Seriez-vous assez bonne pour me les indiquer?

LA MARQUISE.

Je ferai mieux. Cédez-moi votre place, je vais vous l'écrire, moi.

MADEMOISELLE DE BELLE-ISLE.

Oh! vraiment! mais ne craignez-vous pas que M. le duc de Bourbon ne reconnaisse que c'est vous-même...?

LA MARQUISE.

Croyez-vous que cela nuise à votre cause?... Voyons, donnez-moi votre place, et regardez si le duc de Richelieu ne vient pas; il est inutile qu'il sache, lui, que je vous rends ce petit service.

MADEMOISELLE DE BELLE-ISLE, ouvrant la porte latérale.

Je ne vois personne.

LA MARQUISE.

Bien. Les noms de votre père?

MADEMOISELLE DE BELLE-ISLE.

Charles-Louis-Auguste Fouquet de Belle-Isle.

LA MARQUISE.

Ses titres?

MADEMOISELLE DE BELLE-ISLE.

Duc de Gisors, marquis de Belle-Isle en Mer, comte des Andelys et de Vernon.

LA MARQUISE.

Et vos deux frères, quels grades occupent-ils?

MADEMOISLLE DE BELLE-ISLE.

L'un est capitaine, l'autre est lieutenant des armées du roi.

LA MARQUISE.

Et ils sont en prison?

MADEMOISELLE DE BELLE-ISLE.

Mon père depuis trois ans, mes frères depuis quinze mois.

LA MARQUISE.

C'est bien; nous rendrons la liberté à tous ces pauvres prisonniers, allez.

MADEMOISELLE DE BELLE-ISLE.

Oh! madame la marquise, puissiez-vous dire vrai!

LA MARQUISE.

Voilà qui est fait, tenez, et selon toutes les règles de l'étiquette.

MARIETTE, à la porte de la chambre à coucher.

Quand mademoiselle voudra prendre possession de la chambre, elle est entièrement disposée.

LA MARQUISE.

Tout à l'heure : mademoiselle attend quelqu'un ; ne vous éloignez pas.

MARIETTE.

Je serai là : si madame la marquise a besoin de moi, elle n'a qu'à sonner.

LA MARQUISE.

C'est bien, laissez-nous.

SCÈNE X

LES MÊMES, LE DUC DE RICHELIEU.

LE DUC, sur la porte, regardant les deux femmes.

Ensemble !

LA MARQUISE.

Le duc !

(Elle ouvre un livre.)

LE DUC.

Désolé de vous avoir fait attendre, mademoiselle.

MADEMOISELLE DE BELLE-ISLE.

Ne vous excusez pas, monsieur le duc, cette pétition est à peine finie, et, si vous voulez bien vous en charger...

LE DUC.

Certainement.

MADEMOISELLE DE BELLE-ISLE.

La voici.

LE DUC, l'ouvrant.

La même écriture, le billet était d'elle. (Haut.) Vous voudrez bien, mademoiselle, m'accorder la faveur d'aller vous donner aujourd'hui même des nouvelles des tentatives que j'aurai faites.

MADEMOISELLE DE BELLE-ISLE.

Demandez à madame la marquise, monsieur le duc, c'est d'elle que dépend la permission.

LE DUC.

Comment cela?

MADEMOISELLE DE BELLE-ISLE.

Madame la marquise a la bonté de me loger au château pendant tout le temps que je resterai à Chantilly.

LE DUC.

Ah! ah!

MADEMOISELLE DE BELLE-ISLE.

Elle se prive de son appartement pour moi.

LE DUC.

Vraiment? Alors cette amie que vous attendiez, marquise...?

LA MARQUISE.

C'était mademoiselle, monsieur le duc : vous comprenez, il n'était ni convenable ni même prudent que mademoiselle de Belle-Isle, seule et isolée comme elle l'est, demeurât dans un hôtel.

LE DUC.

Non, sans doute; et vous avez raison, marquise, et c'est très-bien fait à vous; mais cela ne changera rien, j'espère, à nos arrangements, et vous ne me refuserez pas, marquise, la permission de rendre compte à mademoiselle de mes démarches.

LA MARQUISE.

Comment donc! elle est chez elle, et peut vous recevoir à sa volonté.

LE DUC.

Alors, mademoiselle, c'est de vous que j'implore cette grâce.

MADEMOISELLE DE BELLE-ISLE.

Venez quand vous voudrez, monsieur le duc; vous serez toujours attendu comme un ami et reçu comme un sauveur.

LE DUC.

Peut-être ne verrai-je M. de Bourbon qu'un peu tard.

MADEMOISELLE DE BELLE-ISLE.

J'ai, depuis trois ans, veillé si souvent dans la crainte et dans les larmes, qu'il me sera doux de veiller aujourd'hui dans l'espérance et dans la joie.

LE DUC.

Ainsi donc, à ce soir, mademoiselle?

MADEMOISELLE DE BELLE-ISLE.

A ce soir, monsieur le duc.

LE DUC.

Les choses que j'aurai à vous répéter sont peut-être de celles que l'on ne peut dire devant témoins.

MADEMOISELLE DE BELLE-ISLE.

Je tâcherai que nous soyons seuls, monsieur le duc.

LE DUC.

Vous êtes charmante.

(Mademoiselle de Belle-Isle rentre chez elle.)

SCÈNE XI

LE DUC DE RICHELIEU, LA MARQUISE.

LE DUC, allant s'appuyer sur le dossier de la chaise de la Marquise.

Ah! voilà comme vous tenez votre parole, marquise?

LA MARQUISE.

Et en quoi donc y ai-je manqué, duc?

LE DUC.

Vous promettez de me servir dans mes projets, et vous contre-minez ma première combinaison.

LA MARQUISE.

Une combinaison fondée sur la vénalité d'un maître d'auberge! fi donc! cela était trop facile et devenait indigne de vous... Ici, à la bonne heure; il n'y aura ni surprise ni trahison! il faudra obtenir, car il n'y aura pas moyen de prendre. Au reste, je ne doute pas que vous n'obteniez.

LE DUC.

Mais ni moi non plus, marquise, s'il faut vous le dire; et je vous remercie de m'avoir donné cette occasion d'avoir recours à mes anciennes ressources; je m'étais rouillé chez mes bons Allemands.

LA MARQUISE.

Vous ne perdez donc pas l'espoir de réussir, quoique je sois passée à l'ennemi?

LE DUC.

Non, si toutefois vous voulez combattre comme je le fais moi-même, loyalement.

LA MARQUISE.

Et qu'exigez-vous de ma loyauté?

LE DUC.

Le secret le plus profond d'abord,

LA MARQUISE.

C'est déjà promis.

LE DUC.

A dix heures, vous quitterez mademoiselle de Belle-Isle.

LA MARQUISE.

Je m'y engage.

LE DUC.

Enfin, de dix heures à minuit, mademoiselle de Belle-Isle demeurera seule.

LA MARQUISE.

Précisément je pars pour Paris ce soir; je précède le duc, au lieu de l'accompagner.

LE DUC.

Eh bien, c'est tout ce que je demande, moi.

LA MARQUISE.

A mon tour.

LE DUC.

C'est trop juste.

LA MARQUISE.

Vous ne mettrez aucun valet du château dans la confidence de vos projets.

LE DUC.

Aucun.

LA MARQUISE.

Vous n'emploierez ni philtre ni breuvage, comme vous l'avez fait plus d'une fois, duc.

LE DUC.

Je renonce à ce moyen.

LA MARQUISE.

Enfin, vous me remettrez la clef de cette porte secrète.

LE DUC.

Je ne demanderais pas mieux, marquise; mais, dans mon empressement à suivre mademoiselle de Belle-Isle, je l'ai oubliée à Paris.

LA MARQUISE.

Ah!

LE DUC.

C'est comme je vous le dis.

LA MARQUISE.

Votre parole d'honneur ?

LE DUC.

Foi de Richelieu.

LA MARQUISE.

Vous êtes adorable d'impertinence, mon cher duc.

LE DUC.

Madame la marquise me gâte.

LA MARQUISE.

Vous permettez que je dise un mot à Mariette?

LE DUC.

Vous permettez que je donne un ordre à Germain?

LA MARQUISE, à la porte de droite.

Mariette!

LE DUC, à la porte de gauche.

Germain!

LA MARQUISE, à Mariette.

Faites préparer ma voiture de voyage, celle qui n'a point d'armoiries, et qu'elle attende tout attelée à la porte du parc.

MARIETTE.

Bien, madame la marquise.

(Elle rentre.)

LE DUC, à Germain.

Crève mes deux meilleurs chevaux, et que j'aie avant dix heures du soir une petite clef que tu trouveras à Paris, sur la cheminée de ma chambre à coucher, dans une coupe d'améthyste.

GERMAIN.

Cela sera fait, monsieur le duc.

(Il rentre.)

LA MARQUISE.

Vous persistez dans votre projet?

LE DUC.

On a gagné des batailles plus désespérées.

LA MARQUISE.

Et contre de meilleurs généraux, n'est-ce pas?

LE DUC.

Je ne dis point cela; car j'ai affaire, cette fois, à la jeunesse réunie à... l'expérience.

LA MARQUISE.

A ce soir donc, mon cher duc.

LE DUC, lui baisant la main.

A ce soir, ma chère marquise.

(Le Duc sort.)

SCÈNE XII

LA MARQUISE, seule.

Oui, monsieur le duc... Mais vous perdrez celle-ci, je vous en réponds. Ah! vous êtes parti si vite de Paris, que vous avez oublié la clef qu'aux autres voyages vous aviez si grand soin de prendre! Fat! Eh bien, faute de cette clef, vous passerez la nuit dans la rue, monsieur le duc : nous sommes au mois de juin, le temps est beau, et cela ne peut pas faire de mal à votre chère santé, qui nous est si précieuse à toutes.

SCÈNE XIII

LA MARQUISE, MADEMOISELLE DE BELLE-ISLE.

LA MARQUISE.
Ah! venez, ma toute belle.

MADEMOISELLE DE BELLE-ISLE.
Auriez-vous quelque chose de nouveau à me dire, madame?

LA MARQUISE.
Peut-être... Tout à l'heure, en causant avec le duc, je pensais à vous, à la longueur des démarches qu'il vous faudrait faire.

MADEMOISELLE DE BELLE-ISLE.
Oh! j'aurai du courage pour tout, même pour l'attente.

LA MARQUISE.
Pauvre chère! quelle résignation! Et il y a bien longtemps que vous n'avez vu votre père?

MADEMOISELLE DE BELLE-ISLE.
Il y a trois ans, madame!... pas depuis son entrée en prison.

LA MARQUISE.
Trois ans!... et vous n'avez pas sollicité un laissez passer pour la Bastille?

MADEMOISELLE DE BELLE-ISLE.
Oh! madame, j'ai prié, supplié, et jamais on n'a voulu m'accorder cette grâce. Comprenez-vous? refuser à une fille la

faveur d'embrasser son père! sans doute que ceux à qui je me suis adressée n'avaient point d'enfants!

LA MARQUISE.

Et vous seriez heureuse de revoir M. de Belle-Isle?

MADEMOISELLE DE BELLE-ISLE.

Vous le demandez?

LA MARQUISE.

Bien heureuse?

MADEMOISELLE DE BELLE-ISLE.

Ah!

LA MARQUISE.

La personne qui vous procurerait ce bonheur pourrait compter sur votre discrétion?

MADEMOISELLE DE BELLE-ISLE.

Que me dites-vous là, et quelle espérance me donnez-vous, madame! Moi, moi! je pourrais revoir mon père, entrer tout à coup dans sa prison!... au moment où il me croirait loin de lui, je pourrais me jeter dans ses bras en criant : « Mon père, c'est moi!... mon père! me voilà!... » Oh! madame, pardon! tenez, tenez, je vous le demande à genoux, que faut-il faire pour obtenir une pareille grâce?

LA MARQUISE, la relevant.

Écoutez.

MADEMOISELLE DE BELLE-ISLE.

Ah! oui, oui, j'écoute.

LA MARQUISE.

Faites attention que nous jouons ici avec des positions et des existences.

MADEMOISELLE DE BELLE-ISLE.

Oui, madame : je sais que tout ceci est grave et sérieux; ne craignez donc rien.

LA MARQUISE.

Le gouverneur de la Bastille est de mes amis; je puis vous donner une lettre pour lui.

MADEMOISELLE DE BELLE-ISLE.

Une lettre pour lui, madame! et avec cette lettre...?

LA MARQUISE.

Vous verrez votre père. Il vous faut deux heures et demie à peine pour aller à Paris : vous partirez à dix heures, vous arrivez à minuit et quelque chose, vous resterez jusqu'à trois heures avec le comte de Belle-Isle, et vous serez revenue ici avant que personne soit levé encore.

MADEMOISELLE DE BELLE-ISLE.

Comment! ce serait pour aujourd'hui, madame? ce serait pour ce soir? je verrais cette nuit mon père, que je n'ai pas vu depuis trois ans? Oh! mais ayez pitié de moi, car c'est à me rendre folle de bonheur.

LA MARQUISE.

Tout cela cependant est à une condition que vous comprendrez.

MADEMOISELLE DE BELLE-ISLE.

Dites, dites.

LA MARQUISE.

Songez à ce que je fais! Je prends sur moi d'ouvrir devant vous une prison d'État qui ne s'ouvre qu'à la voix du premier ministre ou devant la signature du roi.

MADEMOISELLE DE BELLE-ISLE.

Oui, je comprends, et je vous en remercie!

LA MARQUISE.

Ce que je fais pour vous, songez-y, je ne l'ai jamais fait pour personne. M. de Bourbon l'ignore. Jaloux de son autorité comme il l'est, il ne me pardonnerait pas de m'y être soustraite; M. de Belle-Isle est au secret le plus absolu; sa liberté, sa vie dépendent de votre fidélité à garder votre serment; une indiscrétion, et M. de Belle-Isle est perdu!

MADEMOISELLE DE BELLE-ISLE.

Grand Dieu!

LA MARQUISE.

Oui; rappelez-vous Fouquet : il pourrait arriver du fils comme du père! Jurez-moi donc que, tant que M. de Bourbon sera ministre, vous ne direz à personne que vous avez vu votre père. Pour tout le monde, vous aurez passé la nuit au château; songez-y bien avant de vous engager.

MADEMOISELLE DE BELLE-ISLE.

Madame, par ce qu'il y a de plus sacré au monde, sur la vie de mon père, je vous jure que, tant que M. le duc sera ministre, personne ne saura que j'ai revu mon père, et que, pour le revoir, j'ai quitté le château cette nuit.

LA MARQUISE.

Eh bien, voilà qui est dit. Vous n'avez pas de temps à perdre : vous prendrez une de mes voitures, des chevaux de poste

vous serez de retour à six heures du matin, et vous rentrerez par la petite porte du parc.
MADEMOISELLE DE BELLE-ISLE.
Oh! madame, qu'ai-je donc fait pour tant de bontés?
LA MARQUISE.
Rien; je vous aime, voilà tout. De la discrétion!
MADEMOISELLE DE BELLE-ISLE.
Oh! soyez tranquille.
LA MARQUISE.
Tenez-vous prête dans un instant
MADEMOISELLE DE BELLE-ISLE.
Tout de suite.
LA MARQUISE.
Il me faut le temps de tout préparer.
MADEMOISELLE DE BELLE-ISLE.
Pardon!
(La Marquise sort.)

SCÈNE XIV

MADEMOISELLE DE BELLE-ISLE, puis D'AUBIGNY.

MADEMOISELLE DE BELLE-ISLE.
Oh! revoir mon père, mon Dieu, quel bonheur! Oh! mais c'est un ange pour moi que la marquise!...
LE LAQUAIS, annonçant.
M. le chevalier d'Aubigny.
MADEMOISELLE DE BELLE-ISLE.
D'Aubigny! et pour la première fois de ma vie, avoir un secret qui ne soit pas à nous deux! Faites entrer. (Le Chevalier entre; elle va à lui, lui tend la main.) Bonjour, Raoul.
D'AUBIGNY.
Qu'avez-vous, Gabrielle? Vous paraissez bien joyeuse!
MADEMOISELLE DE BELLE-ISLE.
Ce que j'ai?... J'ai le cœur plein d'espoir, Raoul; car, depuis que je suis arrivée, tout semble me réussir et marcher au-devant de moi. Ah! nous sauverons mon père, nous sauverons mes frères, et nous serons doublement heureux: heureux de notre amour, heureux de leur bonheur. Remerciez Dieu par votre joie, au lieu de l'irriter par vos doutes. Quant à moi, je ne puis vous en dire davantage, mais je prie, je crois et j'espère.

D'AUBIGNY.

Oh! mon Dieu, comment se fait-il que, lorsque vous êtes si confiante et si heureuse, je sois si froid et si triste, moi? Vous voyez tout à travers l'espérance; moi, je vois tout à travers la crainte! Je ne sais pourquoi, mais je suis faible comme un enfant. Vous parlez de toutes ces choses qui viennent au-devant de vous et qui vous rassurent; elles m'effrayent, moi. Vous les croyez mues par une puissance supérieure et bienfaisante; je tremble qu'elles ne tiennent à un pouvoir humain et fatal! C'est peut-être une folie, Gabrielle; mais c'est une folie qui fait bien mal et qui mérite qu'on la plaigne à l'égal d'un malheur réel.

MADEMOISELLE DE BELLE-ISLE.

Ah! vous êtes ingrat envers la Providence, Raoul, dans ce moment-ci surtout.

D'AUBIGNY.

Et qu'a-t-elle donc fait pour vous? Dites-moi cela, Gabrielle; voyons, je ne demande pas mieux que d'être rassuré : sur qui comptez-vous pour des jours meilleurs?

MADEMOISELLE DE BELLE-ISLE.

Sur madame de Prie, d'abord! qui a été si bonne et si charmante pour moi, qu'elle me traite en amie et presque en sœur... Vous le voyez, elle n'a pas même voulu permettre que je continue d'habiter un hôtel : quelles précautions plus grandes aurait prises une mère pour sa fille?

D'AUBIGNY.

Eh bien, que voulez-vous! les impressions, comme je vous le disais, dépendent sans doute du moment où on les reçoit : il n'y a pas jusqu'à la bonté de madame de Prie qui ne m'inquiète. Vous ne lui avez point parlé de notre mariage, Gabrielle?

MADEMOISELLE DE BELLE-ISLE.

N'est-ce point un secret?

D'AUBIGNY.

Eh bien, gardez-le, surtout ici... J'ai tout lieu de croire que, si la marquise l'apprenait, cela pourrait changer peut-être ses dispositions à votre égard. Mais, dites-moi, n'avez-vous vu que la marquise aujourd'hui?

MADEMOISELLE DE BELLE-ISLE.

Oh! si fait, Raoul : j'ai vu une autre personne, sur laquelle

3.

je compte encore plus que sur la marquise; car elle n'a pas les mêmes craintes de se compromettre.

D'AUBIGNY.

Puis-je demander son nom?

MADEMOISELLE DE BELLE-ISLE.

Sans doute; car son nom n'est point un secret.

D'AUBIGNY.

Enfin?

MADEMOISELLE DE BELLE-ISLE.

C'est M. le duc de Richelieu.

D'AUBIGNY.

Le duc de Richelieu!

MADEMOISELLE DE BELLE-ISLE.

Qu'avez-vous?

D'AUBIGNY.

Le duc de Richelieu! vous l'avez donc vu aujourd'hui?

MADEMOISELLE DE BELLE-ISLE.

Il n'a presque pas quitté le château.

D'AUBIGNY.

Qu'y faisait-il?

MADEMOISELLE DE BELLE-ISLE.

Il a travaillé une partie de la journée avec M. le duc.

D'AUBIGNY.

Et vous devez le revoir encore?

MADEMOISELLE DE BELLE-ISLE.

Il m'avait dit qu'il me rendrait compte peut-être d'une démarche qu'il devait tenter.

D'AUBIGNY.

Gabrielle!

MADEMOISELLE DE BELLE-ISLE.

Mon Dieu, vous m'effrayez.

D'AUBIGNY.

Connaissez-vous cet homme auquel vous vous êtes adressée?

MADEMOISELLE DE BELLE-ISLE.

Je le connais comme tout le monde le connaît; qui ne connaît pas M. de Richelieu?

D'AUBIGNY.

Et, le connaissant, vous pouvez espérer que la protection qu'il vous accorde est désintéressée?

MADRMOISELLE DE BELLE-ISLE.

Raoul! peut-être ai-je tort, mais, je vous l'avouerai, je ne sais pas voir ainsi le mal à travers le bien. M. de Richelieu ne s'est offert jusqu'à présent à moi que comme un ami ; s'il se présente sous un autre aspect, vous avez bien, je le présume, assez de confiance en moi pour croire que, si puissante que soit l'influence du duc, j'y renoncerai dès que sa protection pourra compromettre un honneur qui n'est plus à moi seule et un nom que je vais échanger contre le vôtre.

D'AUBIGNY.

Oh! c'est que, dans votre innocence, vous ignorez ce que c'est que cet homme, Gabrielle... Les âmes les plus pures se sont ternies au souffle de son amour; il n'y a pas une réputation à laquelle il ait touché sans y laisser une tache. Une fois sa résolution prise, aucun moyen ne lui coûte pour arriver au but qu'il s'est proposé; et quelques-uns des moyens qu'il a employés eussent peut-être coûté cher à des hommes moins puissants que lui... Tenez, Gabrielle, vous voyez ce que je souffre; eh bien, ayez pitié de moi.

MADEMOISELLE DE BELLE-ISLE.

Que faut-il que je fasse, Raoul?... Tout ce que vous demanderez, je suis prête à le faire. Dites.

D'AUBIGNY.

Promettez-moi de ne pas recevoir M. le duc de Richelieu ce soir.

MADEMOISELLE DE BELLE-ISLE.

Je vous le promets.

D'AUBIGNY.

De ne pas le voir autre part qu'ici.

MADEMOISELLE DE BELLE-ISLE.

Je vous le promets encore.

D'AUBIGNY.

Je compte sur votre parole, Gabrielle.

MADEMOISELLE DE BELLE-ISLE.

Et vous avez raison.

D'AUBIGNY.

C'est que, si vous y manquiez, vous ne savez pas ce qu'il en résulterait de malheurs pour nous deux.

MADEMOISELLE DE BELLE-ISLE.

Comment cela?

D'AUBIGNY.

Je ne puis vous le dire... Mais enfin vous m'avez promis.. vous me promettez encore de ne pas voir le duc de Richelieu ce soir, n'est-ce pas?

MADEMOISELLE DE BELLE-ISLE.

Je vous l'ai promis, je vous le promets encore; êtes-vous plus tranquille maintenant?

D'AUBIGNY.

Oui.

MADEMOISELLE DE BELLE-ISLE.

Eh bien, alors, Raoul, laissez-moi.

D'AUBIGNY.

Déjà?

MADEMOISELLE DE BELLE-ISLE.

Il est tard.

D'AUBIGNY.

Dix heures à peine.

MADEMOISELLE DE BELLE-ISLE.

J'ai des lettres à écrire, je suis fatiguée... Puis, pour moi, est-il convenable que vous restiez plus longtemps?

D'AUBIGNY.

Vous deviez bien recevoir M. le duc de Richelieu, s'il était venu.

MADEMOISELLE DE BELLE-ISLE.

M. le duc de Richelieu est un étranger: je n'aime pas M. de Richelieu, et je vous aime, vous, Raoul.

D'AUBIGNY.

Vous m'aimez, et vous m'éloignez ainsi, lorsque, sans inconvénients, vous pourriez me donner une heure encore!

MADEMOISELLE DE BELLE-ISLE.

Une heure? Ah! impossible, Raoul... Écoutez, Raoul, je vous en prie.

D'AUBIGNY.

Vous me priez pour que je m'en aille! mais, mon Dieu, que se passe-t-il donc?

MADEMOISELLE DE BELLE-ISLE.

Il ne se passe rien; que voulez-vous qu'il se passe? Est-ce donc une chose si étrange, qu'après une nuit de voyage et une journée de fatigue, je désire prendre quelque repos?... Seriez-vous jaloux, Raoul?... mais de quoi? Je ne vous ai jamais vu ainsi... Tenez, voilà dix heures qui sonnent.

D'AUBIGNY.

Je me retire, mademoiselle.

MADEMOISELLE DE BELLE-ISLE.

Mademoiselle! Ah! vous êtes cruel, savez vous? Vous me

voyez heureuse, et, comme vous n'êtes point habitué à me voir ainsi, ma joie vous inquiète, et vous voulez me rendre à ma tristesse accoutumée... Oh! mais c'est bien facile, allez! il ne faudra qu'un mot de vous pour cela; il ne faudra qu'une inflexion de voix dans laquelle percera le doute ou la douleur... Tenez, Raoul!... eh bien, me voilà aussi triste que vous le vouliez; êtes-vous content?

D'AUBIGNY.

Pardon, Gabrielle, pardon! mais je vous aime tant, que je ne puis croire à mon bonheur; il me semble que tout nous est ennemi, que tout cherche à nous désunir... Pardon, je me retire... j'ai tort.

MADEMOISELLE DE BELLE-ISLE.

Au revoir, Raoul.

D'AUBIGNY.

A quelle heure pourrai-je me présenter demain?

MADEMOISELLE DE BELLE-ISLE.

D'aussi grand matin que vous voudrez. A huit heures, par exemple.

D'AUBIGNY.

Adieu, adieu. Vous ne recevrez pas le duc?

MADEMOISELLE DE BELLE-ISLE.

Mais soyez donc tranquille!...

D'AUBIGNY.

Adieu!

(Il sort.)

SCÈNE XV

MADEMOISELLE DE BELLE-ISLE, puis LA MARQUISE.

MADEMOISELLE DE BELLE-ISLE.

Il est parti... Qu'il m'en coûtait de le renvoyer ainsi, sans pouvoir lui dire ce qui me rend si heureuse! (Allant à la porte de gauche.) Madame la marquise! madame la marquise!

LA MARQUISE.

Me voici.

MADEMOISELLE DE BELLE-ISLE.

Eh bien?

LA MARQUISE.

Voici la lettre.

MADEMOISELLE DE BELLE-ISLE.

La voiture?

LA MARQUISE.

Est prête.

MADEMOISELLE DE BELLE-ISLE.

Les chevaux?

LA MARQUISE.

Sont attelés...

MADEMOISELLE DE BELLE-ISLE.

Par où faut-il que je passe?

LA MARQUISE.

Suivez Mariette.

MADEMOISELLE DE BELLE-ISLE.

Ah! madame! madame! comment reconnaître jamais?...

LA MARQUISE.

Par le secret le plus absolu.

MADEMOISELLE DE BELLE-ISLE.

Pouvez-vous en douter!

LA MARQUISE.

Si j'en doutais, je ne ferais pas pour vous ce que je fais en ce moment.

MADEMOISELLE DE BELLE-ISLE.

Adieu, madame.

LA MARQUISE.

Adieu.

(Mademoiselle de Belle-Isle sort.)

SCÈNE XVI

LA MARQUISE, un Laquais, puis LE DUC DE RICHELIEU.

LA MARQUISE.

La voilà partie enfin! Dix heures un quart... il était temps: je suis sûre que M. de Richelieu doit déjà être en campagne. Fortifions-nous. (Elle sonne, le Laquais paraît.) Fermez les contrevents de cette fenêtre. (A part.) L'admirable chose, que de combiner à la fois une bonne action et une vengeance! (Au Laquais.) Vous ne voyez personne dans la rue?

LE LAQUAIS.

Il me semble que j'aperçois un homme enveloppé dans un manteau.

LA MARQUISE, à part.

Un manteau au mois de juin, ce doit être lui. (Au Laquais.) Fermez.

LE LAQUAIS.

Madame la marquise a-t-elle d'autres ordres à me donner?

LA MARQUISE.

Mademoiselle de Belle-Isle est très-peureuse : vous veillerez dans l'antichambre jusqu'au jour, et vous n'ouvrirez à personne.

LE LAQUAIS.

Madame la marquise sera obéie.

LA MARQUISE.

Bien : pour plus de sûreté, barricadons la porte; il y a bien encore les cheminées, mais elles sont grillées.

LE LAQUAIS, à travers la porte.

Voici M. le duc de Richelieu qui monte le grand escalier.

LA MARQUISE.

Nous n'y sommes pas plus pour lui que pour les autres. Écoutant.) C'est bien... Oui, on dort... A merveille! le voilà qui se retire; nous ne tarderons pas à entendre quelque chose à cette fenêtre. Monsieur le duc, je vous ai tenu parole : je n'ai rien dit; j'ai quitté mademoiselle de Belle-Isle à dix heures... et mademoiselle de Belle-Isle sera seule de dix heures à minuit... C'est à vous de courir après elle et de la rejoindre sur la grande route. Eh! mais... est-ce que je n'entends pas, dans le petit escalier...? Si fait; je ne me trompe pas, c'est lui; il avait la clef!

(Elle souffle les bougies.)

LE DUC.

Quand on vous refuse une porte, il faut bien passer par l'autre.

LA MARQUISE, à part.

Si j'appelle, il fera scandale, M. le duc de Bourbon saura tout, et je suis perdue alors... Il n'y a qu'un moyen pour qu'il ne fasse pas de bruit, lui, c'est de n'en pas faire, moi.

LE DUC.

Ma foi, Germain est un homme précieux : vingt lieues en deux heures un quart. Deux chevaux crevés... pour une clef! Nuit close, à merveille! Heureusement qu'à tout hasard j'ai écrit la lettre d'avance. J'ai vu, en venant, contre la muraille, juste au-dessous de cette fenêtre, un individu enveloppé dans son manteau : ce doit être mon homme. (La pendule sonne dix heures et demie.) Dix heures et demie... Il est à son poste, et moi, je suis au mien. Remplissons les conditions arrêtées. (Il va à la fenêtre et l'ouvre sans bruit.) Dites donc, monsieur, monsieur !... l'homme au manteau !... dites donc !... par ici, s'il vous plaît... La, bien... Si vous connaissez par hasard le chevalier d'Aubigny, ayez la bonté de lui faire remettre ce billet de la part de M. le duc de Richelieu. La... (Il jette le billet par la fenêtre et referme les volets.) J'ai rencontré la voiture de la marquise. Mademoiselle de Belle-Isle est maintenant seule ici ! Allons !

ACTE TROISIÈME

Même décoration.

SCÈNE PREMIÈRE

D'AUBIGNY, un Laquais

LE LAQUAIS.

Mais, monsieur le chevalier, il n'est que sept heures du matin, et personne n'est levé encore.

D'AUBIGNY.

N'importe, j'entre toujours ; il faut que je parle à mademoiselle de Belle-Isle aussitôt qu'elle sera réveillée. (Le Laquais sort.) Y serait-il encore ? Je suis resté jusqu'au jour à l'attendre et je ne l'ai pas vu sortir. J'en suis à me demander si je ne fais pas un rêve terrible ! Mais non, tout est bien réel... Voilà la chambre où je l'ai quittée hier, la fenêtre par laquelle il a jeté le billet, la rue où je suis resté... Oh ! mon Dieu ! mon Dieu ! je n'y puis croire encore... Gabrielle me tromper ! Oh ! impossible !

SCÈNE II

D'AUBIGNY, MADEMOISELLE DE BELLE-ISLE.

MADEMOISELE DE BELLE-ISLE.

C'est vous, Raoul ! j'ai entendu votre voix et je suis venue.

D'AUBIGNY.

Déjà levée !

MADEMOISELLE DE BELLE-ISLE.

N'aviez-vous pas dit que vous seriez ici de bonne heure ?

D'AUBIGNY.

Oui, j'en conviens ; mais comment, ayant si grande hâte de m'éloigner hier au soir, êtes-vous si pressée de me revoir ce matin ?

MADEMOISELLE DE BELLE-ISLE.

Vous y pensez encore, Raoul ?

D'AUBIGNY.

Oui, que voulez-vous ! on n'est point maître de ses pensées. Ce souvenir m'est revenu dans la nuit et j'ai été horriblement tourmenté.

MADEMOISELLE DE BELLE-ISLE.

Tourmenté ! et de quoi ?

D'AUBIGNY.

Mais de cette fatigue si grande, qu'elle vous faisait désirer que je me retirasse.

MADEMOISELLE DE BELLE-ISLE.

Vous me répondez ce matin d'une étrange manière. On dirait que vous êtes inquiet, préoccupé. De quoi ? qu'avez-vous ? Voyons !

D'AUBIGNY.

Moi ? Rien ! je ne vous ferai pas le moindre reproche ; vous avez un air de bonheur et de joie !... Avez-vous encore de nouveaux motifs d'espoir ?

MADEMOISELLE DE BELLE-ISLE.

Oui, j'ai fait un beau rêve, j'ai rêvé qu'un bon génie m'emportait sur ses ailes et m'ouvrait les portes de la Bastille : je revoyais mon père, il me pressait sur son cœur, il me couvrait de baisers ; il me parlait de vous, Raoul, de notre mariage retardé si longtemps, et il se consolait de sa captivité en pensant que j'allais avoir en vous un ami et un soutien ! Oh ! c'est un rêve merveilleux, comme vous voyez, et qui, tout éveillée que je suis, me laisse un souvenir plein d'espérance.

D'AUBIGNY.

Eh bien, moi aussi, Gabrielle, j'ai fait un rêve.

MADEMOISELLE DE BELLE-ISLE.

Vous, Raoul ?

D'AUBIGNY.

Oui, moi !... mais moins heureux que le vôtre.

MADEMOISELLE DE BELLE-ISLE.

Et c'est ce rêve qui vous rend triste ?

D'AUBIGNY.

Oui ; car j'ai rêvé qu'hier, en me quittant, et malgré la promesse que vous m'aviez faite, vous aviez reçu M. le duc de Richelieu.

MADEMOISELLE DE BELLE-ISLE.

Que voulez-vous dire ?

D'AUBIGNY.

Rien ; vous m'avez raconté votre rêve, je vous raconte le mien, voilà tout.

MADEMOISELLE DE BELLE-ISLE.

Et après ?

D'AUBIGNY.

Moi, dans mon rêve toujours, j'étais dans la rue, en face de cette fenêtre, lorsque cette fenêtre s'ouvrit ; un homme alors parut sur le balcon, et me jeta un billet, et, chose étrange, qui fait que mon rêve m'a laissé une impression de réalité plus grande encore que le vôtre peut-être, c'est que ce billet... ce billet, Gabrielle, je l'ai retrouvé en me réveillant, et le voici.

MADEMOISELLE DE BELLE-ISLE.

Le voici ?

D'AUBIGNY.

Oui, lisez.

MADEMOISELLE DE BELLE-ISLE, lisant.

« Il est onze heures du soir ; je suis dans l'appartement de mademoiselle de Belle-Isle ; je vous dirai demain à quelle heure j'en suis sorti.

» Duc DE RICHELIEU. »

Qu'est-ce que cela veut dire ?

D'AUBIGNY.

Cela veut dire, mademoiselle, que M. le duc de Richelieu a

proposé hier matin, en vous voyant passer, un pari infâme, et qu'il l'a gagné.

MADEMOISELLE DE BELLE-ISLE.

Je ne vous comprends pas.

D'AUBIGNY.

Eh bien, je vais me faire comprendre: M. de Richelieu, que vous aviez promis de ne pas recevoir, M. de Richelieu, vous l'avez reçu; il est venu hier après que j'ai été parti. M. de Richelieu était avec vous dans cette chambre; M. de Richelieu a ouvert cette fenêtre, et, par cette fenêtre, il a jeté ce billet. Comprenez-vous maintenant?

MADEMOISELLE DE BELLE-ISLE.

Que me dites-vous là!

D'AUBIGNY.

Ce que vous savez aussi bien que moi, sans doute! Seulement, ce que vous ignorez, c'est que j'étais prévenu de tout, c'est que j'étais là, devant cette fenêtre, moi. C'est que j'y suis resté jusqu'au jour, attendant qu'il sortît; car votre honneur m'est encore assez cher pour que je ne permette pas qu'un pareil secret reste à la fois connu de deux hommes. Ah! voilà donc pourquoi vous étiez si troublée hier! voilà pourquoi vous étiez pressée que je partisse! voilà pourquoi vous aviez besoin d'être seule! Seule!... Ah! voyez-vous, j'ai rôdé toute la nuit autour du château; car, si j'avais pu trouver une porte ouverte, si, j'avais pu arriver jusqu'ici! savez-vous, Gabrielle, que je vous aurais tués tous les deux, oui, tous les deux! lui comme vous, vous comme lui, quand je vous eusse vue à mes pieds, à genoux et les mains jointes?

MADEMOISELLE DE BELLE-ISLE.

Mais il faut que vous soyez insensé pour me dire de pareilles choses. Moi, j'ai reçu M. le duc de Richelieu après votre départ? M. de Richelieu a passé la nuit ici? Ah çà! mais êtes-vous le chevalier d'Aubigny? suis-je mademoiselle de Belle-Isle? Est-ce vous qui me parlez ainsi, à moi, à moi, votre fiancée, à moi qui, dans trois jours, dois porter votre nom? Mais c'est affreux, cela, Raoul!

D'AUBIGNY.

Aussi j'ai eu peine à le croire, allez! il m'a fallu le témoignage de mes yeux! et encore! oui, Gabrielle, oui, j'avais une telle confiance en vous, que, si mes yeux n'avaient fait que voir, j'aurais dit que mes yeux se trompaient, et j'aurais douté, je crois! mais ce billet, Gabrielle, comment me l'expliquerez-vous?

MADEMOISELLE DE BELLE-ISLE.

Que voulez-vous que je vous réponde? Je ne me l'explique pas à moi-même! Quelqu'un ne peut-il pas être entré ici à mon insu?

D'AUBIGNY.

Sans que vous l'entendiez, un homme est entré ici? Par où? qui lui a ouvert? Les portes sont bien gardées; tout à l'heure on ne voulait pas me laisser passer, moi! Oh! Gabrielle! Gabrielle! voici ce qui est arrivé, voyez-vous! et je vais vous le dire, moi! La fille vous a fait oublier l'amante: vous avez vu devant vous deux hommes, dont l'un pouvait rendre la liberté à votre père, et dont l'autre ne pouvait que mourir sur un mot de vous. Celui qui pouvait le plus a mis sa protection à prix.

MADEMOISELLE DE BELLE-ISLE.

Monsieur!

D'AUBIGNY.

Je ne dis pas que vous soyez coupable, Gabrielle; je dis que vous n'avez pas osé refuser au duc le rendez-vous qu'il vous a demandé; je dis que vous l'aurez reçu ici, n'est-ce pas? et que, dans un moment où vous l'aurez quitté, il aura écrit ce billet et l'aura jeté par la fenêtre. Voilà ce que je dis, Gabrielle. Eh bien, avouez-moi cela, et je vous pardonne.

MADEMOISELLE DE BELLE-ISLE.

Merci, Raoul; car je vois que vous m'aimez tant, que vous cherchez à vous tromper vous-même; mais je n'accepte pas le moyen que vous m'offrez! Après la promesse que je vous avais faite, si j'avais reçu M. le duc de Richelieu, je serais impardonnable; mais il ne m'a pas demandé de rendez-vous; mais je ne lui en ai pas donné; mais je ne l'ai pas vu, et j'ai un moyen bien simple de vous prouver tout cela.

D'AUBIGNY.

Lequel?

MADEMOISELLE DE BELLE-ISLE.

Ce billet est du duc, dites-vous?

D'AUBIGNY.

Il me l'a jeté lui-même par la fenêtre.

MADEMOISELLE DE BELLE-ISLE.

Je vais faire prier M. le duc de Richelieu de passer ici,

vous vous cacherez là, je le recevrai dans cette chambre, vous entendrez notre conversation sans en perdre une syllabe; et, si M. de Richelieu m'a vue depuis hier huit heures du soir, je vous permets de croire tout ce que vous voudrez, Raoul.

D'AUBIGNY.

Oh! je n'aurais pas osé vous demander cela, Gabrielle; mais vous me l'offrez, j'accepte... Il y a dans tout ceci quelque mystère d'infamie que je ne puis comprendre!

MADEMOISELLE DE BELLE-ISLE.

Eh bien, ce mystère s'éclaircira, soyez tranquille. Seulement, Raoul, pas un mouvement, pas un mot qui puisse faire soupçonner que vous êtes là!

D'AUBIGNY.

Sur l'honneur.

MADEMOISELLE DE BELLE-ISLE.

Fou que vous êtes!...

D'AUBIGNY.

Oh! vous n'aurez pas de peine à me convaincre, allez! Non, il n'est pas possible, avec ce charme dans la voix, avec cette pureté dans les yeux, non, il n'est pas possible que vous me trompiez, et je vous crois déjà.

MADEMOISELLE DE BELLE-ISLE.

N'importe : vous me croirez mieux encore quand j'aurai envoyé chercher le duc, n'est-ce pas?

LE LAQUAIS, annonçant.

M. le duc de Richelieu.

MADEMOISELLE DE BELLE-ISLE.

C'est le ciel qui l'envoie. (Au Laquais.) Dans un instant. (A Raoul.) Entrez dans cette chambre, Raoul, et rappelez-vous votre promesse!

D'AUBIGNY.

Votre main, Gabrielle.

MADEMOISELLE DE BELLE-ISLE.

Vous mériteriez...

D'AUBIGNY

Votre main.

(Elle la lui donne, il y pose les lèvres, et entre dans le cabinet.)

SCÈNE III

MADEMOISELLE DE BELLE-ISLE, LE DUC DE RICHELIEU.

MADEMOISELLE DE BELLE-ISLE.

Vous arrivez à merveille, monsieur; entrez, je vous prie.

LE DUC.

Salut à ma toute charmante, chez laquelle je me présentais ce matin presque sans espérance de la trouver visible, et qui veut bien cependant me recevoir à cette heure.

MADEMOISELLE DE BELLE-ISLE.

J'allais vous envoyer chercher, monsieur.

LE DUC, voulant baiser la main de mademoiselle de Belle-Isle.

Ah! mais voilà qui me comble!

MADEMOISELLE DE BELLE-ISLE.

Monsieur le duc!...

LE DUC.

Eh bien?

MADEMOISELLE DE BELLE-ISLE.

Pardon... mais j'ai une explication grave et sérieuse à vous demander, une explication qui touche mon honneur!

LE DUC.

Votre honneur! et qui oserait y porter atteinte, mademoiselle? Parlez, je suis là si on l'attaque... Parlez donc!... je vous écoute.

MADEMOISELLE DE BELLE-ISLE.

Il s'agit d'un pari que vous auriez fait, monsieur le duc.

LE DUC.

Eh! mon Dieu, oui, mademoiselle; il faut bien que je l'avoue; oui! mais je vous aimais, mademoiselle, avant de faire ce pari. Du moment que je vous avais aperçue, j'avais senti que mon cœur n'était plus à moi; je vous avais suivie de Paris à Versailles, et de Versailles à Chantilly!... J'étais venu ici pour vous... pour vous seule, je vous le jure... On m'a proposé un pari... deux autres fous comme moi!... vous n'en étiez pas l'objet, votre nom n'avait pas été prononcé dans ce pari; il devait porter sur la première personne qui passerait!... Vous avez passé... mon honneur était engagé; le hasard a fait que mon amour s'est trouvé de moitié avec mon honneur... Voilà la vérité, mademoiselle, la vérité toute entière. Si j'ai

commis une faute, elle est involontaire, et j'espère que vous me la pardonnerez!
MADEMOISELLE DE BELLE-ISLE.
Oui, certes, monsieur le duc, je vous pardonnerai cette faute, quoiqn'il soit étrangement cruel, convenez-en, lorsqu'on a perdu dignités, rang, fortune, lorsqu'il ne reste plus de tout cela qu'une réputation sans tache, convenez, dis-je, qu'il est cruel de voir cette réputation, qui devrait être respectée à l'égal d'une chose sainte, passer comme un jouet aux mains de courtisans désœuvrés, qui, ne pouvant la briser, tentent au moins de la ternir. Eh bien, monsieur le duc, oui, en faveur de tout ce que vous avez fait pour moi, quoique maintenant je connaisse la véritable source de cette bienveillance et de cette bonté que je croyais désintéressées et pures, oui, je vous pardonnerai ce pari; mais à une condition cependant! vous m'expliquerez comment ce billet a été jeté hier au soir par cette fenêtre, entre dix et onze heures du soir... Voyez, monsieur, lisez...
LE DUC.
C'est inutile... Je connais ce billet.
MADEMOISELLE DE BELLE-ISLE.
Comment! vous le connaissez?
LE DUC.
N'est-il pas de mon écriture? D'ailleurs, je voudrais nier, que la signature est là.
MADEMOISELLE DE BELLE-ISLE.
Vous avez écrit ce billet?
LE DUC.
Je l'avoue.
MADEMOISELLE DE BELLE-ISLE.
Et vous l'avez jeté par cette fenêtre?
LE DUC.
Par cette fenêtre.
MADEMOISELLE DE BELLE-ISLE.
Et à qui?
LE DUC.
Le sais-je, moi? A celui qui l'attendait, sans doute.
MADEMOISELLE DE BELLE-ISLE.
Vous étiez ici, dans cette chambre?
LE DUC.
Certainement!

MADEMOISELLE DE BELLE-ISLE.

Mais vous y étiez sans moi?

LE DUC.

Comment, sans vous ?

MADEMOISELLE DE BELLE-ISLE.

Vous y étiez avec moi?

LE DUC.

Mais sans doute.

MADEMOISELLE DE BELLE-ISLE.

Avec moi?

LE DUC.

Avec vous.

MADEMOISELLE DE BELLE-ISLE.

Vous mentez, monsieur le duc.

LE DUC.

Je mens, moi ?

MADEMOISELLE DE BELLE-ISLE.

Oui, vous; et impudemment encore!...

LE DUC.

Pardon, mademoiselle; mais, lorsqu'une femme parle ainsi à un homme, il ne peut répondre qu'en se retirant.

MADEMOISELLE DE BELLE-ISLE, l'arrêtant.

Oh! non! non! vous ne sortirez pas ainsi!... Parce que vous vous appelez Richelieu, parce que vous êtes deux fois duc et deux fois pair, il ne vous sera pas permis, monsieur, pour gagner un misérable pari où vous croyez votre honneur engagé, il ne vous sera pas permis de calomnier une femme, et, quand cette femme a tout perdu, excepté l'amour d'un homme qu'elle aime, de lui faire, par cette calomnie, perdre l'amour de cet homme! Oh! j'en appellerai à votre dignité, à votre honneur, qui fait fausse route, et qui peut se perdre, monsieur le duc; et vous direz la vérité... oui, la vérité ; oui, et cela ici, devant moi! devant moi que vous avez offensée... Et cette vérité, vous hésiterez d'autant moins à la dire que je ne suis qu'une femme, et qu'on ne pourra pas supposer que c'est la crainte qui vous fait revenir sur ce que vous aviez avancé.

LE DUC.

Eh! mon Dieu, oui, j'ai eu tort; j'aurais dû avoir l'air de perdre. Voyons, voulez-vous que j'écrive au chevalier? Je lui dirai que j'ai trouvé cette porte fermée par exemple, et que, par conséquent, cette lettre que j'ai jetée d'ici par la fenêtre ne signifie rien! Voulez-vous enfin que je lui avoue que j'ai perdu?... Tout ce que vous voudrez, je suis prêt à le faire. A Dieu ne plaise que manque, par ma folle vanité, un mariage auquel tient, dites-vous, votre bonheur! je sacrifierai le mien! C'est bien le moins que je vous doive!...

MADEMOISELLE DE BELLE-ISLE.

Monsieur le duc, il y a quelque chose d'infernal dans ce que vous me dites!... C'est vrai!... Mais je ne pensais pas que la perversité pût aller si loin! Non, monsieur, non! non! ce n'est pas une lettre que je demande! non! c'est un aveu que j'exige! un aveu ici, un aveu à l'instant même... un aveu que tout ce que vous avez dit jusqu'ici est faux! que vous l'avez dit au mépris de la vérité! à l'oubli de votre nom! à la honte de votre honneur! Je veux que vous disiez que vous m'avez calomniée, monsieur! oui, lâchement calomniée... Je ne mesure pas les mots, je les dis comme mon indignation me les inspire... Oui, vous avouerez tout cela... Et je ne réponds pas que je ne vous mépriserai plus; mais je vous promets que je vous pardonnerai!

LE DUC, à demi-voix.

Je comprends : que ne me disiez-vous par un signe que quelqu'un nous écoutait, que quelqu'un était caché?

MADEMOISELLE DE BELLE-ISLE, à haute voix.

Personne n'est caché, monsieur! personne ne nous écoute; il n'y a ici que moi... Répondez donc à moi!

LE DUC.

Eh bien, s'il n'y a ici que vous, si je ne dois répondre qu'à vous, je vous dirai alors que je croyais connaître les femmes, et que j'étais un grand sot; que, chaque jour, elles m'apprennent quelque chose de nouveau, à moi qui, chaque jour, crois n'avoir plus rien à apprendre, et qu'à vous particulièrement était réservé l'honneur de me donner la leçon la plus complète que j'aie jamais reçue!

MADEMOISELLE DE BELLE-ISLE.

Assez, monsieur le duc; sortez!

LE DUC.

J'obéis, mademoiselle; mais je n'ai pas perdu tout espoir, je me présenterai ce soir, à la même heure qu'hier, et peut-être serai-je mieux reçu que ce matin.

(Il salue et sort.)

MADEMOISELLE DE BELLE-ISLE.

Oh! oh! mon Dieu! mon Dieu!

SCÈNE IV

MADEMOISELLE DE BELLE-ISLE, D'AUBIGNY.

D'AUBIGNY, ouvrant la porte du cabinet.

Eh bien?...

MADEMOISELLE DE BELLE-ISLE.

Oh!

D'AUBIGNY.

J'ai fait ce que vous m'aviez dit de faire. Je me suis caché, j'ai écouté, j'ai entendu, et, malgré tout cela, j'ai tenu parole en ne paraissant pas... Êtes-vous contente?

(Il traverse la scène pour sortir.)

MADEMOISELLE DE BELLE-ISLE, l'arrêtant.

Raoul!

D'AUBIGNY.

Oh! laissez-moi!

MADEMOISELLE DE BELLE-ISLE.

Raoul!... écoutez!... oui, vous aviez raison de craindre hier; oui, vos pressentiments étaient fondés; oui, il y a une fatalité contre nous... contre nous! car elle vous atteint aussi bien que moi, Raoul; mais vous ne me quitterez pas de cette manière. Il y a dans tout ceci quelque chose d'infâme, une machination dont je suis victime... et qui vient je ne sais d'où... une haine invisible enfin, qui m'enveloppe et qui m'étouffe!... Raoul, il est impossible que ma voix soit devenue tout à coup sans puissance sur vous! il est impossible que vous soyez convaincu que j'ai oublié en une heure les principes de toute une vie! Raoul, il est impossible que, d'hier à aujourd'hui, je sois devenue une infâme... Oh! mais, si l'on venait me dire, à moi, que vous avez commis une lâcheté ou un crime... fui dans un combat ou assassiné quelqu'un, quelle que fût la personne qui me dît cette chose!... non, je vous le jure, Raoul, je ne la croirais pas!...

D'AUBIGNY.

Mais enfin le duc... le duc est entré d'abord ici, madame!

MADEMOISELLE DE BELLE-ISLE.

Je ne le nie point.

D'AUBIGNY.
De ce boudoir, il est passé dans cette chambre.
MADEMOISELLE DE BELLE-ISLE.
Cela se peut.
D'AUBIGNY.
Ah! vous l'avouez donc, enfin?
MADEMOISELLE DE BELLE-ISLE.
Oui, je l'avoue: mais vous ne savez pas, vous ne pouvez pas savoir!...
D'AUBIGNY.
Alors, vous n'étiez donc pas dans cette chambre? vous avez donc passé la nuit dans un autre appartement?
MADEMOISELLE DE BELLE-ISLE.
Raoul, j'ai fait un serment terrible; Raoul, je ne puis rien vous dire, j'ai juré!...
D'AUBIGNY.
Mais n'y a-t-il pas quelqu'un enfin qui, par pitié pour vous et pour moi, puisse vous relever de votre serment?
MADEMOISELLE DE BELLE-ISLE.
Oui, vous avez raison, et c'est une inspiration du ciel; oui, lorsqu'elle verra de quelle infamie je suis accusée, elle permettra que je vous dise tout, et vous verrez alors, vous verrez! (Elle sonne, Mariette paraît.) Madame la marquise de Prie, madame la marquise, où est-elle? Dites-lui que j'ai besoin de la voir à l'instant même, que je la supplie de venir... Allez.
MARIETTE.
Madame la marquise est partie pour Paris ce matin avec M. le duc de Bourbon, et ne sera de retour ici que ce soir.
MADEMOISELLE DE BELLE-ISLE.
Oh! mais c'est une fatalité atroce!... Raoul, attendez à ce soir... Ce soir, vous saurez tout. (Il fait un mouvement pour sortir, elle l'arrête.) Raoul, ne vous en allez pas... Raoul, je vous jure...
D'AUBIGNY.
Oui, vous avez raison, c'est une fatalité. Hier, à midi, vous quittez l'hôtel pour habiter le château; hier au soir, je viens, et, pour la première fois, ma présence vous gêne, et vous désirez que je vous quitte; je vous fais jurer que vous ne verrez pas le duc : derrière moi, il entre; il y a une heure, vous niez qu'il soit venu, et maintenant vous avouez qu'il est possible qu'il soit resté jusqu'à trois heures du matin dans

cette chambre. Vous n'étiez pas, dites-vous, dans cet appartement, et vous ne pouvez pas me dire où vous étiez; un serment vous lie, vous avez juré : c'est un engagement sacré, quoique inattendu ; mais une personne peut vous relever de ce serment, une seule! cette personne n'est plus à Chantilly. Vous avez raison, c'est une fatalité étrange, si étrange vraiment, que c'est à n'y pas croire, et que je n'y crois pas!

MADEMOISELLE DE BELLE-ISLE.

Que voulez-vous que je vous dise? Oui, oui, toutes les preuves sont contre moi ; oui, il s'agirait de ma tête, que ma tête tomberait comme tombera peut-être mon honneur! mais ma tête serait près de tomber, que je ne manquerais pas au serment que j'ai fait. Agissez donc selon votre conviction, Raoul, je ne vous retiens plus.

(Elle tombe sur un fauteuil.)

D'AUBIGNY, faisant un mouvement pour sortir, puis revenant.

Écoutez, Gabrielle, je sais que cet homme a, pour arriver à son but, quel qu'il soit, des moyens mystérieux et inconnus. Eh bien, avouez que cet homme vous a donné quelque philtre, quelque boisson narcotique, quelque breuvage empoisonné et maudit ! avouez qu'il est entré ici pendant que vous dormiez, et que vous ne vous êtes réveillée que trop tard... Avouez cela, et cela ne m'ôtera rien de mon amour, cela ne changera rien à notre avenir; je le tuerai, et voilà tout. Tenez, avouez-moi cela, Gabrielle, je l'aime mieux, car alors je comprendrai tout... Mais ne venez pas me parler d'absence impossible, de serment auquel je ne crois pas!... Vous le voyez bien, mon Dieu, je ne demande pas mieux que de vous aimer toujours, moi! je vous ouvre un moyen facile... Eh bien, si vous m'avez trompé, si vous êtes coupable, employez-le! Oui, il a usé de ruse ou de force, n'est-ce pas? c'est un homme infâme, et je ne dois m'en prendre qu'à lui et ne me venger que de lui? Oh! mais dites-moi donc quelque chose que je puisse croire, quelque chose qui ait l'apparence d'une vérité, si vous ne voulez pas que je meure fou en vous maudissant, en maudissant Dieu! Tenez, au nom du ciel, tenez, à genoux, Gabrielle! voyez, voyez, c'est moi qui vous prie... J'attends... Parlez, j'écoute.

MADEMOISELLE DE BELLE-ISLE.

Je ne puis rien vous dire que ce qui est, Raoul. Je n'ai pas vu M. le duc de Richelieu depuis hier à huit heures du soir.

D'AUBIGNY.

Oh! ceci est **trop** fort, madame, et je sais ce qui me reste à faire.

MADEMOISELLE DE BELLE-ISLE.

Je vous supplie...

D'AUBIGNY.

Oh! laissez-moi, madame, laissez-moi!

MADEMOISELLE DE BELLE-ISLE.

Raoul! Raoul! oh!

D'AUBIGNY.

Une dernière fois, voulez-vous m'avouer la vérité?

MADEMOISELLE DE BELLE-ISLE.

Je ne puis rien vous dire.

D'AUBIGNY.

Que le ciel vous pardonne alors! mais ce que je sais bien, moi, c'est que je ne vous pardonnerai pas.

(Il s'élance dehors.)

MADEMOISELLE DE BELLE-ISLE, tombant à genoux.

Mon Dieu! mon Dieu! ayez pitié de moi!

ACTE QUATRIÈME

Un salon communiquant avec une salle de bal.

SCÈNE PREMIÈRE

D'AUMONT, D'AUVRAY, CHAMILLAC, et QUELQUES AUTRES SEIGNEURS, à une table de pharaon placée à droite du spectateur; DEUX AUTRES JEUNES SEIGNEURS, jouant aux dés à une table à gauche; LA MARQUISE, LE DUC DE RICHELIEU, se promenant.

LE DUC.

C'est à n'y rien comprendre, ma parole d'honneur! elle m'a soutenu avec un aplomb miraculeux qu'elle ne savait pas ce que je voulais dire.

LA MARQUISE.

Mais, enfin, comment êtes-vous entré dans le boudoir?

LE DUC.

Eh! par la porte secrète, donc!

LA MARQUISE.

Vous m'aviez donné votre parole d'honneur que vous n'en aviez pas la clef.

LE DUC.

C'était vrai; mais je l'ai envoyé chercher.

LA MARQUISE.

A Paris?

LE DUC.

A Paris.

LA MARQUISE.

En deux heures? Mais c'est fabuleux!

LE DUC.

En deux heures quatorze minutes; Germain m'a crevé mes deux meilleurs chevaux, Turenne et Romulus; j'en suis pour mille louis.

LA MARQUISE.

Vous êtes le gentilhomme le plus magnifique que je connaisse?

LE DUC.

Eh bien, marquise, voulez-vous que je vous avoue une chose?

LA MARQUISE.

Avouez.

LE DUC.

Eh bien, parole d'honneur, je ne les regrette pas!

LA MARQUISE.

Ah! duc, voilà un mot dont je me souviendrai toute ma vie. Eh bien, maintenant, à mon tour, je vais vous dire une chose.

LE DUC.

Attendez donc, je n'ai pas fini.

LA MARQUISE.

Achevez, c'est trop juste.

LE DUC.

Vous perdiez le plus beau de l'histoire.

LA MARQUISE.

Il est difficile cependant qu'elle soit plus complète que cela.

LE DUC.

Si fait, elle est plus complète; car celui contre lequel j'ai parié...

LA MARQUISE.

Eh bien?

LE DUC.

Eh bien, c'est le chevalier d'Aubigny.

LA MARQUISE.

Le chevalier d'Aubigny?

LE DUC.

Attendez donc encore!...

LA MARQUISE.

Mais c'est une histoire des *Mille et une Nuits* que vous me racontez là!

LE DUC.

Lequel chevalier d'Aubigny devait épouser dans trois jours mademoiselle Gabrielle de Belle-Isle.

LA MARQUISE.

Ah! vraiment?

LE DUC.

Foi de gentilhomme!

LA MARQUISE.

Quand je vous disais que ces Belle-Isle étaient mes ennemis!

LE DUC.

Maintenant, marquise, voyez combien il était indigne à vous de chercher à me faire perdre mon pari, moi qui n'avais qu'un but dans tout cela, celui de venger une amie.

LA MARQUISE.

Ainsi, elle allait épouser le chevalier?

LE DUC.

Eh! mon Dieu, oui: voyez un peu comme cela se rencontre! Cependant, il paraît que le mariage était assez éloigné encore: le jeune homme manquait de patrimoine, et, pour comble de malheur, n'occupait qu'un grade secondaire; de sorte que, comme le comte de Belle-Isle, tout prisonnier qu'il était, exigeait que son gendre fût quelque chose de mieux qu'anspessade ou cornette, il est possible que les deux jeunes gens eussent encore soupiré longtemps en vain l'un pour l'autre, mais voilà qu'un jour, c'est comme je vous le dis, marquise, sans que personne sache ni comment ni pourquoi, le jeune homme reçoit son brevet de lieutenant aux gardes de Sa Majesté. Dès lors, vous comprenez, marquise, plus d'empêchement, pas même celui de la distance ; car, au moment où la fiancée débarquait à Versailles, le fiancé prenait terre à Chantilly; aussi la chose allait marcher toute seule, et probablement qu'un de ces soirs votre aumônier allait les marier secrètement dans la chapelle du château, si je ne m'étais pas jeté à la traverse; ce que regrette, ma parole d'honneur! en voyant le peu de gré que vous me savez de ce que je fais pour vous, marquise. Maintenant, à votre tour, parlez ; n'aviez-vous point quelque chose à me dire?

LA MARQUISE.

Oui; mais je ne vous dirai rien.

LE DUC.

Et pourquoi, je vous prie?

LA MARQUISE.

Parce que maintenant tout est bien comme cela est, et qu'il serait dommage d'y rien changer. Au reste, qu'a dit le chevalier de tout cela?

LE DUC.

Il y a toute apparence qu'il a pris la chose au tragique.

LA MARQUISE.

Vraiment?...

LE DUC.

Oui : il s'est présenté trois fois chez moi dans la journée, laissant son nom chaque fois, avec l'heure à laquelle il était venu. Malheureusement, j'étais à la chasse, où j'ai fourbu un troisième cheval; mais vous comprenez qu'à mon retour, et aussitôt que j'ai eu connaissance de la peine que le chevalier avait prise, j'ai voulu lui rendre sa politesse, et, de mon côté, je suis passé chez lui... Mais il était dit que nous ne nous rencontrerions pas. On m'a répondu qu'il était dehors... Je me suis inscrit... et j'attends. Et vous, marquise, quelles nouvelles rapportez-vous de Paris?

LA MARQUISE.

Aucune. Je n'ai fait qu'y toucher barres, et je suis revenue. Le duc est arrivé juste à temps pour mettre le roi en carrosse, et Sa Majesté, plus aimable envers lui que d'habitude encore, lui a recommandé de ne pas se faire attendre au souper,

parce que, après le souper, il l'avait désigné pour être de son jeu. C'est une faveur plus décidée que jamais.
LE DUC.
Prenez garde à notre évêque; s'il y a une tempête, elle viendra de son côté. Quant à moi, la dernière fois que je l'ai vu, il m'a fait si bonne mine, que j'en ai peur.
LA MARQUISE.
Bah! vous le calomniez, duc. C'est un brave homme qui n'aspire qu'à la retraite, et qui dédaigne les grandeurs... Avez-vous oublié qu'à la mort du régent, il a lui-même présenté M. le duc au roi?
LE DUC.
Hum! parce qu'il a pensé que, s'il se présentait lui-même, la transition paraîtrait un peu brusque.
LA MARQUISE.
Vous vous trompez; et la preuve, c'est qu'à la moindre lutte, M. de Fréjus abandonne la partie et se retire.
LE DUC.
Oui; mais deux fois il s'est assuré, par cet expédient, que son royal écolier ne pouvait supporter son absence. Il n'aime que la retraite, dites-vous? il déteste les grandeurs, n'est-ce pas?... Eh bien, vous le verrez un jour premier ministre et cardinal... Pas vrai, d'Aumont?
D'AUMONT.
Mon cher, j'ai un jeu atroce.
LE DUC.
Bah! tu connais le proverbe, duc : « Malheureux au jeu heureux en amour. »
D'AUMONT.
Eh bien, moi, je ne sais pas comment cela se fait, je perds de tous les côtés.
LA MARQUISE.
Vous prenez mal votre moment pour vous plaindre, duc. Je venais justement vous inviter à figurer avec moi dans le troisième quadrille.
D'AUMONT.
Vous me rejetez bien loin, marquise.
LA MARQUISE.
Je suis engagée pour les deux premiers. Monsieur d'Auvray, donnez donc vos cartes au duc, j'ai quelque chose à vous dire.

D'AUVRAY.

Auriez-vous cette complaisance, monsieur le duc?

LE DUC.

Volontiers. Quand vous reviendrez, chevalier, vous retrouverez d'Aumont battu et content. As-tu pointé, duc?

D'AUMONT.

Oui.

LE DUC.

Eh bien, donne les cartes, alors.

(D'Aumont donne les cartes.)

D'AUVRAY, se promenant avec la Marquise.

Parlez, madame la marquise, je vous écoute.

LA MARQUISE.

Tout à l'heure! il ne faut pas que ces messieurs nous entendent.

D'AUVRAY.

Diable! une confidence?

LA MARQUISE.

Ah! voilà déjà votre amour-propre parti au galop. Il ne s'agit pas de ce que vous croyez; il s'agit de tout autre chose, au contraire. Si vous voyez arriver le chevalier d'Aubigny, vous savez, ce jeune lieutenant entré tout nouvellement dans les gardes du roi, ne le perdez pas de vue. Je crois qu'il doit y avoir quelque chose comme un duel entre lui et le duc de Richelieu.

D'AUVRAY.

Ce diable de Richelieu, c'est à n'y pas tenir, ma parole d'honneur! il me donne plus de besogne à lui seul que toute la noblesse de France! Et à propos de quoi ce duel?

LA MARQUISE.

Je ne sais; mais, quelle qu'en soit la cause, il est de votre devoir, comme lieutenant de nosseigneurs les maréchaux de France, de l'empêcher, chevalier. Maintenant, vous voilà prévenu. C'est à vous de vous tenir sur vos gardes, monsieur le greffier du point d'honneur. Reconduisez-moi dans la salle de bal à présent; c'est tout ce que j'avais à vous dire.

LE DUC, ramassant l'argent de d'Aumont.

Tenez, d'Auvray, voyez les affaires que je fais pour vous.

D'AUVRAY, rentrant dans la salle de bal.

Très-bien. Continuez.

LE DUC.

Quand je te le disais, d'Aumont... Tu ne devrais jamais jouer contre moi, cela te porte malheur.

D'AUMONT.

Je tiens le double.

LE DUC.

Le double, soit.

SCÈNE II

Les Mêmes, D'AUBIGNY.

D'AUBIGNY, regardant de la porte et apercevant Richelieu.

Enfin!...

(Il entre et vient lentement se placer en face du Duc.)

LE DUC, levant les yeux.

Ah! ah! c'est vous, chevalier!

D'AUBIGNY.

Oui, monsieur le duc; pourrais-je vous dire deux mots?

LE DUC.

Aussitôt le coup joué, je suis à vous.

D'AUBIGNY.

C'est bien, j'attendrai.

LE DUC.

Tenez, voilà qui est fait. Passe-moi ton argent, d'Aumont. Bien, merci... Chamillac, prends ma place, elle est bonne. (Se levant.) Me voilà, monsieur.

(Chamillac prend la place du Duc.)

D'AUBIGNY.

Je vous ai attendu hier dans la rue jusqu'à quatre heures.

LE DUC.

Cela se peut, monsieur; j'étais sorti par la porte du parc.

D'AUBIGNY.

J'ai eu l'honneur de me présenter trois fois aujourd'hui chez vous.

LE DUC.

Je l'ai appris avec un vif regret, monsieur. J'étais à la chasse; mais on a dû vous dire qu'aussitôt mon retour...

D'AUBIGNY.

Oui, vous aviez pris la peine de passer à l'hôtel. (Les deux hommes se saluent.) Il est inutile, je présume, monsieur le duc, que je vous dise dans quel but je désirais vous rencontrer?

LE DUC.

Mais je crois que je m'en doute, chevalier.

D'AUBIGNY.

Vous comprenez, monsieur, que, lorsqu'on a porté atteinte à la réputation d'une femme dont le père et les frères sont à la Bastille...

(Le chevalier d'Auvray entre et s'approche doucement.)

LE DUC.

On doit rendre raison à son amant... C'est trop juste, sur mon honneur, monsieur le chevalier, et je comprends parfaitement cela. Je suis à vos ordres.

D'AUBIGNY.

Je n'ai pas besoin d'ajouter qu'il est inutile que la véritable cause de notre combat soit connue.

LE DUC.

La cause sera celle que vous voudrez: le renvoi de l'infante, si cela peut vous être agréable. D'ailleurs, nous trouverons des témoins accommodants.

D'AUBIGNY.

Il y aurait peut-être quelque chose de mieux, monsieur le duc; ce serait de n'en pas prendre.

LE DUC.

Fort bien. Vous vous promènerez à une heure dite dans une allée convenue; je sortirai à cette heure, et je me dirigerai vers cette allée. Ce ne sera plus un duel, ce sera une rencontre

D'AUBIGNY.

Et... quel est l'endroit que vous préférez?

LE DUC.

Mais le plus proche du château.

D'AUBIGNY.

L'allée qui conduit au bois de Sylvie, alors.

LE DUC.

Parfaitement.

D'AUBIGNY.

Votre heure?

LE DUC.

La vôtre, monsieur.

D'AUBIGNY.

Neuf heures du matin, si vous voulez.

LE DUC.

C'est convenu. Les armes?

D'AUBIGNY.

Je n'ai pas besoin de vous en parler. Nous sommes gentilshommes tous deux; l'arme des gentilshommes est l'épée; nous sortons avec notre épée, personne ne le remarque, personne n'a rien à dire.

LE DUC.

A merveille. Demain, à neuf heures, au bois de Sylvie, sans autres armes que notre épée.

D'AUBIGNY.

C'est dit.

D'AUVRAY, leur frappant sur l'épaule avec une petite baguette noire à pomme blanche.

Halte-là, de par le roi! Vous êtes assignés à la connétablie de France, au terme de huitaine, par nous, clamant et proclamant, le chevalier d'Auvray, lieutenant de nosseigneurs les maréchaux de France et greffier du point d'honneur.

D'AUBIGNY.

On nous écoutait!

LE DUC.

D'Auvray!... Que le diable vous emporte, chevalier! on ne peut pas avoir la plus petite explication maintenant, qu'on envoie paraître le bout de votre baguette noire!

D'AUBIGNY.

Oui, c'est moi, messieurs; et songez-y, duc! songez-y, chevalier! ceci n'est point une plaisanterie ; car vous êtes prévenus, et, à compter de cette heure, vous avez la tête entre la hache et le billot. Donnez-moi donc votre parole que, d'ici au moment où nosseigneurs les maréchaux de France auront décidé s'il y a lieu à combat, il n'y aura entre vous ni duel ni rencontre.

LE DUC.

Ce n'est pas moi que cela regarde, chevalier; c'est M. d'Aubigny; qu'il vous donne sa parole, je vous donne la mienne. Autrement, je vous en préviens, je suis obligé de le suivre partout où il lui plaira de me mener, même sur l'échafaud.

D'AUBIGNY.

Je désirais votre vie, monsieur le duc, mais je voulais vous la prendre moi-même. Un procès est inutile, et des juges sont superflus. Il ne doit y avoir entre M. de Richelieu et moi d'autre juge que Dieu. Vous avez ma parole, monsieur d'Auvray.

D'AUVRAY.

Qu'il n'y aura entre vous ni duel ni rencontre?

D'AUBIGNY.

Foi de chevalier!

LE DUC.

Foi de duc et pair!

D'AUVRAY.

C'est bien, messieurs, je m'en rapporte à votre parole.

(Il va s'appuyer à la chaise d'un des Joueurs.)

UN LAQUAIS, entrant.

Un courrier qui arrive de Paris demande à parler à M. le duc d'Aumont à l'instant même, de la part de Sa Majesté.

D'AUMONT, se levant.

Messieurs, vous permettez?...

UN JOUEUR.

Comment donc, monsieur le duc!... le service du roi avant tout.

(D'Aumont quitte la table et suit le Valet.)

LE DUC.

Chevalier, je suis désolé...

D'AUBIGNY.

Tout n'est pas perdu, monsieur le duc. Vous devez penser que cela ne finira point ainsi, et que je n'aurais pas donné ma parole si je n'eusse trouvé un autre moyen de terminer l'affaire. Avez-vous cru que je me contenterais d'une explication si tôt et si facilement terminée? Alors, monsieur le duc, vous me faisiez une nouvelle injure.

LE DUC.

J'avoue, monsieur le chevalier, que j'étais étonné moi-même de la facilité avec laquelle vous vous étiez rendu.

D'AUBIGNY.

Vous devez la comprendre cependant; la cause de notre duel n'est pas une de celles qu'on porte devant un tribunal : mademoiselle de Belle-Isle est bien assez compromise à cette heure sans que nous la perdions publiquement par de pareils débats : non, non, monsieur le duc. Oh! soyez tranquille, cela ne se passera pas ainsi.

LE DUC.

Faites-y attention, chevalier; maintenant, nous sommes engagés d'honneur.

D'AUBIGNY.

A ne point nous rencontrer ni nous battre, voilà tout. Mais celui qui veut véritablement se venger d'une insulte qu'il a reçue, celui qui n'a plus à espérer dans ce monde ni bonheur ni repos, celui qui est décidé à recevoir la mort de la main de son ennemi ou à la lui donner de quelque manière que ce soit, celui-là, monsieur le duc, pour une ressource qui lui manque, en a mille autres prêtes. Il lui faut seulement rencontrer un adversaire assez loyal pour qu'il comprenne qu'à l'homme à qui l'on a fait tout perdre on n'a le droit de rien refuser.

LE DUC.

Cet adversaire loyal, monsieur, je me flatte que vous l'aurez trouvé en moi.

D'AUBIGNY.

Aussi est-ce dans cet espoir que j'ai donné ma parole; j'ai compté sur votre courage, monsieur le duc.

LE DUC.

Vous avez bien fait; et que je perde mon nom, si vous me proposez quelque chose que je n'accepte?

D'AUBIGNY.

Eh bien, monsieur le duc, voilà des cornets, voilà des dés. En trois coups, et celui qui perdra...

LE DUC.

Celui qui perdra... Après?

D'AUBIGNY.

Celui qui perdra se fera sauter la cervelle; c'est un genre de duel contre lequel la connétablie ne peut rien.

LE DUC.

Ah! ah! C'est très-ingénieux, savez-vous? ce que vous avez trouvé là!

D'AUBIGNY.

Vous hésitez, monsieur le duc?

LE DUC.

Dame! écoutez donc, la proposition est étrange.

D'AUBIGNY.

Monsieur le duc, refuseriez-vous?

LE DUC.

Non; mais je me consulte.

D'AUBIGNY.

Monsieur le duc, faites-y attention, voilà la seconde fois qu'il vous arrive, au moment de vous battre...

LE DUC.

Que m'arrive-t-il, monsieur?

D'AUBIGNY.

De trouver là, derrière vous, à point nommé, un officier de la connétablie.

LE DUC.

Après?

D'AUBIGNY.

De sorte que l'on pourrait dire qu'il est trop commode de n'avoir qu'à prévenir M. d'Auvray.

LE DUC.

On ne dira rien, monsieur, j'accepte.

D'AUBIGNY.

Bien, duc! j'attendais cela de vous.

LE DUC.

Seulement, je vous demanderai six heures d'intervalle. On a toujours, en pareil cas, quelques affaires à arranger, pour peu qu'on ne soit pas bâtard.

D'AUBIGNY.

Six heures, soit!

(Ils s'approchent de la table.)

LE DUC, s'asseyant.

Enchanté de faire votre partie.

D'AUVRAY.

Ah! vous jouez maintenant?...

LE DUC.

Eh! mon Dieu, oui, nous jouons. Voulez-vous être de moitié dans ma partie, d'Auvray?

D'AUVRAY.

Volontiers; mais vous ne mettez pas au jeu.

D'AUBIGNY.

Non; nous jouons sur parole, monsieur. A vous, duc.

LE DUC.

Je n'en ferai rien. Commencez, chevalier.

D'AUVRAY.

Cinquante louis pour Richelieu, Chamillac!

CHAMILLAC.

Je les tiens.

D'AUVRAY.

Allons, messieurs.

D'AUBIGNY, secouant les dés.

Puisque vous le voulez, monsieur le duc. (Il amène.) Cinq.

LE DUC, amenant.

Huit.

CHAMILLAC.

Ma revanche!

D'AUVRAY.

Mais, auparavant, ces messieurs continuent-ils?...

LE DUC.

Oui.

D'AUBIGNY.

Vous avez la première manche, monsieur le duc; à vous de commencer.

LE DUC.

J'accepte; cela vous portera peut-être bonheur, chevalier. Neuf.

D'AUBIGNY, secouant les dés.

Vous n'avez pas de chance, monsieur de Chamillac, et je commence à croire que vous avez eu tort de parier pour moi. Onze. Je me trompais.

CHAMILLAC.

Nous sommes quittes, d'Auvray.

LE DUC.

Monsieur d'Aubigny, continuez-vous?

D'AUBIGNY.

Sans doute, monsieur le duc.

D'AUVRAY.

Toujours la même.

LE DUC.

Sept.

D'AUBIGNY.

Sept.

D'AUVRAY.

Coup nul.

LE DUC.

En restons-nous là, chevalier?

D'AUBIGNY.

Voilà ma réponse. Neuf.

LE DUC.

Onze.

D'AUBIGNY, se levant.

J'ai perdu, monsieur le duc.

CHAMILLAC.

Voilà vos cinquante louis, d'Auvray.

LE DUC, allant au chevalier d'Aubigny.

Chevalier!... dites-moi, j'espère que vous n'avez pas pris cette partie au sérieux?

D'AUBIGNY.

Et qui vous fait croire cela, je vous prie, monsieur le duc?

LE DUC.

C'est que cette partie est impossible.

D'AUBIGNY.

Si elle eût été impossible, vous ne l'eussiez pas acceptée

LE DUC.

Oui; mais, si je l'eusse perdue...

D'AUBIGNY.

Si vous l'eussiez perdue, vous eussiez tenu votre parole comme je tiendrai la mienne. Les dettes de jeu sont sacrées, monsieur le duc.

LE DUC.

Oh! mais je vous en prie.

D'AUBIGNY.

Il est trois heures du matin. A neuf heures, duc, vous serez payé.

(Il s'éloigne.)

LE DUC, le suivant.

Ou vous êtes fou, monsieur, ou vous n'en ferez rien, je l'espère.

(D'Aubigny se retourne, salue le Duc et sort.)

SCÈNE III

LE DUC DE RICHELIEU, sur le devant de la scène, laissé seul peu à peu par les autres personnages, qui entrent dans la salle de bal.

Il le fera comme il le dit, j'en suis sûr. Il y a des hommes qu'on n'a besoin de voir qu'un instant pour les juger!... Ah çà! mais... est-ce qu'il n'y a pas moyen de l'empêcher de faire une pareille folie!... Oh! penser que, rentré chez lui, de sang-froid, seul... il va... C'est quelque chose comme un assassinat! ma parole d'honneur!... De la jeunesse, du courage, un beau nom... et tout cela dans six heures!... tout cela aura cessé d'exister!... et pour un pari infâme, que j'aimerais mieux avoir perdu cent fois, d'autant plus que maintenant le diable m'emporte si je comprends comment je l'ai gagné... S'il faut que ce garçon-là se brûle la cervelle, d'honneur, il me poursuivra toute ma vie!... Si j'étais à Paris, j'irais trouver le roi, j'obtiendrais une lettre de cachet, et je le ferais mettre à la Bastille, et, là... à moins qu'il ne se pende aux barreaux... mais, ici, il n'y a pas moyen!... C'est à en perdre la tête.

SCÈNE IV

LE DUC DE RICHELIEU, D'AUMONT.

D'AUMONT, qui s'est approché par derrière et a entendu les derniers mots.

Oui, c'est à en perdre la tête.

LE DUC.

Et de quoi?

D'AUMONT.

De ce qui m'arrive.

LE DUC.

Il t'arrive donc quelque chose aussi, à toi? En effet, te voilà tout agité.

D'AUMONT.

Il y a de quoi. Tu ne sais pas les nouvelles de Paris?

LE DUC.

Non.

D'AUMONT.

Révolution complète dans le cabinet.

LE DUC.

Bah'

D'AUMONT.

L'évêque de Fréjus, premier ministre.

LE DUC.

M. de Fleury?

D'AUMONT.

Lui-même.

LE DUC.
Et M. le duc de Bourbon?
D'AUMONT.
Arrêté.
LE DUC.
Arrêté! un prince du sang?
D'AUMONT.
Arrêté.
LE DUC.
Comment cela?
D'AUMONT.
Au moment où il montait en voiture pour rejoindre le roi à Rambouillet, ainsi que Sa Majesté elle-même l'y avait invité, Charost est venu lui demander son épée.
LE DUC.
Pas possible!
D'AUMONT.
C'est comme je te le dis, mon cher; une véritable révolution de sérail faite par un évêque. Mais ce n'est pas le tout...
LE DUC.
Comment, ce n'est pas le tout? il y a autre chose encore?
D'AUMONT.
J'ai reçu une lettre de cachet qui exile la marquise de Prie à sa terre.
LE DUC.
Et pourquoi est-elle adressée à toi?
D'AUMONT.
Parce que c'est moi, mon cher, que, comme capitaine des gardes, on a chargé de l'y conduire.
LE DUC.
Ah! mon pauvre d'Aumont! Eh bien, que feras-tu?
D'AUMONT.
Il faudra bien que j'obéisse, pardieu!
LE DUC.
Et la lettre accorde-t-elle un délai, au moins?
D'AUMONT.
Pas une minute. L'exempt ne doit retourner à Paris qu'après nous avoir vus partir.
LE DUC.
Tiens, justement, d'Aumont, voilà la marquise qui vient te chercher pour danser avec elle.

D'AUMONT.

Je voudrais être à cent pieds sous terre!

SCÈNE V

Les Mêmes, LA MARQUISE.

LA MARQUISE.

Eh bien, d'Aumont, que faites-vous donc là, quand je vous attends?

LE DUC.

Ce qu'il fait, madame? demandez-lui plutôt ce qu'il fera; car je suis convaincu qu'il ne le sait pas encore.

LA MARQUISE.

Que voulez-vous dire?

D'AUMONT.

Madame la marquise, pardonnez-moi, mais je suis bien malheureux, bien désespéré!

LA MARQUISE.

Vous, d'Aumont! malheureux, désespéré! et de quoi?

LE DUC.

Marquise, quelque chose qui arrive, comptez-moi toujours au rang de vos amis, et usez de mon crédit, si toutefois il n'est pas perdu avec le vôtre!

LA MARQUISE.

Avec le mien? Mon crédit perdu? Mais que dites-vous donc tous deux? Êtes-vous devenus fous?

D'AUMONT.

Vous savez, madame, qu'il est impossible de désobéir au roi.

LA MARQUISE.

Et qui songe à désobéir à Sa Majesté?

LE DUC.

Eh! mon Dieu, lui! ce pauvre d'Aumont, qui ne demanderait pas mieux, mais qui est forcé de suivre les ordres qu'il a reçus.

LA MARQUISE.

Et quels ordres avez-vous donc reçus, monsieur le duc? Parlez, au nom du ciel, parlez!

D'AUMONT.

Il ne faut pas vous effrayer, madame la marquise; peut-être n'est-ce qu'une disgrâce momentanée.

LA MARQUISE.

Une disgrâce! Mais vous me faites mourir tous deux avec vos préparations. Voyons, j'ai du courage, dites-moi tout de suite ce qu'il en est.

LE DUC.

Eh bien, marquise, M. le duc est arrêté; vous êtes exilée à votre terre, et d'Aumont a l'ordre de vous conduire à l'instant même au lieu de votre exil.

LA MARQUISE.

Impossible, duc. (D'Aumont montrant l'ordre.) Ah! mon Dieu, la signature de Sa Majesté... Mais ne puis-je pas voir M. de Bourbon?

LE DUC.

Pour quoi faire, puisqu'il est arrêté lui-même?

LA MARQUISE.

Écrire au roi?

D'AUMONT.

Inutile : M. de Fleury décachettera la lettre.

LA MARQUISE.

A la reine?

LE DUC.

C'est autre chose.

LA MARQUISE.

Oui, oui; elle se souviendra que c'est moi qui l'ai tirée de l'exil pour la porter sur le premier trône du monde. Mais qui lui remettra cette lettre?

LE DUC.

Moi, marquise, et en personne.

LA MARQUISE.

Merci, duc. D'Aumont, passez-moi ce papier et des plumes. (Elle se met à écrire.) Oh! mon Dieu! mon Dieu!

LE DUC, reconnaissant l'écriture.

Marquise!

LA MARQUISE.

Quoi donc?

LE DUC.

Marquise, c'est là votre écriture?...

LA MARQUISE.

Sans doute ; et pourquoi cela?

LE DUC.

Pourquoi cela? Parce qu'alors... (tirant de sa poche le placet du deuxième acte) cette lettre, ce placet, ne sont point de mademoiselle de Belle-Isle, mais de vous; et, s'ils sont de vous, marquise! oh! mais, s'ils sont de vous, qui donc m'a reçu dans cette chambre, où je croyais la trouver?

LA MARQUISE.

Ingrat!...

LE DUC.

Oh!... oh! mon Dieu! mon Dieu!

(Il veut sortir.)

LA MARQUISE.

Mais où allez-vous? Attendez donc ma lettre!

LE DUC.

Oh! il s'agit bien de votre lettre maintenant!

LA MARQUISE.

Qu'y a-t-il donc?

LE DUC.

Il y a, madame, que, dans six heures, un des plus braves gentilshommes de France se fait sauter la cervelle, et que c'est vous qui le tuez, si je n'arrive pas à temps : voilà ce qu'il y a.

(Il va pour sortir, d'Auvray paraît.)

LA MARQUISE.

Il est fou!

D'AUVRAY, à Richelieu.

Pardon, mon cher duc, mais je suis forcé de vous demander votre épée.

LE DUC.

Comment!...

D'AUVRAY, montrant une lettre.

Ordre de Sa Majesté.

LE DUC.

Prisonnier?

D'AUVRAY.

Mandé à Paris par le roi, pour lui rendre à l'instant même compte de votre conduite.

LE DUC.

Oh! madame! madame!... s'il faut que, par votre faute, il arrive malheur à ce jeune homme, je ne vous le pardonnerai de ma vie! (A d'Auvray.) Allons, monsieur, allons!...

ACTE CINQUIÈME

Même décoration qu'au troisième acte.

SCÈNE PREMIÈRE

MADEMOISELLE DE BELLE-ISLE, UN LAQUAIS.

MADEMOISELLE DE BELLE-ISLE, écrivant.

Vous le connaissez bien, n'est-ce pas, M. le chevalier d'Aubigny, ce jeune lieutenant au régiment du roi, qui s'est présenté hier et avant-hier ici, et que vous avez annoncé deux fois?

LE LAQUAIS.

Je le connais; mademoiselle peut être parfaitement tranquille.

MADEMOISELLE DE BELLE-ISLE, cachetant sa lettre.

Eh bien, cherchez-le jusqu'à ce que vous le trouviez; d'ailleurs, peut-être est-il encore chez lui, à peine est-il sept heures du matin... Puis, quand vous l'aurez trouvé, remettez-lui cette lettre, et amenez-le ici; il faut que je lui parle à l'instant même. Attendez, avant de sortir, envoyez-moi Mariette.

LE LAQUAIS.

Elle a quitté cette nuit le château avec madame la marquise.

MADEMOISELLE DE BELLE-ISLE.

Madame la marquise n'est plus au château?

LE LAQUAIS.

Elle est partie cette nuit avec M. le duc d'Aumont, avant même que la soirée fût finie.

MADEMOISELLE DE BELLE-ISLE.
Mais elle reviendra ; elle va revenir... aujourd'hui ?

LE LAQUAIS.
Je l'ignore, et, si mademoiselle veut, je m'en informerai.

MADEMOISELLE DE BELLE-ISLE.
Oui ; mais allez d'abord porter cette lettre, c'est le plus pressé. (Le Laquais sort.) Mon Dieu ! que se passe-t-il donc ? Hier, elle me fait dire qu'elle ne peut me recevoir... Ce matin, elle est partie ! D'Aubigny, dont je n'entends plus parler !... c'est à n'y rien comprendre. (Le Laquais rentre.) Eh bien, vous n'êtes pas encore parti ?

LE LAQUAIS.
Quelqu'un monte le grand escalier ; mademoiselle veut-elle recevoir ?

MADEMOISELLE DE BELLE-ISLE.
Oh ! non, non ; je n'y suis pour personne.

LE LAQUAIS.
Pardon, mais justement...

MADEMOISELLE DE BELLE-ISLE.
Eh bien ?

LE LAQUAIS.
C'est M. le chevalier d'Aubigny.

MADEMOISELLE DE BELLE-ISLE.
Oh ! qu'il entre, qu'il entre ! et avertissez-moi aussitôt que la marquise sera de retour.

SCÈNE II

MADEMOISELLE DE BELLE-ISLE, D'AUBIGNY.

D'AUBIGNY, dans l'antichambre.
Mademoiselle de Belle-Isle !

MADEMOISELLE DE BELLE-ISLE.
Venez, Raoul, venez ; pour vous, j'y suis toujours. Tenez, je vous écrivais, je vous attendais ; mais je n'espérais pas vous voir.

D'AUBIGNY.
Aussi est-ce une circonstance imprévue qui m'amène.

MADEMOISELLE DE BELLE-ISLE.
Quelle que soit cette circonstance, soyez le bienvenu. Ah ! vous voilà, Raoul, vous voilà !

D'AUBIGNY.

Oui; je viens vous prier de me rendre un service.

MADEMOISELLE DE BELLE-ISLE.

Un service, à vous? Oh! parlez!

D'AUBIGNY.

Je n'ai que vous, Gabrielle : ma mère est morte en me mettant au monde, mon père a été tué à la bataille de Denain; plus de famille, plus d'amis!

MADEMOISELLE DE BELLE-ISLE.

Plus d'amis?

D'AUBIGNY.

Je ne saurais donc à qui confier un dépôt d'une certaine importance, si vous ne vouliez pas vous en charger.

MADEMOISELLE DE BELLE-ISLE.

Et quel est ce dépôt?

D'AUBIGNY.

Des papiers qui concernent ma fortune.

MADEMOISELLE DE BELLE-ISLE.

Et pourquoi vous dessaisissez-vous de ces papiers?

D'AUBIGNY.

Je pars, Gabrielle.

MADEMOISELLE DE BELLE-ISLE.

Vous partez?

D'AUBIGNY.

Oui, je me sépare de vous; et, quand on se sépare, Dieu seul sait ce que dure l'absence.

MADEMOISELLE DE BELLE-ISLE.

Que me dites-vous là?

D'AUBIGNY.

Je ne veux point vous effrayer; mais qui peut prévoir les chances étranges de la vie? Certes, j'eusse traité d'imposteur celui-là qui m'eût prédit, il y a trois jours, les événements qui, depuis trois jours, sont arrivés : je ne veux plus me laisser surprendre par le malheur, ainsi que je l'ai fait jusqu'à présent; je n'y échapperai pas pour cela, je le sais; mais, au moins, il me trouvera préparé et résolu.

MADEMOISELLE DE BELLE-ISLE.

Je vous écoute, Raoul, et je vous laisse dire, quoique chacune de vos paroles soit un coup de poignard au plus profond de mon cœur; parlez donc, puisque vous ne craignez pas de me faire souffrir, parlez!

D'AUBIGNY.

Croyez que, de mon côté, il m'en coûte cruellement d'agir ainsi ; mais ce que j'ai à vous dire est de la dernière importance ; et, une fois dit, ce sera tout.

MADEMOISELLE DE BELLE-ISLE.

J'écoute.

D'AUBIGNY.

Je disais donc qu'au moment de partir, en songeant aux accidents auxquels cette misérable vie est exposée, en réfléchissant que je pouvais ne plus vous revoir, je n'ai pas voulu m'éloigner sans vous demander pardon pour mes emportements d'hier. On ne perd pas tout à coup et aussi cruellement un espoir de bonheur comme celui que je nourrissais... depuis quatre ans ; car il y a quatre ans que je vous aime, Gabrielle ! sans que quelque chose se brise là ; mais, en y réfléchissant depuis, j'ai songé que, si je mourais loin de vous, vous pourriez croire que j'étais mort le cœur gros de reproches, et que cette idée tourmenterait, peut-être, le reste de votre vie... J'ai donc voulu, au moment du départ, venir prendre congé de vous, non plus, hélas ! comme un fiancé de sa fiancée, mais comme un frère de sa sœur !

MADEMOISELLE DE BELLE-ISLE.

Raoul, vous êtes bien cruel, et vous regretterez amèrement un jour tout ce que vous me dites là.

D'AUBIGNY.

Je ne vous dis cependant que ce que je dois vous dire, pour que vous soyez heureuse encore, si toutefois vous pouvez l'être. Eussiez-vous mieux aimé que je me séparasse de vous en vous laissant croire que j'emportais des sentiments de haine, quand, au contraire, je vous avais pardonné ?

MADEMOISELLE DE BELLE-ISLE.

Pardonné !

D'AUBIGNY.

Oui, pardonné ; et il n'y a pas longtemps que j'ai eu cette force, allez ! et c'est le ciel qui me l'a inspirée : j'ai passé une partie de la nuit dans une église ; car on peut oublier Dieu pendant le bonheur ; mais, lorsque le bonheur s'en va pour faire place à l'infortune, c'est toujours à Dieu qu'il faut revenir, voyez-vous ! Hélas ! je l'avais oublié depuis longtemps, j'étais si heureux ! mais, cette nuit, j'ai pensé à lui, ou plutôt il a pensé à moi ; j'ai passé deux heures dans cette église, priant et pleurant! Cela vous étonne, Gabrielle; Dieu ne vous fasse jamais sentir le besoin de la prière, des larmes et d'une église!

MADEMOISELLE DE BELLE-ISLE.

Pauvre insensé!

D'AUBIGNY.

Je l'étais, vous avez raison. Mais, heureusement, je ne le suis plus, car je suis rentré chez moi, sinon consolé, du moins calme... Alors, j'ai fait mes préparatifs de départ et je suis venu, comme je vous le disais, vous prier de me conserver ces papiers... Si je reviens, vous me les rendrez... si je meurs, vous les ouvrirez... Ils contiennent quelques dispositions suprêmes, quelques volontés dernières, que je vous prierai de regarder comme sacrées. Adieu, Gabrielle!

MADEMOISELLE DE BELLE-ISLE, à part.

Elle ne vient pas!

D'AUBIGNY.

Adieu, Gabrielle!

MADEMOISELLE DE BELLE-ISLE.

Raoul!... vous ne partirez pas!

D'AUBIGNY.

Il le faut.

MADEMOISELLE DE BELLE-ISLE.

Oui, parce que vous me croyez coupable. Mais, écoutez, je vous le jure, Raoul, je vous le jure sur le salut de ma mère, sur la liberté de mon père, sur votre vie, à vous, qui m'est plus précieuse et plus chère que la mienne, Raoul, je ne suis pas coupable!

D'AUBIGNY.

Vous me l'avez déjà dit, et je ne l'ai pas cru... D'ailleurs, n'ai-je point entendu le duc?

MADEMOISELLE DE BELLE-ISLE.

Eh bien, malgré son accent de vérité, auquel je n'ai rien pu comprendre moi-même, le duc mentait, ou bien, comme moi, était le jouet de quelque ruse infâme. Mais écoutez-moi, Raoul.

D'AUBIGNY.

Je vous écoute... Eh bien?

MADEMOISELLE DE BELLE-ISLE.

Oh! c'est que je fais mal en disant ce que je vais dire...

car j'ai juré... Eh bien, cette nuit... où M. de Richelieu prétend que je l'ai reçu ici, je ne l'ai point passée au château.
D'AUBIGNY.
Vous n'avez point passé la nuit au château?
MADEMOISELLE DE BELLE-ISLE.
Non... Je l'ai quitté à dix heures du soir... et je n'y suis rentrée qu'à cinq heures du matin.
D'AUBIGNY.
Mais où étiez-vous donc?... au nom du ciel! où étiez-vous?
MADEMOISELLE DE BELLE-ISLE.
Où j'étais?... Ah! voilà ce que madame de Prie seule peut m'autoriser à vous dire: j'ai déjà manqué à une partie de ma promesse en vous révélant que je n'étais pas ici... Songez-y, Raoul... Ayez pitié de moi et ne m'en demandez pas davantage en ce moment; car, pour vous retenir ici... j'ai tant souffert depuis hier, que, peut-être, je vous dirais tout, tout, au mépris d'un serment sacré!
D'AUBIGNY.
Vous n'étiez pas ici... Oh! mon Dieu!
MADEMOISELLE DE BELLE-ISLE.
Je vous l'ai dit, je n'étais pas ici... Maintenant, je ne vous demande qu'une chose... une seule... et, si vous attendez en vain, vous me tuerez, Raoul, ou vous m'abandonnerez, en me méprisant, ce qui sera bien pis encore. Attendez que je puisse vous mettre en face de madame de Prie, tandis qu'à ses genoux, moi, je la supplierai de tout vous dire.
D'AUBIGNY.
Madame de Prie! mais vous savez bien que vous ne la reverrez plus.
MADEMOISELLE DE BELLE-ISLE.
Comment?
D'AUBIGNY.
Madame de Prie est partie cette nuit.
MADEMOISELLE DE BELLE-ISLE.
Partie?
D'AUBIGNY.
Pour sa terre, où elle est exilée.
MADEMOISELLE DE BELLE-ISLE.
Exilée?
D'AUBIGNY.
M. le duc de Bourbon, en tombant, l'a entraînée dans sa

chute... Vous me demandez là des choses que vous savez aussi bien que moi.

MADEMOISELLE DE BELLE-ISLE.

M. le duc de Bourbon n'est plus ministre?

D'AUBIGNY.

Non, Gabrielle, et votre père va être libre.

MADEMOISELLE DE BELLE-ISLE.

Le duc de Bourbon n'est plus ministre?

D'AUBIGNY.

Depuis hier midi.

MADEMOISELLE DE BELLE-ISLE.

Sur votre honneur, ce que vous me dites là, Raoul, est-ce vrai?

D'AUBIGNY.

Que vous importe?

MADEMOISELLE DE BELLE-ISLE.

Raoul! je vous demande, sur votre honneur, si M. le duc de Bourbon est ou n'est plus ministre.

D'AUBIGNY.

Il ne l'est plus.

MADEMOISELLE DE BELLE-ISLE.

Mais je puis tout vous dire alors, car je suis dégagée de mon serment.

D'AUBIGNY.

Vous?

MADEMOISELLE DE BELLE-ISLE.

Oui, moi... Ah! Raoul! nous sommes sauvés!

D'AUBIGNY.

Sauvés?

MADEMOISELLE DE BELLE-ISLE.

Oui... Cette nuit... Ah! que je suis heureuse!

D'AUBIGNY.

Eh bien, cette nuit?...

MADEMOISELLE DE BELLE-ISLE.

Cette nuit, munie d'une lettre de madame de Prie, je suis partie dans sa voiture. Cette nuit, pendant laquelle tu croyais que je t'avais trompé, malheureux! cette nuit, je l'ai passée dans les bras de mon père, que je n'avais pas vu depuis trois ans, tu le sais... Et, si tu en doutes, Raoul, mon père, oui, mon père lui-même te jurera sur ses cheveux blancs que je dis la vérité.

D'AUBIGNY.

Taisez-vous ! taisez-vous !...

MADEMOISELLE DE BELLE-ISLE.

Voilà la cause de mon trouble, voilà pourquoi, pour la première fois, je te pressais de me quitter ; voilà pourquoi, enfin, je n'ai rien pu te dire : c'est que j'avais juré à la marquise, qui m'avait donné cet ordre à l'insu du duc de Bourbon, que, tant que M. le duc de Bourbon serait ministre, je lui garderais ce secret, qui pouvait la perdre et causer la mort de mon père. Dix minutes après que vous eûtes quitté cette chambre, j'étais partie... et j'y revenais seulement lorsque vous y êtes entré.

D'AUBIGNY.

Oh !

MADEMOISELLE DE BELLE-ISLE.

Eh bien, vous le voyez, c'est vous qui êtes le coupable, et c'est moi qui suis le juge... car rappelez-vous ce dont vous m'avez accusée ; rappelez-vous ce que vous avez cru ; rappelez-vous les paroles terribles que vous m'avez dites, à moi, à votre Gabrielle. Savez-vous que, quand vous avez été parti, lorsque je me suis sentie chancelante, loin de mon père, et loin de vous, mon seul et dernier appui, savez-vous que je me suis crue abandonnée de Dieu même, et que je me suis demandé si mieux ne valait pas mourir ?

D'AUBIGNY.

Gabrielle ! Gabrielle !...

MADEMOISELLE DE BELLE-ISLE.

Oui ; car, puisque, vivante, je ne pouvais plus me justifier, peut-être, du moins, auriez-vous cru ma mort ! Peut-être vous seriez-vous dit alors : « Puisqu'elle est morte parce que je voulais la quitter, elle m'aimait donc, et, si elle m'aimait, elle n'avait pu me tromper. » Eh bien, maintenant, est-ce vous qui me pardonnez, ou est-ce moi qui vous pardonne ? Non, c'est vous qui m'aimez, c'est moi qui vous aime. Oublions le passé, l'avenir est à nous ! l'avenir, tout entier renfermé dans deux mots : Je t'aime toujours ; m'aimes-tu encore ?

D'AUBIGNY.

Assez, assez ! Mais alors, dites-moi, car j'ai eu un instant la tête perdue, et voilà que tout me revient... si vous n'étiez pas ici, si vous étiez à Paris... tout ce qu'a dit cet homme était donc faux ? il mentait donc, ce duc ? c'était donc un infâme? Oh! (Il regarde la pendule, qui sonne huit heures et demie.) Et une demi-heure seulement pour le trouver et pour me venger de lui!... Une demi-heure! rien qu'une demi-heure! Oh! mon Dieu! mon Dieu!

(Il se précipite vers la porte, Gabrielle l'arrête.)

MADEMOISELLE DE BELLE-ISLE.

Raoul, je ne vous comprends pas. Je suis là; je vous dis que je ne suis pas coupable; je vous le prouve; je vous répète que je vous aime; et, au lieu de me répondre, vous pensez à cet homme! mais laissez cet homme, méprisez ses calomnies; obtenons la grâce de mon père, ce qui sera facile maintenant, puis quittons Paris et retournons en Bretagne; soyons heureux!

D'AUBIGNY.

Heureux, Gabrielle!... heureux!... Oh! vous ne savez pas, à votre tour!... vous ne savez pas!...

MADEMOISELLE DE BELLE-ISLE.

Quoi donc?

D'AUBIGNY.

Laissez-moi sortir, laissez-moi le retrouver avant neuf heures.

MADEMOISELLE DE BELLE-ISLE.

Vous ne sortirez point, Raoul... Je ne sais pas ce que vous voulez dire, je ne sais pas ce que vous voulez faire... mais vous resterez. Oh! je vous dis, moi, que vous ne passerez pas cette porte. J'appelle, je crie.

D'AUBIGNY.

Oh! mourir, mourir dans un pareil moment, mourir assassiné!... c'est impossible!

MADEMOISELLE DE BELLE-ISLE.

Mais que dites-vous donc?

D'AUBIGNY.

Oh! Gabrielle! Gabrielle! viens ici... dis-moi bien que tu m'aimais, répète-le-moi encore... C'est ma faute, aussi!... je n'aurais pas dû me fier à mes yeux; j'aurais dû douter de moi-même plutôt que de toi! mais je t'ai crue infidèle; j'ai cru qu'il fallait renoncer à toi pour toujours! Hélas! mon Dieu, si tu m'avais cru infidèle, qu'aurais-tu fait, toi? Tu aurais voulu mourir, n'est-ce pas?... voilà tout! parce que tu es une femme, parce que tu es un ange, et que tu n'aurais pas pensé à la vengeance, et que tu serais morte en pardonnant. Mais moi!... oh! moi, j'ai voulu me venger, j'ai été à cet homme, Gabrielle... Je ne devrais peut-être pas te dire tout cela! mais je n'ai plus de force. Je l'ai provoqué : nous allions nous battre.

MADEMOISELLE DE BELLE-ISLE.

Grand Dieu!

D'AUBIGNY.

On nous a arrêtés : M. d'Auvray... il nous a fait donner notre parole : il n'y avait plus moyen de nous rencontrer qu'en expliquant devant un tribunal de maréchaux la cause de notre combat!... et cette cause, c'était ton déshonneur, Gabrielle... tu étais perdue, ou je ne me vengeais pas! alors je lui ai offert de jouer sa vie contre la mienne sur un coup de dés.

MADEMOISELLE DE BELLE-ISLE.

Raoul!

D'AUBIGNY.

Il a accepté, car il est brave.

MADEMOISELLE DE BELLE-ISLE.

Et?...

D'AUBIGNY.

Et j'ai perdu, voilà tout!...

MADEMOISELLE DE BELLE-ISLE.

Ah! je comprends maintenant : vous ne reveniez à moi que pour me dire adieu!... Ce départ, c'était la mort!... vous mouriez pour moi, Raoul, à cause de moi!... Oh!... mais vous avez renoncé à ce projet : vous vouliez mourir parce que vous me croyiez coupable... Eh bien, je ne le suis pas... Vous savez maintenant que je vous aime, que je vous ai toujours aimé... Alors pourquoi mourir? Vous ne pouvez pas mourir!... Oh! cet homme... mon Dieu! mon Dieu! pourquoi ai-je rencontré cet homme?

D'AUBIGNY.

Vous voyez bien qu'il faut que je le tue.

MADEMOISELLE DE BELLE-ISLE.

Oh! vous ne sortirez pas... Vous ne me quitterez pas, pas d'une d'une minute, pas d'une seconde.

D'AUBIGNY.

Il n'y a cependant que ce moyen de nous sauver... Lui mort, personne ne sait plus ce qui s'est passé... tout le monde ignore qu'aujourd'hui, à neuf heures, je devais... Tiens, Gabrielle, je dis des choses impossibles : je suis prêt à commettre des lâchetés infâmes... Et tout cela pour vous !... Ah! voyez si je vous aime! voyez!

MADEMOISELLE DE BELLE-ISLE.

Oui, tu m'aimes, Raoul! et moi aussi, je t'aime! et cependant... tu n'as pas pitié de moi... Oh! mon Dieu! mon Dieu! si tu étais à mes pieds comme je suis aux tiens, tu me ferais faire tout ce que tu voudrais... Ma réputation, mon honneur, ma vie, tout serait à toi!... Ah! vous autres hommes, vous ne donnez jamais que la moitié de votre cœur à l'amour! le reste est pour l'orgueil. Voyons, dis-moi, que veux-tu que je fasse? Je ne puis pas rester ainsi sans te venir en aide... Veux-tu que j'aille le trouver? que je lui dise qu'il me tue, en te tuant?... Prends pitié de moi, Raoul!... Je sens ma tête qui se perd... Je deviens folle.

D'AUBIGNY.

Gabrielle!... Mon Dieu! mon Dieu! du courage!...

MADEMOISELLE DE BELLE-ISLE.

Du courage pour te voir mourir? Mais que me dis-tu donc là, mon Dieu?... Pour mourir avec toi!... oui, j'en aurai, si tu veux, du courage.

D'AUBIGNY.

Oh! c'est affreux! Ayez pitié de moi, Gabrielle! Gabrielle!... grâce! grâce!...

MADEMOISELLE DE BELLE-ISLE.

Écoute!

D'AUBIGNY.

Quoi?

MADEMOISELLE DE BELLE-ISLE.

C'est sa voix!... c'est la voix du duc!...

D'AUBIGNY.

La voix du duc! Oui... je la reconnais. Oh! c'est la justice de Dieu qui l'amène.

MADEMOISELLE DE BELLE-ISLE, essayant de l'arrêter.

Raoul!

D'AUBIGNY.

A votre tour, Gabrielle, à votre tour, entrez là... J'ai droit d'exiger que vous fassiez aujourd'hui pour moi ce qu'hier je faisais pour vous.

MADEMOISELLE DE BELLE-ISLE.
Non, non! je ne vous laisserai pas seul.
D'AUBIGNY.
Gabrielle! si vous restez, je ne réponds de rien!... si vous restez, je le traîne à vos pieds.
MADEMOISELLE DE BELLE-ISLE.
Tout ce que vous voudrez!... tout!... tout!... Mais, au nom du ciel, Raoul!...
D'AUBIGNY.
Soyez tranquille... Allez, allez.
LE DUC, derrière la porte.
Va-t'en au diable, faquin! je te dis que je sais qu'il est ici... qu'il faut que je lui parle... et je lui parlerai.

(Il ouvre la porte.)

SCÈNE III

MADEMOISELLE DE BELLE-ISLE, cachée; D'AUBIGNY, LE DUC DE RICHELIEU, couvert de poussière et chaussé de grandes bottes.

D'AUBIGNY, au Duc, qui s'est élancé dans la chambre.
Ah! je vous tiens donc enfin!
LE DUC.
Et moi aussi. J'avais assez peur de ne pas vous retrouver. Je ne vous lâche plus.
D'AUBIGNY.
Monsieur le duc, vous en aviez menti!
LE DUC.
Je le sais, pardieu, bien, que j'en avais menti! puisque je viens de faire dix lieues à franc étrier pour vous le dire. Il y a six heures que vous le sauriez, si je n'avais pas été arrêté comme tout le monde et conduit à Paris; mais, par bonheur, je n'ai eu qu'un mot à dire au roi pour me justifier, et j'arrive à temps...

(Mademoiselle de Belle-Isle sort de la chambre.)

D'AUBIGNY.
Qu'est-ce que cela signifie?
LE DUC.
Je dis, chevalier, que, si vous ne recevez pas mes excuses, que, si vous ne me pardonnez pas, je ne me consolerai jamais

de ce qui vient de m'arriver avec vous. Je dis que j'ai été joué, dupé, berné comme un sot, par madame de Prie, qui n'a pas senti elle-même l'importance de ce qu'elle faisait. Je dis, monsieur le chevalier, que mademoiselle de Belle-Isle est l'ange le plus pur qui soit jamais descendu du ciel, et que je demande à être conduit à ses pieds pour m'incliner devant elle, pour obtenir mon pardon de sa bouche! Car je l'a i-sultée, monsieur, insultée, et je m'en repens comme d'une action lâche et honteuse. Êtes-vous content, chevalier, et est-ce assez comme cela ?

MADEMOISELLE DE BELLE-ISLE.

Ah ! oui, monsieur le duc... Tout est dit, tout est terminé. Oh! vous êtes un noble cœur ! Oh ! Raoul ! Raoul ! qu'attendez-vous encore pour partager ma joie et remercier Dieu de notre bonheur ? (Au Duc.) Vous ne savez pas ?... il allait se tuer, le malheureux !

LE DUC.

Nous avons joué deux parties l'un contre l'autre, chevalier; mais je ne me souviens que de celle que j'ai perdue... Eh bien, maintenant, voyons, la paix est-elle faite ?

D'AUBIGNY, présentant mademoiselle de Belle-Isle au Duc.

Mademoiselle de Belle-Isle, ma femme. (Présentant le Duc de Richelieu à mademoiselle de Belle-Isle.) M. de Richelieu, mon meilleur ami.

POST-SCRIPTUM

Les préfaces sont pour les chutes. Il n'y a donc rien à faire, après un succès, que de remercier les artistes qui y ont contribué.

Firmin a été, ce qu'il est toujours, comédien spirituel et de bon goût. Cette fois, sa tâche était difficile : il avait à porter le poids d'un nom qui est devenu le type de toute grâce et de toute élégance : il l'a noblement soutenu, et le public a vu reparaître une de ces ombres aristocratiques qui vont s'effaçant de jour en jour dans la société, et que, depuis Fleury on croyait absentes du théâtre. Un instant, les spectateurs auraient pu douter que cet homme, si plein de ravissante fatuité, fût le même qu'ils avaient applaudi tant de fois dans le rôle candidement passionné de Saint-Mégrin, si, vers la fin du cinquième acte, ils n'eussent reconnu en lui ces accents de l'âme qui n'appartiennent qu'à lui. C'est que le cœur si franc et si loyal de l'homme se trahit toujours quelque peu sous l'habit du comédien.

Lockroy, chargé d'un rôle difficile et dangereux, en ce qu'il contrastait, par son caractère mélancolique, avec les couleurs joyeuses des autres rôles, a retrouvé dans le chevalier d'Aubigny ses plus belles inspirations de Monaldeschi, d'Ethelwood et de Muller. C'est une vieille et sincère fraternité d'armes que celle qui nous unit à lui, et elle nous a toujours porté bonheur.

Le rôle de d'Aumont était un de ces rôles que nous n'eussions pas osé offrir à tout le monde : il fallait la tenue et l'élégance de Mirecourt au comédien qui osait se montrer au public sous l'habit du *gentilhomme le plus débraillé de France*. Au reste, outre l'élégance et la tenue qui lui sont habituelles, Mirecourt a su trouver des effets de cette bonne et franche gaieté dont le Théâtre-Français seul a conservé la tradition.

Que mademoiselle Mante ne nous en veuille pas de reporter si loin les compliments que nous avons à lui faire : nous suivons dans ces quelques mots les habitudes de distribution théâtrale, qui rejettent d'une façon si peu galante les femmes à la fin de la liste des personnages qui jouent dans une pièce : il est impossible de mieux comprendre le rôle de madame de Prie qu'elle ne l'a fait; c'était bien la hautaine et insolente favorite qui régna trois ans sur la France et qui mourut de douleur d'avoir été détrônée; mais, ce que nous doutons que madame de Prie ait jamais possédé, c'est une finesse d'intonation qui laisse deviner, par une seule exclamation, tout ce qui se passe dans le cœur. Mademoiselle Mante est une excellente comédienne, à qui le public rend tous les jours justice en attendant que les distributeurs des grâces ministérielles en fassent autant.

Quant à mademoiselle Dupont, la vive et joyeuse Lisette, nous lui devons une double reconnaissance, et d'avoir bien voulu prendre un rôle que nous n'osions pas lui offrir, et de l'avoir joué avec cet entrain qu'elle apporte aux grandes compositions de Molière et de Marivaux. Nous avons contracté envers elle une dette qu'un simple remercîment n'acquitte pas; et nous espérons, comme M. le duc de Richelieu, *lui payer un jour ses gages* en monnaie de théâtre.

On s'étonnera, sans doute, que nous n'ayons pas encore prononcé le nom de mademoiselle Mars : nous lui dédions cette comédie. Le succès remonte à sa source.

ALEX. DUMAS.

FIN DE MADEMOISELLE DE BELLE-ISLE

UN
MARIAGE SOUS LOUIS XV

COMÉDIE EN QUATRE ACTES, EN PROSE

Théâtre-Français. — 1er juin 1841.

A LA VILLE DE FLORENCE

Souvenir de sa bonne hospitalité.

ALEX. DUMAS.

DISTRIBUTION

LE COMTE DE CANDALE................................ MM.	FIRMIN.
LE CHEVALIER DE VALCLOS.......................	MENJAUD.
LE COMMANDEUR..................................	PÉRIER.
JASMIN...	REGNIER.
UN VALET..	ALEXANDRE.
UN OFFICIER..	MATHIEN.
UN SUISSE...	ROBERT.
LA COMTESSE DE CANDALE..................... Mlles	PLESSY.
MARTON...	ANAÏS.
GARDES, DOMESTIQUES.	

— A Paris, vers le milieu du XVIIIe siècle. —

ACTE PREMIER

Un salon-boudoir servant de milieu entre deux appartements, avec une porte au fond et deux portes latérales. Un paravent ouvert à gauche; une fenêtre à droite.

SCÈNE PREMIÈRE

MARTON, en scène ; JASMIN, entrant du fond.

MARTON.
Eh bien, comment cela s'est-il passé?

JASMIN.
Mais à merveille! le curé nous a fait un discours des plus attendrissants; la mariée a manqué de s'évanouir, les grands parents ont pleuré à chaudes larmes... et moi-même, parole d'honneur! j'ai senti que la componction me gagnait... Marton, il faudra cependant faire une fin...

MARTON.
Quant à moi, j'attendrai la vue d'un autre mariage pour me déterminer; car je doute fort, s'il faut que je te le dise, que celui-ci tourne à bien.

JASMIN.
Il a, au contraire, toutes les conditions voulues, ce me semble.

MARTON.
Oui, excepté l'amour.

JASMIN.
Ah! ma chère, comme vous sentez la roture! Mais où donc avez-vous servi? Ce mariage est, au contraire, des plus convenables: deux maisons près de s'éteindre qui se réunissent, les Candale et les Torigny qui renaissent en espérance, seize quartiers qui en épousent dix-huit, le roi qui promet l'Ordre, et le commandeur qui donne six cent mille livres tout de suite! Ah çà! mais il faudrait que le diable lui-même s'en mêlât pour que cela tournât mal...

MARTON.
Un mariage fait par testament, comme c'est de bon augure!

JASMIN.
Mais c'est comme cela qu'ils se font tous, à cette heure.

M. le maréchal, en mourant, a pourvu à l'établissement de son fils et de sa nièce en mariant d'avance les deux cousins... Et il a bien fait, Marton ; car, à l'heure qu'il est, nous avons si peu de respect de nous-mêmes, que mademoiselle de Torigny, sans cette précaution, eût peut-être épousé un gros fermier général, et M. de Candale quelque petite robine... Cela ne se voit-il pas tous les jours ?...

MARTON.

Ma pauvre maîtresse, elle aurait pu être si heureuse !...

JASMIN.

Comment !... au fond de sa province, dans son couvent de Soissons... elle avait déjà pris ses arrangements pour cela ?...

MARTON.

Ah ! monsieur le comte, vous ne saurez jamais ce que nous vous sacrifions.

JASMIN.

Eh bien, mais, et nous autres, Marton, est-ce que vous nous croyez tout à fait esseulés ?... Je sais certaine grande dame qui en fera immanquablement une maladie...

MARTON.

Et moi, je connais un beau capitaine qui en mourra pour sûr.

JASMIN.

Vraiment !... Voyez donc comme cela se rencontre !

SCÈNE II

Les Mêmes, le Suisse de l'hôtel, ouvrant les deux battants de la porte du fond, sa grande canne à la main.

LE SUISSE, sans entrer.

Monsié Chasmin !

JASMIN.

Eh bien, quoi ?

LE SUISSE.

Monsié Chasmin, il être une cholie tame en pas, tans une foiture fermée, qui demande à parler à fous.

JASMIN.

Comment, drôle ! est-ce que tu n'avais pas quelque laquais à m'envoyer, que tu quittes ta porte ainsi ? Et si, pendant ce temps-là, les voitures rentraient...

6.

LE SUISSE.

Je serais gronté, je le sais pien ; mais la tame il m'avre donné tix louis pour faire la commission moi-même.

JASMIN.

Alors c'est autre chose : dis à la dame que je descends, ordonne à son cocher d'aller m'attendre à la petite porte de M. le comte.

LE SUISSE.

J'y fas.

(Il referme la porte.)

JASMIN.

Vous voyez qu'on ne vous faisait pas un conte, Marton

MARTON.

Et quelle est cette dame ?

JASMIN.

Notre délaissée probablement. Mais pardon... vous ne voudriez pas que je la fisse attendre ; respect au malheur !

(Il sort par la porte latérale à la droite du spectateur.)

SCÈNE III

MARTON, LE CHEVALIER.

A mesure que Jasmin s'éloigne, le Chevalier paraît par-dessus le paravent.

LE CHEVALIER.

Marton !

MARTON, jetant un cri.

Ah !

LE CHEVALIER.

Silence ! c'est moi... (Lui donnant sa bourse.) Est-ce que tu ne me reconnais pas ?

MARTON.

Oh ! si fait, monsieur le chevalier ; mais c'est que j'étais si loin de vous croire derrière ce paravent... Que venez-vous faire ici, mon Dieu ?...

LE CHEVALIER.

Tu me le demandes !...

MARTON.

Oui, je vous le demande, car enfin... c'est si étrange de vous voir aujourd'hui... dans cette maison, au moment même où celle que vous aimez se marie avec un autre... Mais comment vous trouvez-vous là ?

LE CHEVALIER.

Est-ce que je le sais moi-même, Marton?... Je rôdais comme un fou autour de l'hôtel ; j'ai trouvé une porte ouverte, je suis entré sans que personne me vît ; j'ai pris le premier escalier venu, j'ai monté un étage, j'ai traversé deux ou trois appartements, enfin j'en étais ici quand je t'ai entendue venir avec Jasmin ; alors je me suis jeté derrière ce paravent... et me voilà.

MARTON.

Je le sais bien que vous voilà... Mais que voulez-vous ? Voyons !

LE CHEVALIER.

Ce que je veux, Marton ? Je veux la revoir une fois... une seule fois encore... lui dire que je l'aime, que je n'aimerai jamais qu'elle... que ce mariage fait mon désespoir et que j'en mourrai.

MARTON.

Mais vous lui avez dit tout cela à son couvent !...

LE CHEVALIER.

Eh bien, Marton, je le lui répéterai.

MARTON.

Eh! la pauvre enfant ne le sait que de reste, allez !... D'ailleurs, c'est impossible... Savez-vous que vous êtes ici chez son mari ?

LE CHEVALIER.

Sans doute que je le sais...

MARTON.

Savez-vous qu'ils sont à l'église?...

LE CHEVALIER.

A l'église!... je voulais y aller, à l'église...

MARTON.

Que, dans un instant, ils peuvent être de retour?

LE CHEVALIER.

Je les attends.

MARTON.

Comment! vous les attendez ?... Vous êtes fou !

LE CHEVALIER.

Ah! Marton! m'oublier ainsi!

MARTON.

Mais elle ne vous a pas oublié!... mais elle vous aime toujours! Je ne devrais pas vous le dire, mais c'est qu'en vérité vous me faites peine.

LE CHEVALIER.

Elle m'aime et elle se marie ?

MARTON.

Pouvait-elle faire autrement? Depuis la mort du maréchal, ce mariage n'était-il pas décidé? ne le saviez-vous pas du premier jour que vous l'avez rencontrée? n'avez-vous pas eu le temps de vous préparer à cet événement, depuis six mois que vous l'entretenez au parloir, en venant voir mademoiselle votre sœur? Mais, en vérité, monsieur le chevalier, il faut être raisonnable aussi.

LE CHEVALIER.

Ah! si j'étais sûr seulement qu'elle me tînt la promesse qu'elle m'a faite! car elle m'a fait une promesse, Marton.

MARTON.

Eh! je la connais, mon Dieu.

LE CHEVALIER.

Tu la connais, Marton... Eh bien, crois-tu qu'elle la tiendra ?

MARTON.

Eh! sans doute qu'elle la tiendra... tant qu'elle pourra... pardi!

LE CHEVALIER.

Comment, tant qu'elle pourra ?

MARTON.

Voyons, monsieur le chevalier, il ne faut pas demander l'impossible non plus... Quand on se marie... eh bien, mais... on se marie.

LE CHEVALIER, tombant dans un fauteuil.

Marton, tu me mets au désespoir...

MARTON.

Allons, voilà que vous vous asseyez maintenant! (Le secouant par le bras.) Mais songez donc que, dans dix minutes, dans cinq minutes peut-être, ils seront ici.

LE CHEVALIER, se levant.

Marton, je tuerai le comte.

MARTON.

Le comte de Candale ?

LE CHEVALIER.

Eh! oui, le comte de Candale, le mari de Louise!

MARTON.

Comment!... mais je croyais que c'était votre ami?

LE CHEVALIER.

Mon ami! oui, sans doute, il l'a été; mais, aujourd'hui, c'est mon ennemi mortel; ne m'enlève-t-il pas ce que j'ai de plus cher au monde?

MARTON.

Mon Dieu! vous me faites frémir; est-ce que M. le comte sait quelque chose de votre amour pour sa femme?

LE CHEVALIER.

Oh! Dieu merci, il ne s'en doute point: j'ai eu la force de le cacher à tout le monde.

MARTON.

Ah! je respire! Eh bien, monsieur le chevalier, transigeons. Vous veniez pour voir ma maîtresse, n'est-ce pas?

LE CHEVALIER.

Hélas! oui.

MARTON.

Vous comprenez que c'est impossible.

LE CHEVALIER.

Impossible, Marton?

MARTON.

Mais oui, impossible; vous ne voudriez pas la compromettre, la perdre... n'est-ce pas?

LE CHEVALIER.

Oh! Dieu m'en garde!

MARTON.

Car, enfin, quels sont ses torts envers vous? De vous avoir aimé... de vous aimer encore... voilà tout.

LE CHEVALIER.

Tu crois qu'elle m'aime toujours?

MARTON.

Eh! j'en suis sûre.

LE CHEVALIER.

Ah! Marton, si tu savais le bien que tu me fais!

MARTON.

Et, pour la récompenser de cet amour, innocent hier... coupable aujourd'hui, vous feriez un éclat?... Ah! fi donc, monsieur le chevalier!

LE CHEVALIER.

Je sens bien que tu as raison, Marton ; mais, lorsqu'on aime, est-ce qu'on pense à tout cela !...

MARTON.

Mais c'est lorsqu'on aime qu'il faut y penser, au contraire... Voyons, voulez-vous vous brouiller avec le comte... vous fermer à tout jamais sa maison?...

LE CHEVALIER.

Sa maison, Marton! ah! tu peux bien compter que je n'y reviendrai jamais!

MARTON.

Allons donc !... demain, vous y serez... tenez, là où vo êtes.

LE CHEVALIER.

Marton, je te jure...

MARTON.

Ne jurez pas. Eh!... la, qui sait?... si madame de Candale tenait la promesse que vous a faite mademoiselle de Torigny... enfin, on ne peut pas savoir : on voit des choses si étranges !

LE CHEVALIER.

Oh! alors, Marton, tu comprends bien que, dans ce cas-là, ce serait autre chose.

MARTON.

Allons donc!... Eh bien, voilà que vous redevenez raisonnable, et je veux vous en récompenser. Écrivez une lettre, et je la remettrai.

LE CHEVALIER.

J'en ai écrit une, Marton.

MARTON.

D'avance?

LE CHEVALIER.

Savais-je ce qui arriverait?... Je l'ai écrite à tout hasard.

MARTON.

Alors vous n'êtes pas encore si malade que je croyais... Donnez.

LE CHEVALIER.

La voilà... Mais, en la lui remettant, tu lui diras...

MARTON.

Je lui dirai que, de peur de la compromettre, vous êtes parti à l'instant même.

LE CHEVALIER.

Marton, je voudrais cependant bien rester un instant encore.

MARTON.

Restez si vous voulez; mais, alors, je ne remets rien...

LE CHEVALIER.

Je m'en vais.

(Il s'avance vers la chambre du Comte.)

MARTON, l'arrêtant.

Par où vous en allez-vous donc?

LE CHEVALIER.

Mais par où je suis venu.

MARTON.

C'est cela! pour que tout le monde vous voie. Tenez, passez par cette chambre, elle conduit à la mienne; et, si l'on vous voit sortir... eh bien, il n'y aura que moi de compromise.

LE CHEVALIER, se retournant.

Il y a donc une sortie par chez toi, Marton?

MARTON.

Oui; mais il n'y a pas d'entrée... je vous en préviens.

LE CHEVALIER, s'arrêtant sur le seuil.

Marton, ma chère Marton, rappelle bien à ta maîtresse ce qu'elle m'a promis.

(Jasmin rentre.)

MARTON, poussant le Chevalier.

C'est bon!... mais c'est bon!... Le corridor, la chambre à droite, le petit escalier... et tirez sur vous la porte de la rue; que je l'entende!... (On entend le bruit d'une porte qui se ferme.) La, bien!

(Elle se retourne et aperçoit Jasmin sur le seuil de la porte en face d'elle.)

SCÈNE IV

MARTON, JASMIN, tenant chacun une lettre à la main.

JASMIN.

Très-bien, Marton! très-bien!

MARTON.

Allons, Jasmin, pas de secrets...

JASMIN.

Allons, Marton, pas de mensonge.

MARTON.

Qu'est-ce que c'était que cette belle dame?

JASMIN.

Une marquise que nous aimons... Qu'est-ce que c'était que ce beau jeune homme?

MARTON.

Un chevalier qui nous aime... Et cette lettre?

JASMIN.

Cette lettre, c'est une lettre pour monsieur... Et ce billet?

MARTON.

Ce billet, c'est un billet pour madame.

JASMIN.

Mais qu'est-ce que tu disais donc, Marton, que cela tournerait mal?.. Il me semble que cela va à merveille, au contraire; nous commençons par où l'on finit.

MARTON, *mettant la lettre dans son corset.*

Il faut convenir, Jasmin, que les maîtres d'aujourd'hui sont bien dépravés!...

JASMIN, *mettant la lettre dans sa poche.*

Ne m'en parle pas, Marton... Comment!... mais ce sont eux qui nous pervertissent.

MARTON.

Chut!

JASMIN.

Quoi?

MARTON.

Les voilà qui rentrent.

JASMIN.

Alors, rendons-nous chacun à notre poste... Toute sorte de prospérités à ton chevalier, Marton!

(Il rentre par la porte latérale à droite du spectateur.)

MARTON, *s'avançant vers la porte latérale à gauche.*

Bonne chance pour ta marquise!...

(Au moment où elle va pour entrer, on entend la voix de la Comtesse.)

LA COMTESSE, *de l'antichambre.*

Marton!...

MARTON, *s'arrêtant.*

Oh! mon Dieu!... c'est la voix de madame la comtesse.

(Elle court vers la porte du fond, qui s'ouvre avant qu'elle y soit arrivée.)

SCÈNE V

MARTON, LA COMTESSE, ouvrant la porte du fond.

LA COMTESSE.

Marton, au secours!... Marton, un fauteuil!... Marton, vite, vite, vite!

(Elle se laisse tomber sur le fauteuil.)

MARTON.

Oh! mon Dieu, mon Dieu, madame, qu'avez vous donc?...

LA COMTESSE.

Marton!... je suis mariée.

MARTON.

Oh!... ce n'est que cela?...

LA COMTESSE.

Comment peux-tu me répondre ainsi, quand tu sais que je suis au désespoir? Marton, tu as un bien mauvais cœur!...

(Elle laisse tomber sa tête contre Marton.)

MARTON.

Ah! mon Dieu, est-ce que madame s'évanouit?

LA COMTESSE.

Je crois qu'oui... As-tu des sels, de l'eau des Carmes, Marton? Je me meurs!...

MARTON.

Il y en a dans l'appartement de madame, et je cours en chercher.

(Elle fait un mouvement pour sortir, mais la Comtesse l'arrête.)

LA COMTESSE.

Ne me quitte pas!... Ah!...

MARTON, revenant.

Mais qu'avez-vous donc fait de M. le comte?

LA COMTESSE.

Le sais-je, moi?... En descendant de voiture, je me suis sauvée. (Elle ferme les yeux avec la plus grande langueur.) Tu n'as donc rien à me faire respirer, Marton?

MARTON.

Non; mais j'ai quelque chose à vous apprendre.

LA COMTESSE, sans rouvrir les yeux.

Parle...

MARTON.

J'ai vu le chevalier.

LA COMTESSE, ouvrant les yeux.

Quel chevalier, Marton?

MARTON.

Quel chevalier?... Comme s'il y en avait deux au monde!... Le chevalier de Valclos, donc...

LA COMTESSE, vivement.

Tu l'as vu, Marton?... Et où l'as-tu vu?

MARTON.

Ici.

LA COMTESSE.

Ici? Oh! mon Dieu! est-ce qu'il y serait encore? Tu me fais peur!

MARTON.

Que madame la comtesse se rassure: il est parti.

LA COMTESSE.

Ah! il est parti?... Je respire... Et que venait-il faire ici, le malheureux?

MARTON.

Il venait pour voir madame la comtesse une dernière fois... Il était comme un fou...

LA COMTESSE.

Pauvre chevalier!

MARTON.

Il voulait absolument mourir.

LA COMTESSE.

C'est comme moi, Marton... Tu as vu que j'ai fait tout ce que j'ai pu pour cela, il n'y a qu'un instant!... mais on a beau faire, on ne meurt pas quand on veut!

MARTON.

Et c'est bien heureux, ma foi! car on se repentirait souvent d'être morte.

LA COMTESSE.

Tu me dis donc qu'il est parti?

MARTON.

Oui, et ce n'est pas sans peine, je vous assure.

LA COMTESSE.

Mais sans doute il n'est point parti ainsi sans te charger de me dire quelque chose?

MARTON.

Il a fait mieux que cela.

LA COMTESSE, avec un reste de langueur.

Qu'a-t-il fait, Marton ?

MARTON.

Il m'a laissé une lettre.

LA COMTESSE.

Une lettre ! mais il me semble que c'est bien hardi de sa part d'oser m'écrire... Qu'en dis-tu?

MARTON.

Dame !... la circonstance était grave, et il a cru qu'en faveur de son désespoir...

LA COMTESSE.

Il était donc bien désespéré?

MARTON.

Oh ! plus que madame la comtesse ne peut le croire.

LA COMTESSE.

C'est égal... je ne lirai pas cette lettre, Marton... Où est-elle?

MARTON.

La voilà...

LA COMTESSE, la lui prenant des mains, et l'ouvrant tout en parlant.

C'est fort mal à vous d'avoir pris cette lettre, Marton, et il faut la rendre au chevalier.

MARTON.

Mais c'est impossible, maintenant que madame l'a ouverte.

LA COMTESSE.

Je l'ai ouverte?... Oh ! mon Dieu, oui... c'est vrai... Je te jure, Marton, que je ne sais pas comment cela s'est fait!...

MARTON.

Oh ! les lettres... cela s'ouvre toujours tout seul.

LA COMTESSE.

Dame ! maintenant, puisqu'elle est est ouverte, qu'en dis-tu ?... autant la lire...

MARTON.

Oh ! mon Dieu, oui; et c'est, je crois, ce que madame a de mieux à faire.

LA COMTESSE, lisant.

« Chère Louise, si l'on mourait de douleur, je serais déjà mort ! »

MARTON.

Hein!... que vous ai-je dit?...

LA COMTESSE, continuant.

« Un seul espoir me soutient... Je compte sur la promesse que vous m'avez faite, que le comte de Candale ne serait jamais pour vous autre chose qu'un frère. »

MARTON.

Vous lui avez promis cela? (La Comtesse fait de la tête signe que oui.) Hum!...

LA COMTESSE, reprenant.

« Si vous avez l'espoir de tenir votre serment, un mot, un signe, je vous en supplie, qui me tranquillise... quelques accords à votre clavecin, par exemple, et je serai le plus heureux des hommes. » (S'interrompant.) Ah! ce pauvre chevalier! vois donc comme il est discret, Marton : il ne demande qu'un peu de musique...

MARTON.

Ah! le fait est qu'on ne peut pas être moins exigeant.

(Elle veut reprendre la lettre.)

LA COMTESSE.

Mais attends donc... Il y a un post-scriptum.

MARTON.

Oh! s'il y a un post-scriptum, c'est différent alors!

LA COMTESSE, continuant.

« Il est inutile de vous dire que je passerai la nuit sous vos fenêtres. » Sous mes fenêtres, tu l'entends, Marton... Mon Dieu! mais il va mourir de froid!

MARTON.

Oh! il ne restera que jusqu'à ce qu'il entende le clavecin.

LA COMTESSE.

Et... et s'il ne l'entend pas, Marton?

MARTON.

Oh! alors, je ne réponds plus de lui!...

LA COMTESSE, se levant vivement.

Marton!

MARTON

Qu'y a-t-il?

LA COMTESSE, écoutant.

Marton, c'est le comte!... Marton, je me sauve!

MARTON.

Faut-il que je reste ici, ou que je suive madame?

LA COMTESSE.

Viens, viens, viens! nous ne serons pas trop de deux!

SCÈNE VI

LE COMTE, qui a vu la Comtesse s'enfuir et Marton la suivre, s'arrête un instant sur le seuil de la porte du fond, puis va lentement à la porte latérale, qu'il essaye d'ouvrir; JASMIN.

LE COMTE.

Le verrou y est... Je ne m'étais pas trompé, et, s'il y a attaque, il y aura défense. Ou je m'abuse fort, ou ma femme ne me paraît pas avoir pour moi une sympathie bien entraînante... Si je pouvais lui dire ce qui se passe de mon côté, pardieu! je crois que je la rendrais heureuse.

JASMIN, entr'ouvrant la porte latérale.

M. le comte est seul?

LE COMTE.

Parfaitement seul.

JASMIN.

Une lettre pour M. le comte.

LE COMTE.

Une lettre de qui?

JASMIN.

M. le comte ne s'en doute pas?

LE COMTE.

Non, pas le moins du monde.

JASMIN.

Alors, M. le comte est bien indifférent ou bien modeste.

LE COMTE.

Est-ce que ce serait de la marquise?

JASMIN.

D'elle-même.

LE COMTE.

Mais donne donc vite, faquin!

JASMIN.

Je ne savais pas si, aujourd'hui, M. le comte voudrait la recevoir, ou aurait le temps de la lire.

LE COMTE, décachetant la lettre.

Comment! est-ce que tu ne sais pas que j'en suis amoureux fou, de la marquise?

JASMIN.

Si fait, monsieur le comte.

LE COMTE.

Eh bien, alors... (Il lit.) « Hier encore, vous m'avez affirmé que vous n'aimiez que moi et que vous n'aimeriez jamais que moi; que votre mariage était une simple affaire de convenance, et que mademoiselle de Torigny ne serait jamais pour vous qu'une sœur. »

JASMIN.

M. le comte lui a dit cela?

LE COMTE.

Ma foi, oui... Moi, que veux-tu! je ne savais que lui dire... J'aurais bien voulu te voir, maraud, faisant la cour à une femme et en épousant une autre.

JASMIN.

M. le comte me connaît trop bien pour croire que j'aurais fait une promesse que je n'aurais pas eu l'intention de tenir.

LE COMTE.

Eh! qui te dit que je ne la tiendrai pas? M. de Richelieu a bien tenu la sienne.

JASMIN.

Mademoiselle de Torigny est plus jolie que mademoiselle de Noailles.

LE COMTE.

Elle est donc jolie, ma femme?... Ah! palsambleu! il faudra que je la regarde!

JASMIN.

M. le comte oublie sa lettre.

LE COMTE.

Eh! c'est toi qui viens me distraire avec toutes tes balivernes. (Continuant.) « Et que mademoiselle de Torigny ne serait jamais pour vous qu'une sœur. Je ne demande pas mieux que de vous croire et de vous récompenser du sacrifice que vous m'aurez fait; mais vous pensez bien qu'en pareille circonstance, on ne croit pas les gens sur parole: voulez-vous venir souper avec moi ce soir? On sait depuis le matin que j'ai ma migraine; vous me trouverez seule, et mes gens sont prévenus que je n'y suis que pour vous. » Pas de signature.

JASMIN.

Oh! il n'y a point à s'y tromper, la pauvre femme est venue elle-même.

LE COMTE.

Où cela?

JASMIN.

A la petite porte... dans une voiture fermée.

LE COMTE.

Pardieu! voilà bien les femmes!... tant que je suis libre, elle fait la prude;... je me marie, elle court après moi... Et qui lui a parlé?

JASMIN.

Moi-même.

LE COMTE.

Ah! toi-même. Et quel air avait-elle?

JASMIN.

L'air désespéré.

LE COMTE.

L'air désespéré!... M. Jasmin, vous êtes un flatteur... et vous dites cela pour me faire plaisir...

JASMIN.

Non, sur ma parole; et je suis sûr que, si M. le comte n'y allait pas, il y aurait de ce côté-là quelque malheur!

LE COMTE.

Vraiment!... tu crois qu'elle m'aime à ce point-là?

JASMIN.

M. le comte peut m'en croire... C'est une tête tournée.

LE COMTE.

Eh bien, mais... on fera ce qu'on pourra pour la remettre en place, Jasmin.

JASMIN.

M. le comte a-t-il des ordres à me donner?

LE COMTE.

Descends, et dis à Lapierre d'atteler les chevaux bais à la voiture sans armoiries, et puis, à tout hasard, il ira m'attendre à la porte.

JASMIN, voyant son maître qui se dirige vers la chambre de la Comtesse.

Eh bien, où va donc monsieur?

LE COMTE.

Chez la comtesse, pardieu! je ne sortirai pas sans lui dire bonsoir. Il faut des formes.

JASMIN.

Dans combien de temps faut-il que je remonte?

LE COMTE.

Mais dans dix minutes, un quart d'heure, à peu près.

JASMIN.

Cela suffit.

(Il sort par la porte du fond, tandis que le Comte va frapper à la porte latérale.)

SCÈNE VII

LE COMTE, MARTON, de l'autre côté de la porte.

MARTON.

Qui va là?

LE COMTE.

C'est moi, Marton.

MARTON.

Que veut monsieur?

LE COMTE.

Mais je désirerais entretenir un instant madame la comtesse... Demande-lui si elle veut me faire la grâce de me recevoir chez elle, ou l'honneur de me rejoindre ici. (Moment de silence.) On se consulte.

MARTON.

Madame la comtesse préfère aller rejoindre M. le comte.

LE COMTE.

Allons, je ne m'étais pas trompé; on me craint, c'est flatteur!

SCÈNE VIII

LA COMTESSE LE COMTE.

LA COMTESSE.

Monsieur le comte, je me rends à vos ordres.

LE COMTE.

A mes ordres, madame? Mais on vous a mal transmis mes paroles; c'est à ma prière qu'il faudrait dire, et c'est moi qui suis on ne peut plus reconnaissant de tant de condescendance.

LA COMTESSE.

Oh! monsieur le comte... je sais qu'un mari a le droit d'ordonner.

LE COMTE.

Qui donc vous a dit cela, madame? Quelque mal appris de procureur.

LA COMTESSE.

Non, monsieur, c'est ma tante.

LE COMTE.

Ah! si la chose vient de madame de Torigny, à la bonne heure. Oui, c'était comme cela de son temps, les maris étaient féroces; mais, de nos jours, ils se sont fort civilisés, et, en général, ce sont aujourd'hui les femmes qui commandent et les maris qui obéissent.

LA COMTESSE.

Oh! monsieur, je n'ai point la prétention de vous faire obéir, et, si j'étais seulement certaine...

LE COMTE.

Que je ne commandasse point, n'est-ce pas?

LA COMTESSE.

Du moins des choses trop difficiles.

LE COMTE.

Rassurez-vous, madame la comtesse; peut-être prierai-je... peut-être implorerai-je... on ne peut répondre de rien, mais je n'ordonnerai jamais.

LA COMTESSE.

Vraiment, monsieur le comte?... Mais le mariage n'est donc point une chose si terrible qu'on le disait?

LE COMTE.

C'est qu'il y a mariage et mariage, comtesse... Le nôtre, par exemple, n'est point un mariage comme tous les autres... Mais asseyez-vous donc, madame, ou je croirai que vous voulez me quitter tout de suite...

LA COMTESSE.

Oh! monsieur, du moment que je n'ai plus peur de vous, je resterai tant que vous le voudrez.

LE COMTE, *approchant un fauteuil et à part*.

Allons, je crois que je souperai avec la marquise.

LA COMTESSE.

Ce pauvre chevalier!... va-t-il être content!

LE COMTE, *s'asseyant à son tour sur une chaise*.

Je disais donc que notre mariage, à nous, s'était fait d'une façon étrange. Nos pères avaient disposé de nous, et notre oncle le commandeur était chargé par eux de veiller à ce que

7.

leurs dernières intentions fussent remplies. Le moyen de faire de la rébellion contre un oncle qui vous donne six cent mille livres en mariage, et qui vous en promet quatre fois autant à sa mort?... Impossible! Vous étiez au couvent, à Soissons; j'étais à la cour, à Versailles, il n'y avait pas moyen de se voir souvent; d'ailleurs, à quoi bon se voir, quand on sait d'avance que l'on est destiné l'un à l'autre?... Si nous devions nous déplaire, il était toujours temps d'en arriver là... Si nous devions nous aimer... eh bien, mais il n'est jamais trop tard quand on doit s'aimer, et moins il y a de fait dans ce cas, c'est tant mieux, car plus il reste à faire.

LA COMTESSE, vivement.

Oh! pour moi, monsieur le comte, j'ai bien peur que vous ne m'aimiez jamais.

LE COMTE.

Eh bien, moi, comtesse, je crois que vous avez encore plus peur que je ne vous aime.

LA COMTESSE.

Oh! monsieur le comte!

LE COMTE.

Mais, voyons un peu, pourquoi pensez-vous que je ne vous aimerai jamais?

LA COMTESSE.

Parce que je suis pleine de défauts, je vous en préviens.

LE COMTE.

Et moi, croyez-vous que j'aie la prétention d'être parfait?

LA COMTESSE.

Oh! mais vos défauts ne sont pas si grands que les miens, j'en suis sûre.

LE COMTE.

Qui sait?... Voyons un peu les vôtres.

LA COMTESSE.

D'abord, je suis curieuse à l'excès.

LE COMTE.

Et moi, curieux à la rage.

LA COMTESSE.

Je suis volontaire.

LE COMTE.

Et moi, entêté.

LA COMTESSE.

A la moindre contrariété, je boude.

LE COMTE.
A la plus petite opposition, j'éclate.
LA COMTESSE.
Alors, je déchire mes blondes.
LE COMTE.
Je mets en morceaux mes dentelles.
LA COMTESSE.
Je casse mes chinoiseries.
LE COMTE.
Je brise mes glaces.
LA COMTESSE.
Je gronde Marton.
LE COMTE.
Et moi, je bats Jasmin.
LA COMTESSE.
Oh! comme c'est étrange que nous ayons justement les mêmes défauts!
LE COMTE.
Comtesse, c'est de la sympathie, ou je ne m'y connais pas.
LA COMTESSE.
Ah! mon Dieu, mais... c'est tout?
LE COMTE.
J'ai oublié...
LA COMTESSE.
Ah!...
LE COMTE.
Je suis joueur.
LA COMTESSE.
Joueur?... Oh! c'est un bien vilain défaut... Mais vous êtes beau joueur, au moins?
LE COMTE.
Moi?... Joueur exécrable, comtesse!... je jouerais la peste, que je voudrais la gagner... Et vous, êtes-vous joueuse?
LA COMTESSE.
Oh! moi, non, non!
LE COMTE.
Mais vous avez bien quelque autre chose à m'avouer encore?
LA COMTESSE.
J'en ai une;... mais, celle-là, j'aurais bien voulu vous la cacher.

LE COMTE.

Des secrets entre nous, comtesse?... Oh! fi donc, des secrets, c'est bon entre gens qui s'aiment.

LA COMTESSE.

Alors, vous exigez donc que je vous dise tout?

LE COMTE.

Je vous ai dit que je n'exigerais jamais...

LA COMTESSE.

Alors, vous m'en priez?

LE COMTE.

Je vous en prie.

LA COMTESSE.

Je n'oserai jamais...

LE COMTE.

C'est donc bien terrible?

LA COMTESSE.

Oui.

LE COMTE.

Je vous ai dit que j'étais curieux, vous m'avez dit que vous étiez curieuse... Dites-moi ce que vous avez à me dire, et moi... je vous raconterai quelque chose à mon tour.

LA COMTESSE.

Vraiment?

LE COMTE.

Parole d'honneur.

LA COMTESSE.

Imaginez-vous...

(Elle s'arrête.)

LE COMTE.

J'écoute.

LA COMTESSE.

Et moi, je tremble.

LE COMTE, lui prenant la main.

Voyons, rassurez-vous.

LA COMTESSE.

Imaginez-vous donc qu'au couvent j'avais une amie...

LE COMTE.

Jusque-là, il n'y a rien de bien répréhensible.

LA COMTESSE.

Non!... mais... mais cette amie avait un frère.

LE COMTE.
Ah! elle avait un frère?

LA COMTESSE.
Hélas! oui, et, chaque fois que ce frère venait la voir, mon amie, pour me donner quelque distraction... vous savez comme on a peu de distractions au couvent... mon amie m'emmenait avec elle au parloir.

LE COMTE.
Eh bien, mais il n'y a pas encore grand mal à cela.

LA COMTESSE.
Mais c'est ici que le mal commence.

LE COMTE.
Nous allons en juger.

LA COMTESSE.
Il en résulta que peu à peu je pris l'habitude de voir le chevalier... et que je commençai à distinguer les jours les uns des autres, ce que je n'avais jamais fait jusqu'alors; si bien que j'étais maussade les jours où il ne venait pas, et que, comme, de son côté, le chevalier éprouvait la même chose, il commença par venir deux fois la semaine au lieu d'une, puis trois fois, puis quatre fois, enfin tous les jours.

LE COMTE.
Et votre amie restait entre vous deux, je suppose?

LA COMTESSE.
Oh! elle ne nous quittait jamais... Mais ce fut ce qui nous perdit.

LE COMTE.
Comment cela?

LA COMTESSE.
Oui, le chevalier n'eût point osé me dire qu'il m'aimait... mais il le disait à sa sœur... Moi, de mon côté... mon Dieu! vous le savez, on n'a point de secret pour une amie de pension... moi, je disais à la mienne que j'avais du plaisir à voir le chevalier, et elle le redisait à son frère... de sorte qu'un beau jour nous nous trouvâmes nous aimer, et nous être dit que nous nous aimions sans savoir comment cela s'était fait.

LE COMTE.
Ah! l'heureux coquin que ce chevalier!

LA COMTESSE.
Oh! oui, il était bien heureux!... et moi aussi, j'étais bien heureuse! (Le Comte s'incline en signe de remerciment.) Mais c'est dans

ce moment-là justement qu'on est venu, de la part de notre oncle, le commandeur, m'annoncer qu'il fallait me préparer à vous épouser... Si vous n'avez pas osé résister, à plus forte raison moi qui ne suis qu'une femme... Jugez de notre désespoir. Nous nous jurâmes de nous aimer toujours, et j'obéis.

LE COMTE.

Fort à contre-cœur. Oh! je m'en suis aperçu.

LA COMTESSE.

Que voulez-vous! je ne vous savais pas bon comme vous l'êtes : je me faisais du mariage une idée fort exagérée... à ce qu'il me paraît : j'avais peur.

LE COMTE.

Et vous êtes rassurée, maintenant?

LA COMTESSE.

Un peu.

LE COMTE.

Et qu'avez-vous résolu à l'égard du chevalier?

LA COMTESSE.

Je connais mon devoir, monsieur le comte; je sais ce que je dois à un homme qui se conduit avec autant de délicatesse que vous le faites. Je ne le reverrai jamais.

LE COMTE.

Oh! voilà de l'exagération, comtesse!... Comment donc! mais il croirait que c'est moi qui exige de vous ce sacrifice... Il irait disant partout que je suis jaloux, et cela me perdrait d'honneur. D'ailleurs, peut-on répondre de ne pas revoir un homme que le hasard peut vous faire rencontrer à l'église, au spectacle, à la promenade, au bal? Non, comtesse; il ne faut promettre que ce que l'on peut tenir. Je m'en fie à vous, à vos principes, au respect que vous devez avoir vous-même pour le nom que vous avez consenti à porter... Ne fuyez ni ne cherchez le chevalier, et, si vous le rencontrez... eh bien, mais, si vous le rencontrez, tâchez de le traiter comme tout le monde, et cela me suffira.

LA COMTESSE.

Oh! monsieur le comte!... (Lui prenant la main à son tour.) Oh! je serais bien coupable si je trahissais une pareille confiance.

LE COMTE.

Alors, je vous quitte donc un peu moins effrayée à la fin de notre conversation qu'au commencement?

LA COMTESSE.

Vous vous en allez?

LE COMTE.

Serais-je assez heureux pour que l'idée vous fût venue de me retenir?

LA COMTESSE.

Oh! non, non!... Mais je croyais que vous aviez quelque chose à me raconter à votre tour.

LE COMTE.

Ah! c'est vrai, je vous l'avais promis ; mais, après un roman comme le vôtre, après des scènes de parloir, après des serments échangés, ce que j'avais à vous dire est trop monotone, et mieux vaut que je me taise.

LA COMTESSE.

C'est égal, dites toujours.

LE COMTE.

Moi, ce n'est point une passion ; c'est un simple engagement que j'ai avec une certaine marquise.

LA COMTESSE.

Jeune?

LE COMTE.

Vingt-cinq ans.

LA COMTESSE.

Mariée?

LE COMTE.

Veuve.

LA COMTESSE.

Et qui s'appelle?

LE COMTE.

Ah! comtesse, je ne vous ai pas demandé le nom du chevalier.

LA COMTESSE.

C'est juste, monsieur.

LE COMTE.

Je ne vous retiens pas, comtesse.

LA COMTESSE.

Je ne voudrais pas vous gêner, monsieur le comte.

LE COMTE, saluant.

Madame...

LA COMTESSE, faisant la révérence.

Monsieur...

LE COMTE, pirouettant.

Jasmin!...

LA COMTESSE.

Allons, je vois que cela ne me sera pas si difficile que je le craignais, de rester fidèle à ce pauvre chevalier.

(Elle rentre chez elle.)

LE COMTE.

Décidément, il paraît que je garderai ma parole à la marquise.

JASMIN, entrant par la porte latérale.

M. le comte m'a appelé?

LE COMTE.

La voiture est-elle à la petite porte?

JASMIN.

Il y a un quart d'heure qu'elle attend M. le comte.

LE COMTE.

Mon manteau, Jasmin.

JASMIN.

Ah! M. le comte sort?

LE COMTE.

Certainement que je sors. (On entend chez la Comtesse une brillante ritournelle.) Qu'est-ce que c'est que cela?

JASMIN.

Madame la comtesse sans doute qui joue du clavecin.

LE COMTE.

Tiens! mais c'est un fort joli talent que possède là ma femme.

(Il sort.)

SCÈNE IX

JASMIN, MARTON.

MARTON, entrant vivement.

Jasmin!... psitt!

JASMIN.

Ah! c'est toi, Marton!... Eh bien, que faisons-nous de ce côté-là?

MARTON.

Nous donnons un concert au chevalier. Et nous, que faisons-nous de ce côté-ci?

JASMIN.

Nous allons souper chez la marquise.

LE COMTE, de son appartement.

Jasmin!

JASMIN.

Me voilà, monsieur.

(Il rentre.)

LA COMTESSE, de son appartement.

Marton!

MARTON.

Me voici, madame. (Elle fait quelques pas, puis s'arrête sur le seuil de l'appartement de sa maîtresse.) C'est égal, voilà une singulière nuit de noces!...

ACTE DEUXIÈME

Même décoration.

SCÈNE PREMIÈRE

LE COMTE et LE CHEVALIER, entrant ensemble.

LE COMTE.

Comment! c'est toi, mon cher chevalier! mais je t'ai vraiment cru mort, et j'ai été sur le point de porter ton deuil... Que diable es-tu donc devenu depuis six mois?

LE CHEVALIER.

Que veux-tu, mon cher! quand on a une espèce de régiment à soi, et un ministre de la guerre qui exige que l'on fasse ses garnisons, on ne s'appartient plus, et il faut bien s'en aller, je ne sais où, moi, dans la Picardie, à Laon, à Mézières, parmi des gens qui parlent l'iroquois et le hottentot... Enfin, j'ai obtenu un congé de six mois, et me voilà à Paris!

LE COMTE.

Depuis quand?

LE CHEVALIER.

Depuis trois jours.

LE COMTE.

Depuis trois jours! et je te vois ce matin pour la première fois?

LE CHEVALIER.

Comment diable voulais-tu que je vinsse? Je te savais en grandes affaires.

LE COMTE.

Ah! c'est vrai, à propos, je me suis marié hier... Tu as su cela?

LE CHEVALIER.

Pardieu! il serait beau, quand un homme comme toi se marie, que tout Paris ne s'en occupât point, au moins pendant vingt-quatre heures.

LE COMTE.

C'était une chose arrangée depuis longtemps, et que, tous les trois mois, mon oncle le commandeur me rappelait... J'ai retardé tant que j'ai pu, mais enfin il a bien fallu s'exécuter...

LE CHEVALIER.

Et où est-il, ce cher oncle?

LE COMTE.

Dans ses terres, où il est retenu par la goutte.

LE CHEVALIER.

Et tu es content?

LE COMTE.

Ma foi, oui... Tu comprends, c'est un de ces mariages convenables, comme en arrangent entre eux les grands parents : une cousine à moi, cinquante ou soixante mille livres de rente, à ce que m'a dit mon homme d'affaires, des diamants de famille à boisseaux, et une substitution de six cent mille livres, un majorat, comme disent les Allemands, constitué en faveur du premier de nos enfants mâles... Ah! j'oubliais le principal, un beau nom et qui fera bien dans l'arbre généalogique de notre famille : mademoiselle de Torigny...

LE CHEVALIER, faisant semblant de chercher.

Mademoiselle de Torigny?... Attends donc, attends donc; mais je connais cela, moi!

LE COMTE.

Sans doute... D'abord, tu as connu le maréchal qui est mort, c'était son père; et puis il y a encore une vieille tante, une vieille marquise de Torigny, qui doit avoir quelque cent vingt ans, et dont madame de Caudale hérite.

LE CHEVALIER.

J'y suis! une ancienne dame d'honneur de madame la duchesse, une vieille amie de M. de Lauzun?

LE COMTE.

Justement... Je crois même que, par elle, nous donnons tant soit peu la main gauche aux Biron... Eh bien, cette chère femme a veillé elle-même à l'éducation de sa nièce, qu'elle a mise près d'elle, dans un couvent à Soissons, aux Ursulines, aux Carmélites, je ne me rappelle plus où...

LE CHEVALIER.

A Saint-Jean, peut-être?

LE COMTE.

Eh! justement... Comment diable sais-tu cela, toi?

LE CHEVALIER.

C'est que j'ai une sœur aussi, moi, qui est au couvent.

LE COMTE.

Ah! ah! tu as une sœur au couvent?

LE CHEVALIER.

Cela t'étonne?

LE COMTE.

Et pourquoi cela m'étonnerait-il? Quoi de plus naturel que d'avoir sa sœur au couvent? Et tu dis donc que ta sœur était au couvent, à Soissons?

LE CHEVALIER.

Sans doute.

LE COMTE.

A Saint-Jean?

LE CHEVALIER.

Oui.

LE COMTE.

Tiens! tiens! tiens!

LE CHEVALIER.

Et, comme j'étais en garnison à Laon, et qu'il n'y a que huit lieues de Laon à Soissons...

LE COMTE.

Oui, tu venais voir ta sœur, n'est-ce pas?

LE CHEVALIER.

Oh! très-souvent: deux ou trois fois la semaine, et quelquefois davantage.

LE COMTE.

Mais c'est d'un excellent frère, cela!

LE CHEVALIER.

Que veux-tu! on s'ennuie tant dans ces maudites garnisons, qu'il faut bien se distraire un peu... De sorte que, tu comprends, je ne serais pas étonné d'avoir vu ta femme.

LE COMTE.

Eh bien, ni moi non plus. Dans tous les cas, mon cher, j'espère bien que tu me permettras de te présenter à elle. Si vous ne vous connaissez pas, eh bien, mais vous ferez connaissance, et, si la connaissance est faite, vous la renouvellerez, voilà tout.

LE CHEVALIER.

Comment! mais j'allais t'en prier... Où est-elle?...

LE COMTE.

Chez elle. Attends, je vais y voir... (Allant à la porte.) Ah! la porte n'est pas fermée aujourd'hui; c'est déjà un progrès... Attends-moi là, je reviens, chevalier.

SCÈNE II

LE CHEVALIER, puis MARTON.

LE CHEVALIER.

Eh bien, ma parole d'honneur, il n'y a rien de tel que ces roués pour faire d'excellents maris. Il va me présenter à sa femme!... je n'aurais pas osé le lui demander, il me l'offre... On n'est pas plus aimable.

MARTON, entrant par la porte du fond, et traversant le théâtre pour aller chez sa maîtresse.

Comment! c'est vous, monsieur le chevalier?

LE CHEVALIER.

Eh! oui, c'est moi, Marton... Qu'y a-t-il d'étonnant à cela?

MARTON.

Je croyais que vous ne deviez jamais rentrer ici... « Marton, c'est pour la dernière fois! Marton, je te jure... » Quand disiez-vous cela?... C'était hier, je crois.

LE CHEVALIER.

Hier, Marton, j'étais au désespoir.

MARTON.

Et aujourd'hui?

LE CHEVALIER.

Aujourd'hui, Marton, je suis le plus heureux des amants.

MARTON.

« Je tuerai le comte, Marton! » Hier un tigre, aujourd'hui un agneau... Ah! l'on a bien raison de dire que la musique adoucit les mœurs de l'homme.

LE CHEVALIER.

Tu sais donc...?

MARTON.

Est-ce que je ne sais pas tout?

LE CHEVALIER.

ors, tu crois qu'elle sera heureuse de me revoir?...

MARTON.

Cela se demande-t-il?... Enchantée!... Mais, dites-moi, l'avez-vous prévenue?

LE CHEVALIER.

Non, je n'ai pas eu le temps.

MARTON.

Mais c'est fort imprudent, ce que vous avez fait là! si, en vous voyant, elle allait s'écrier...

LE CHEVALIER.

Oh! il n'y a pas de danger : toutes mes précautions sont prises. Le comte sait déjà que j'avais une sœur dans le même couvent que celui où était Louise, et, par conséquent, cela ne l'étonnera point si ta maîtresse me reconnaît.

MARTON.

Et qui a dit cela au comte?

LE CHEVALIER.

Moi-même, Marton.

MARTON.

Peste! c'est fort adroit, et je vois qu'une femme peut se fier à vous, monsieur le chevalier ; cependant faites-y attention, M. le comte est bien fin!

LE CHEVALIER.

Il ne sait rien, Marton, il ne sait rien.

MARTON.

Chut!... on vient!...

(Elle se recule et fait semblant de chercher quelque chose sur une table à ouvrage.)

SCÈNE III

Les Mêmes, LE COMTE, tenant **LA COMTESSE** par la main.

LE COMTE.

Comtesse, permettez que je vous présente le chevalier de Valclos, capitaine au régiment d'Artois, l'un de mes meilleurs amis... (A part.) C'était lui, sa main tremble.

LE CHEVALIER.

Madame la comtesse...

LA COMTESSE.

Monsieur le chevalier...

LE COMTE, au Chevalier.

Eh bien, te rappelles-tu l'avoir déjà vue?

LE CHEVALIER.

Non... non...

LE COMTE.

Non?... Marton, avancez un fauteuil à votre maîtresse.

LA COMTESSE, à Marton.

Merci, merci.

MARTON.

Madame n'a rien à m'ordonner?

LA COMTESSE.

Non; va m'attendre chez moi.

LE CHEVALIER.

Madame la comtesse permet que je lui présente tous mes compliments; ce ne sont point ceux d'un indifférent ni d'un étranger, puisque, depuis dix ans, je suis l'ami du comte.

LE COMTE.

Oh! pour cela, c'est vrai, comtesse... et, comme je vous le disais, de mes meilleurs même... Ce cher chevalier!

LA COMTESSE.

Présenté par M. le comte, monsieur, vous êtes sûr d'avance que vos compliments seront reçus comme ils méritent de l'être.

LE COMTE, au Chevalier.

Eh bien, n'est-ce pas, pour une pensionnaire, ce n'est point trop mal tourné? (A Jasmin, qui entre.) Que me veut-on?... ne peut-on être un instant tranquille?

JASMIN, de la porte.

Une lettre pour M. le comte.

LE COMTE.

Une lettre !... Comtesse, vous permettez?...

LA COMTESSE.

Monsieur...

JASMIN, bas, au Comte.

C'est de la marquise; elle fait dire à M. le comte qu'elle l'attend pour aller aux Champs-Élysées. Le coureur est là, et demande une réponse.

LE COMTE.

Dis-lui qu'il attende, et fais mettre les chevaux... Pardon, chevalier, mais il faut que j'écrive quelques lignes. Comtesse, je vous laisse en bonne compagnie.

(Il sort par la porte de côté et Jasmin par la porte du fond.)

SCÈNE IV

LA COMTESSE, LE CHEVALIER.

LE CHEVALIER, après avoir suivi des yeux Jasmin et le Comte, se retourne, et s'aperçoit que la Comtesse, embarrassée, est prête à sortir à son tour; courant à elle et l'arrêtant.

Eh bien, mais, Louise, que faites-vous donc?

LA COMTESSE.

C'est que je ne sais vraiment si je dois rester, chevalier.

LE CHEVALIER.

Comment! vous auriez le courage de vous en aller, lorsque nous avons enfin un instant pour nous revoir, lorsqu'après avoir failli hier matin mourir de douleur, demandez plutôt à Marton, j'ai pensé hier au soir expirer de joie... Mais, madame, si vous vous en allez, qui donc remercierai-je? à qui donc rendrai-je grâce de vos bontés?

LA COMTESSE, les yeux baissés.

Je n'ai fait, chevalier, que tenir une promesse que je vous avais engagée, et j'ai été aussi heureuse de pouvoir la tenir que vous avez été heureux de ce que je la tenais.

LE CHEVALIER.

Oh! si vous saviez quelle nuit délicieuse j'ai passée, quels doux rêves j'ai faits! car, enfin, jusque-là, je n'étais pas encore sûr de votre amour, tandis que maintenant...

LA COMTESSE.

Eh bien, chevalier, si vous croyez à votre tour me devoir

quelque chose pour cette complaisance, je vous en prie, ne prolongez pas votre visite... Vous avez vu ce que j'ai souffert... J'ai pensé m'évanouir.

LE CHEVALIER.

Que je m'en aille? Oh! mais, comtesse, je ne vous aimerais pas si je vous obéissais, et vous seriez la première à me punir de cette indifférence... Songez donc combien de choses nous avons à nous dire, que de souvenirs nous avons à échanger, que de pensées cachées au fond de notre cœur demandent à voir le jour!... Moi, m'en aller? Oh! non!... non!... A moins que vous ne me chassiez, je ne m'en irai pas

LA COMTESSE.

Que vous êtes cruel, chevalier! parce qu'on a eu la faiblesse de vous dire qu'on vous aime, voilà que vous devenez exigeant, tyrannique... Mais c'est fort mal, cela! Souvenez-vous donc que, si je n'appartiens pas encore à un autre, je ne m'appartiens déjà plus à moi-même.

LE CHEVALIER.

Ah! comtesse, oubliez-vous que cet autre vous a enlevée à moi, que c'est mon bien qu'il m'a pris? Ce bien, je le retrouve, je le réclame, voilà tout... Oh! je tiens mon voleur, je ne le lâche plus!

LA COMTESSE.

Silence, chevalier!

(Ils reprennent chacun la place qu'ils avaient quand le Comte est sorti.)

SCÈNE V

LA COMTESSE, LE COMTE, LE CHEVALIER.

LE COMTE jette un coup d'œil sur eux, puis il va à la porte du fond et appelle.

Jasmin!

JASMIN.

Monsieur le comte.

LE COMTE.

Voici la réponse. (Jasmin sort. Le Comte revenant en scène.) Eh bien, comtesse, que vous disait le chevalier?

LA COMTESSE.

Mais rien, monsieur.

LE COMTE.

Comment! chevalier, tu étais en tête-à-tête avec une jolie femme, et tu ne lui disais rien!... Madame, je vous en demande pardon pour lui; il ne faut pas juger le chevalier d'après cette première entrevue; c'est un garçon d'esprit; seulement, aujourd'hui, il est triste.

LA COMTESSE.

Vraiment, vous êtes triste, monsieur?

LE CHEVALIER.

Mais je ne sais où Candale a été prendre cela; c'est une imagination qu'il s'est mise en tête... Jamais, au contraire, je n'ai été plus gai et plus heureux qu'en ce moment.

LE COMTE.

Parce qu'il a une grande puissance sur lui-même... Mais vous allez voir, comtesse, s'il vous dit toute la vérité... Imaginez-vous d'abord qu'il est amoureux.

LA COMTESSE.

Ah!

LE COMTE.

Comme un fou!

LE CHEVALIER, à part.

Où diable veut-il en venir?

LE COMTE.

Ensuite, vous ignorez peut-être que le chevalier a une sœur.

LA COMTESSE, avec un commencement d'inquiétude.

Ah! M. le chevalier a une sœur?

LE COMTE.

Oui, qui est au couvent; et, comme le chevalier est un excellent frère, il allait très-souvent voir cette sœur... Or, il est arrivé que cette sœur a une amie qui s'appelait mademoiselle... mademoiselle... Comment s'appelait-elle donc, chevalier?

LE CHEVALIER.

Mais je ne sais, je ne comprends pas.

LE COMTE.

Le nom n'y fait rien... Bref, tant il y a, que le chevalier, qui est très-inflammable, n'a pu voir cette amie sans l'adorer.

LE CHEVALIER.

Je vous prie de croire, madame la comtesse, qu'il n'y a pas un mot de vrai dans tout ce qu'il vous dit là.

LE COMTE.

Chevalier, je te préviens que la comtesse sait à quoi s'en tenir là-dessus... N'est-ce pas, comtesse ?

LA COMTESSE.

Monsieur le comte, je sais que vous êtes incapable de me tromper.

LE COMTE.

Tu vois bien, chevalier, que la comtesse me rend plus de justice que toi; et cependant elle ne me connaît que depuis hier, tandis que, toi, tu me connais depuis dix ans... Si bien que, pour en finir, un jour, le chevalier a appris que celle qu'il aimait, fiancée depuis je ne sais combien de temps à je ne sais quel comte, allait quitter le couvent et se marier... Est-ce que ce n'est pas cela, chevalier ?

LE CHEVALIER.

Je t'écoute et j'attends, car je ne sais où tu en veux venir.

LE COMTE, à la Comtesse, qui semble près de défaillir.

Mais asseyez-vous donc, comtesse; vous serez mieux.

LA COMTESSE.

Vous avez raison,... (A part.) J'étouffe !

LE COMTE.

Grand désespoir, comme vous comprenez bien; larmes répandues, promesses faites, serments échangés, enfin tout ce qui est d'usage en pareille circonstance... Néanmoins, il fallut se quitter... Ce fut un moment terrible, et dont vous pouvez vous faire une idée, madame. Bref, le mariage eut lieu, le pauvre chevalier pensa en mourir... Et maintenant encore, tenez, tenez, regardez-le, comtesse, il n'en est pas remis.

LE CHEVALIER.

Oui, tu as raison, je ne me sens pas bien, j'ai besoin d'air.

LE COMTE, l'arrêtant.

Allons donc, chevalier, du courage ! Heureusement que le mari, voyez un peu comme cela se rencontre ! heureusement, dis-je, que le mari était des amis les plus intimes du chevalier; de sorte que, tout amoureux qu'il était, Valclos n'a point perdu la tête... Oh ! le chevalier, tel que vous le voyez, madame, et tout décontenancé qu'il est à cette heure, est homme de ressources... Il est venu faire son compliment au mari, et l'a prié de le présenter à sa femme, ignorant que le mari savait tout. Vous comprenez, comtesse, la situation de ce pauvre chevalier quand il s'est aperçu qu'il était découvert?

LA COMTESSE, toute tremblante.

Et... et qu'a fait le mari?

LE COMTE.

Ce qu'a fait le mari?... Mais le mari est homme de bon goût; il s'est conduit comme se conduisent en pareille circonstance les gens du bel air... Il n'a pas voulu se donner le ridicule de faire de la jalousie ; d'ailleurs, il sait que cela ne remédie à rien ; il a pensé que les bons procédés valent mieux en pareil cas qu'une scène ridicule... Il a seulement fait voir à ceux qui voulaient le tromper qu'il n'était pas leur dupe. Puis, comme il avait affaire par la ville, il a pris son chapeau, et les a laissés tranquillement ensemble, s'en rapportant à la loyauté de l'un et à la délicatesse de l'autre... Et, s'ils abusent de sa confiance, s'ils le trompent... eh bien, s'ils le trompent ma foi, tant pis pour eux! Voilà ce qu'il a fait, le mari.

(Il sort en les saluant.)

SCÈNE VI

LA COMTESSE, LE CHEVALIER.

LE CHEVALIER, tombant dans le fauteuil en face de celui où est assise la Comtesse.

Mais cet homme a donc un démon familier qui vient lui conter ce qui se passe dans le cœur des gens?

LA COMTESSE.

Je n'ai rien à dire pour vous, chevalier; mais, quant à moi, je sais que je n'ai point à me plaindre, j'ai bien mérité cela!

LE CHEVALIER.

Pardon, mais cela me passe, comtesse; et comment avez-vous pu, je vous prie, mériter une pareille algarade?

LA COMTESSE.

Comment, chevalier? En oubliant aujourd'hui sa bonté d'hier.

LE CHEVALIER.

Et qu'a-t-il donc fait de si merveilleux?

LA COMTESSE.

Ce qu'il a fait, chevalier?... Il m'a vue les larmes aux yeux, toute tremblante, pâle comme si j'allais mourir ; il a eu pitié de moi... Et cependant, il était le maître, j'aurais eu beau implorer, prier... s'il avait voulu, je lui appartenais... Non, au lieu de cela, il a respecté mon appartement comme celui d'une sœur.

LE CHEVALIER.

Ah! vous croyez, comtesse, que c'est par générosité que le comte a fait avec vous le Bayard?

LA COMTESSE.

Sans doute, je le crois.

LE CHEVALIER.

Eh bien, détrompez-vous, madame; c'est par indifférence pour vous.

LA COMTESSE.

Par indifférence pour moi?

LE CHEVALIER.

Et je devrais même ajouter par amour pour une autre.

LA COMTESSE.

Pour un autre?... En effet, je me rappelle.

LE CHEVALIER.

Est-ce qu'on vous aurait laissé ignorer, par hasard, qu'il est en sentiment avec une belle marquise?

LA COMTESSE.

Non; car il me l'avait dit hier lui-même... Mais, c'est singulier, hier, j'y avais fait à peine attention et je l'avais presque oublié.

LE CHEVALIER.

Et maintenant, où croyez-vous qu'il soit?

LA COMTESSE.

Mais comment voulez-vous que je devine, moi? Je ne sais.

LE CHEVALIER.

Eh bien, il est près d'elle.

LA COMTESSE.

Qui vous l'a dit?

LE CHEVALIER.

Cette lettre qu'il a reçue...

LA COMTESSE.

Eh bien?

LE CHEVALIER.
Eh bien, c'est le coureur de la marquise qui l'a apportée.
LA COMTESSE.
Ah! vous supposez cela.
LE CHEVALIER.
Je ne suppose rien... Quand Jasmin est entré, j'ai reconnu la livrée à travers la porte : cerise et argent.
LA COMTESSE.
Chevalier, est-ce que vous connaissez cette marquise?
LE CHEVALIER.
La marquise d'Esparville?
LA COMTESSE.
Ah! elle se nomme la marquise d'Esparville?
LE CHEVALIER.
Vous me demandez si je la connais? Mais c'est une de nos femmes les plus à la mode.
LA COMTESSE.
Vraiment!... Chevalier, répondez-moi comme si je n'étais pas une femme... Est-ce qu'elle est jolie?
LE CHEVALIER.
Mais comme cela... Une certaine mine chiffonnée dont la mobilité fait tout le charme.
LA COMTESSE.
Blonde? brune?
LE CHEVALIER.
Blonde.
LA COMTESSE.
Les yeux bleus ou noirs?
LE CHEVALIER.
Les yeux bleus.
LA COMTESSE.
C'est très-joli, des yeux bleus... Est-ce que vous aimez les blondes, chevalier?
LE CHEVALIER.
Oh! est-ce à vous à me faire une pareille question, comtesse?
LA COMTESSE.
C'est juste... Pardon... De l'esprit, sans doute?
LE CHEVALIER.
Du jargon tout au plus.

LA COMTESSE.
Cela vaut quelquefois mieux.
LE CHEVALIER.
Ajoutez à cela, comtesse, une coquetterie qui fait qu'elle n'a qu'à vouloir pour rendre les gens amoureux d'elle.
LA COMTESSE.
Vraiment !... Dites-moi, chevalier, la coquetterie est donc un bien grand attrait pour les hommes ?
LE CHEVALIER.
Hélas ! il faut bien l'avouer, pour le plus grand nombre, c'est tout.
LA COMTESSE.
Je voudrais être coquette !
LE CHEVALIER.
Vous, coquette ? Oh ! mais ce serait vouloir que tous les hommes en mourussent d'amour et toutes les femmes de jalousie.
LA COMTESSE.
Plaît-il ?
LE CHEVALIER.
Allons, voilà votre esprit qui voyage au troisième ciel : permettez-moi, comtesse, de le rappeler sur la terre... J'y gagnerai peut-être qu'il s'occupe un peu de moi, qui, par malheur, n'ai point ses ailes.
LA COMTESSE.
De vous ?... Mais il en est fort occupé, je vous assure... Seulement, chevalier, ne trouvez-vous point... non pas pour moi, mais pour les autres, pour mes gens, par exemple... pour le comte, s'il venait à rentrer, qu'une première visite deviendrait inconvenante en se prolongeant plus longtemps ?... Je ne vous renvoie pas ; vous connaissez le monde mieux que moi, qui ne suis qu'une provinciale ; j'en appelle à vous-même : vous ne voudriez pas me compromettre.
LE CHEVALIER.
Oh ! Dieu m'en garde !... Mais quand vous reverrai-je ?...
LA COMTESSE.
Demain... après-demain... quand vous voudrez ; la porte de l'hôtel vous est toujours ouverte.
LE CHEVALIER.
Ah ! comtesse, peut-être eût-il mieux valu pour moi qu'elle me fût fermée.

LA COMTESSE.

Que dites-vous là?

LE CHEVALIER.

Je dis que ce n'est point ainsi que vous me disiez adieu à travers les grilles du parloir...

LA COMTESSE, lui tendant la main.

Allons, tenez...

LE CHEVALIER, tristement.

Adieu, Louise!... Au revoir, madame la comtesse.

LA COMTESSE.

A demain...

SCÈNE VII

LA COMTESSE, puis MARTON.

LA COMTESSE, s'asseyant; après une pause.

Marton! Marton!

MARTON, entrant.

Madame la comtesse?

LA COMTESSE.

Venez.

MARTON.

J'espère que madame la comtesse est bien heureuse.

LA COMTESSE.

Heureuse, et de quoi, Marton?

MARTON.

Eh bien, mais est-ce que M. le chevalier ne sort point d'ici?

LA COMTESSE.

Ah! oui, tu as raison, Marton, et cela m'a fait un bien grand plaisir de le revoir.

MARTON.

Mon Dieu! que voilà un bien grand plaisir froidement exprimé!...

LA COMTESSE.

Que veux-tu! je m'exprime comme je sens.

MARTON.

Mais je me rappelle qu'au couvent madame la comtesse n'en parlait point ainsi.

LA COMTESSE.

Mais non, Marton, tu te trompes, je t'assure, et j'aime toujours fort Valclos... Mais tous les jours ne sont point pareils; il y en a où l'on est mal disposée. Hier, par exemple, eh bien, hier, ce pauvre chevalier m'intéressait au suprême degré.

MARTON.

Et aujourd'hui...?

LA COMTESSE.

Aujourd'hui, Marton... est-ce ma faute s'il a été maladroit, s'il s'est mis dans une position ridicule, et si, pour s'en tirer, il est venu tout brutalement me parler d'une chose qui, au lieu de flatter mon esprit, a blessé mon amour-propre? Je sentais le tort qu'il se faisait, Marton; mais son mauvais génie était là qui le poussait... Je l'interrogeais... et, tout en l'interrogeant, j'aurais voulu lui dire : « Mais, chevalier, taisez-vous!... chevalier, ne me répondez pas!... tenez-vous en repos pour Dieu, vous vous perdez!... » C'eût été une charité que de le lui dire; mais, que veux-tu! ma curiosité l'a emporté, je n'en ai pas eu le courage, et je l'ai laissé aller.

MARTON.

Comment! il est resté près de vous à vous parler d'autre chose que de son amour?

LA COMTESSE.

Ah! mon Dieu, si, il m'en a parlé, de son amour, et trop même... Qu'est-ce qu'un homme toujours tendre, toujours les mains jointes, toujours vous regardant avec passion, toujours exigeant que vous le regardiez de même, qui fait à votre cœur une querelle de la moindre distraction de vos yeux?... Mais cela fatigue à la fin, Marton... Peut-on sans cesse dire : « Je vous aime?... » Quand on en a envie, eh bien, on le dit; mais, à force de le dire, l'envie se passe; et nous nous le sommes tant dit, que l'envie s'en est un peu passée. Maintenant, il faut attendre qu'elle revienne.

MARTON.

Ah! je vois que madame la comtesse aime le chevalier raisonnablement.

LA COMTESSE.

Je ne l'aime encore que trop, Marton!... car, enfin, mon amour pour lui est un amour coupable; aussi... tiens, je ne veux plus en parler!... parlons d'autre chose...

MARTON.
Et de quoi madame veut-elle que nous parlions?
LA COMTESSE.
Je voudrais te demander, Marton...
MARTON.
Quoi?
LA COMTESSE.
Mais tu ne sais peut-être pas la chose que je veux te demander.
MARTON.
Que madame dise toujours; je sais bien des choses.
LA COMTESSE.
Marton, qu'est-ce que c'est que la coquetterie?
MARTON.
Oh! madame m'attaque par mon fort... La coquetterie, c'est l'art de rendre amoureux les gens qui ne le sont pas, et de rendre fous les gens qui sont amoureux.
LA COMTESSE.
Marton, c'est justement cela qu'il me faut.
MARTON.
Eh bien, voyez donc comme c'est heureux que nous ayons la chose sous la main.
LA COMTESSE.
Et que faut-il faire pour être coquette, Marton?
MARTON.
Oh! d'abord, il y a des personnes qui n'ont rien à faire pour cela, et qui sont coquettes naturellement.
LA COMTESSE.
Celles-là sont bien heureuses!... Mais, enfin, celles qui ne le sont pas?
MARTON.
Eh bien, il faut qu'elles étudient. D'abord, la coquetterie se divise en plusieurs branches; la première, c'est le caprice... Il ne faut jamais aimer huit jours la même chose.
LA COMTESSE.
Mais on n'est point maîtresse de son cœur, Marton.
MARTON.
Eh! qu'est-ce que le cœur a à faire là dedans?... Je ne vous parle pas des hommes, je vous parle des choses; je vous parle robes, bijoux, dentelles, voitures... Tenez, par exem-

ple, à propos de voiture, il s'en est arrêté une hier sous les fenêtres de madame... mais une voiture!...

LA COMTESSE.

Il me semble qu'il y en a plein les remises, de voitures... J'en ai vu bon nombre en passant.

MARTON.

Oh!... pas comme celle-là... Imaginez-vous le plus délicieux attelage ; quatre chevaux isabelle et un coureur cerise et argent.

LA COMTESSE.

Eh bien, à quoi tout cela sert-il?

MARTON.

Cela sert... à ce que la voiture attire d'abord les regards ; que les regards vont de la voiture à celle qui est dedans ; que, si elle n'est que bien, elle semble jolie, et que, si elle est jolie, on la trouve charmante... Puis on en parle le soir dans les cercles ; on dit : « Avez-vous vu passer la baronne ou la comtesse une telle? Oh! quelle délicieuse voiture elle avait! » Ceux qui l'ont vue font chorus, ceux qui ne l'ont pas vue ont envie de la voir. Et, avant qu'une voiture élégante et une jolie femme aient été vues de tout Paris, il se passe huit jours au moins pendant lesquels on en parle... Au bout de huit jours, on invente autre chose, et voilà le moyen de tenir sans cesse ses rivales en transes et ses adorateurs en haleine.

LA COMTESSE.

Marton, j'aurai un attelage isabelle et un coureur cerise pour aller demain aux Champs-Élysées. Mais tu ne me parles là que de choses matérielles...

MARTON.

Oh! pour l'esprit, c'est autre chose... Tenez, par exemple, nous sommes dans un excellent moment pour avoir de l'esprit... Après-demain, bal masqué.

LA COMTESSE.

Oh! que je voudrais voir un bal masqué, Marton!

MARTON.

Peste! je le crois bien... C'est là que madame brillerait! elle qui, à visage découvert, a de l'esprit comme un ange, sous le masque, elle en aurait comme un démon.

LA COMTESSE.

Marton, j'irai au bal masqué. Voyons, qu'y a-t-il encore à faire?

MARTON.

Dans tous les cas, conserver une grande puissance sur soi-même, feindre auprès de celui qu'on aime, et dont on voudrait être aimée, l'indifférence la plus parfaite. Et même il n'y a pas de mal d'afficher du goût pour un autre.

LA COMTESSE, tristement.

Oh! Marton, cela ne réussit pas toujours.

MARTON.

Ah! parce que tous les caractères ne sont pas pareils... Quand l'indifférence échoue, eh bien, alors il faut essayer de la jalousie... Madame la comtesse a-t-elle des dispositions à être jalouse?

LA COMTESSE.

Oui, Marton, oui...

MARTON.

Eh bien, alors, tout ira à merveille.

LA COMTESSE.

Tu crois?

MARTON.

Rapportez-vous-en à mon expérience.

LA COMTESSE.

Tu es donc coquette, toi, Marton?

MARTON.

Oh! avec férocité.

LA COMTESSE.

Vrai?

MARTON.

En petit, malheureusement... Tout le monde n'a pas le bonheur de naître grande dame. Mais, c'est égal, j'ai vu des gens bien malades de ma façon.

LA COMTESSE.

Mais c'est de la cruauté, cela...

MARTON.

Oh! que madame se rassure : jamais personne n'en est mort.

LA COMTESSE.

Et cela t'a toujours réussi?

MARTON.

Toujours.

LA COMTESSE.

Marton, je veux être coquette.

MARTON.

Oh! mais, ce pauvre chevalier, vous ne voulez donc pas qu'il en réchappe?

LA COMTESSE.

Et qui te dit que c'est avec le chevalier?

MARTON.

Comment! mais, si ce n'est point avec le chevalier, avec qui est-ce donc?

LA COMTESSE.

Viens me coiffer, Marton.

(Elles sortent toutes deux.)

ACTE TROISIÈME

Même décoration.

SCÈNE PREMIÈRE

JASMIN, un domino sur le bras, entre du fond et se dirige vers la droite; MARTON.

MARTON, venant de la gauche.

Eh bien, Jasmin, où en sommes-nous?

JASMIN.

Tu vois ce domino...

MARTON.

Eh bien, ce domino?...

JASMIN.

Nous allons ce soir au bal de l'Opéra.

MARTON.

Avec madame d'Esparville?

JASMIN, avec hauteur.

Et avec qui donc, s'il vous plaît? Entre nous, je crois que nous en avons tous les droits : on vous passe votre chevalier, passez-nous notre marquise.

MARTON.

A la bonne heure! J'ai tremblé un moment que l'idée ne fût venue à M. le comte d'aimer sa femme.

JASMIN, avec mépris.

Sa femme!... Pour qui nous prends-tu?

MARTON.

C'est que tu ne sais pas qu'hier au soir...

JASMIN, inquiet.

Hier au soir?...

MARTON.

Il est venu frapper chez nous.

JASMIN.

Chez vous?... Il se trompait de porte.

MARTON.

Il ne s'y trompera plus. Il s'en est allé comme il était venu. Et madame saura où va ce soir son mari.

SCÈNE II

MARTON, LE COMMANDEUR, JASMIN.

LE COMMANDEUR, en dehors, au fond.

Eh bien, comment! personne dans l'antichambre?

JASMIN.

M. le commandeur!

MARTON.

Notre oncle! quel événement!

JASMIN, à part.

Cachons ce domino. (Il le jette dans la chambre à droite.) Le commandeur!... c'est la vertu qui nous tombe du ciel. (Haut, avec empressement.) Vraiment, c'est vous, monsieur le commandeur... vous-même?

LE COMMANDEUR.

Ah çà! drôle, est-ce que tu me croyais déjà mort, avec tes exclamations?... Je te préviens que tu n'es pas porté sur mon testament... Mon neveu, où est-il? Ne puis-je l'embrasser?

JASMIN.

M. le comte n'a pas encore sonné; mais, si M. le commandeur désire que je le réveille...

LE COMMANDEUR.

Non pas! non pas! Peste! je n'ai garde!... Ah! il dort encore, l'heureux coquin? Je comprends!... Eh bien, quand tu me regarderas avec ton air bête... Je te dis que je comprends.

JASMIN.

Eh bien, non, c'est que M. le commandeur ne comprend pas.

LE COMMANDEUR.

Comment! je ne comprends pas?

JASMIN, à part.

C'est la vertu qui donne le ton... Changeons de gamme.

LE COMMANDEUR.

Voyons, que veux-tu dire?

JASMIN.

Je veux dire que M. le commandeur arrive fort à propos.

LE COMMANDEUR.

Mais que me chante donc ce garçon-là, mademoiselle Marton?

MARTON, les yeux au ciel.

Hélas! la plus pure vérité. C'est M. le commandeur qui a fait le mariage?

LE COMMANDEUR.

Oui, pardieu bien! et je m'en vante.

JASMIN, soupirant.

Il n'y a pas de quoi.

LE COMMANDEUR.

Monsieur Jasmin, vous oubliez toujours que, de mon temps, les valets attendaient qu'on les interrogeât; il se peut que cette habitude soit perdue à Paris, comme beaucoup d'autres; mais, moi qui habite la province, je l'ai conservée. Maintenant, répondez: que se passe-t-il ici?

MARTON.

Ce qui se passe, monsieur le commandeur?... ce qui se passe?

LE COMMANDEUR.

C'est à M. Jasmin que je parle, mademoiselle.

JASMIN.

Il se passe que... (On entend une sonnette dans la chambre à droite.) Pardon! voilà M. le comte qui sonne.

(On entend une autre sonnette dans la chambre à gauche.)

MARTON.

Ah! tenez, de son côté aussi, voilà madame la comtesse qui appelle.

JASMIN.
Monsieur le commandeur sait tout, maintenant.
LE COMMANDEUR.
Hein? quoi? ma nièce d'un côté, mon neveu...? Mais c'est monstrueux! Et d'où cela vient-il?... Mais, mordieu! répondez donc!... Vous parliez trop tout à l'heure, et voilà maintenant que vous ne parlez pas assez.
LE COMTE, dans la coulisse.
Jasmin! Jasmin!

SCÈNE III

Les Mêmes, LE COMTE.

LE COMTE, du seuil de sa porte, à droite.
Mais que fais-tu donc, drôle, que tu ne viens pas quand je t'appelle? (Apercevant le Commandeur.) Mon oncle! vous ici?... Oh! mais voilà une excellente surprise que vous nous faites là.
LE COMMANDEUR.
De la surprise? Ma foi, j'en éprouve plus que je n'en produis. (Aux Valets.) Laissez-nous.

(Jasmin et Marton sortent.)

SCÈNE IV

LE COMMANDEUR, LE COMTE.

LE COMMANDEUR, à part.
Contenons-nous... et sachons toute la vérité.
LE COMTE.
Mon cher oncle!
LE COMMANDEUR.
Eh bien, mon cher Candale, nous voilà donc réunis? Voyons, tu dois avoir bien des choses à me dire?
LE COMTE.
Non pas que je sache, mon oncle. — Ah! j'ai vendu Monsigny pour acheter Charville, qui était plus à ma convenance.
LE COMMANDEUR.
C'est une bonne acquisition.
LE COMTE.
Puis nous avons été courre le cerf, il y a huit jours, avec

Villequier et Brichanteau; j'ai eu trois chiens éventrés, les meilleurs, bien entendu, comme toujours.

LE COMMANDEUR.

Voilà tout?

LE COMTE.

Oui, ma foi!

LE COMMANDEUR.

Il ne s'est rien passé de plus nouveau?

LE COMTE.

Au moins, je ne me le rappelle pas.

LE COMMANDEUR.

Mais ton mariage?

LE COMTE.

Mon mariage? Ce n'est point une chose nouvelle, mon cher oncle, puisqu'il était décidé depuis dix ans.

LE COMMANDEUR.

Enfin, ta femme?

LE COMTE.

Ma femme?

LE COMMANDEUR.

Oui, la comtesse.

LE COMTE.

Elle me paraît charmante, pleine d'esprit, et belle à ravir.

LE COMMANDEUR.

A la bonne heure!

LE COMTE.

Seulement, je vous dirai que je la crois tant soit peu capricieuse.

LE COMMANDEUR.

Bah! vraiment?

LE COMTE.

Oui.

LE COMMANDEUR.

Et qui te fait croire cela?

LE COMTE.

C'est qu'hier, comme je rentrais, Marton m'a remis un billet fort bien tourné, ma foi, et d'une petite écriture on ne peut plus coquette, dans lequel elle me demandait... devinez quoi?

LE COMMANDEUR.

Comment veux-tu que je devine?

LE COMTE.
Quatre chevaux isabelle et un coureur azur.
LE COMMANDEUR.
Eh bien, mais qu'y a-t-il d'étonnant à cela?... n'es-tu point assez riche pour lui passer cette fantaisie?
LE COMTE.
Eh! sans doute! aussi n'est-ce point le prix qui est un obstacle.
LE COMMANDEUR.
Alors qu'est-ce donc?
LE COMTE.
C'est qu'elle a été choisir là justement les deux couleurs de la marquise (le Commandeur écoute avec un étonnement croissant); que la marquise a acheté cet équipage hier; qu'elle compte aller pour la première fois aujourd'hui, avec cet équipage, aux Champs-Élysées, et que, si elle en voit un pareil à votre nièce, elle m'arrachera les yeux. Vous comprenez mon embarras... Que la comtesse me demande des choses que je puisse lui donner, qu'elle me demande huit chevaux alezans et deux coureurs pistache, elle les aura... Mais...
LE COMMANDEUR.
Et qu'est-ce que c'est que cette marquise?
LE COMTE.
La marquise d'Esparville.
LE COMMANDEUR.
La marquise d'Esparville!
LE COMTE.
Oui, une femme charmante!
LE COMMANDEUR.
Mais, dis-moi donc, entre nous, Candale, tu m'as l'air de l'aimer, cette marquise.
LE COMTE.
Je l'adore... Ah! pardon, mon oncle, mais vous êtes si bon, que j'oublie toujours...
LE COMMANDEUR.
Comment! tu l'adores?... Et si ta femme allait s'apercevoir de cette passion?
LE COMTE.
Elle la connaît, mon oncle.
LE COMMANDEUR.
Elle la connaît?

LE COMTE.

Sans doute.

LE COMMANDEUR.

Et depuis quand?

LE COMTE.

Attendez! combien y a-t-il que nous sommes mariés? Il y a trois jours, n'est-ce pas? Eh bien, mais elle la connaît depuis trois jours.

LE COMMANDEUR.

Et qu'a-t-elle dit?

LE COMTE.

Qui?

LE COMMANDEUR.

La comtesse.

LE COMTE.

La comtesse m'a paru fort satisfaite.

LE COMMANDEUR, le regardant en face.

Tu deviens fou, Candale.

LE COMTE.

Moi, mon oncle?

LE COMMANDEUR.

Ou bien tu me trompes.

LE COMTE.

Foi de gentilhomme, je vous dis l'exacte vérité.

LE COMMANDEUR.

Mais en quel temps vivons-nous donc alors?... Et c'est pour ne pas contrarier une coquette; car elle m'a l'air d'une franche coquette, ta marquise, sais-tu bien?

LE COMTE.

Oh! cela, oui, elle l'est. Je n'ai jamais vu une personne plus occupée de sa toilette; elle change de robe dix fois par jour. C'est la femme de Paris qui s'habille le plus souvent... et le moins possible.

LE COMMANDEUR.

Et c'est pour ne pas contrarier cette coquette qui ne te laisse plus même d'illusions, que tu refuses à ta femme une misère comme celle-là!... la première chose qu'elle te demande peut-être?

LE COMTE.

Je ne la lui ai pas refusée encore, mon oncle; je vous avouerai même qu'au premier instant, un peu... ému par les séductions de ce billet, j'ai voulu m'en expliquer avec la comtesse. J'ai été frapper à sa porte... Mais l'heure était indue, sans doute.

LE COMMANDEUR.

Indue!... chez ta femme?

LE COMTE.

Apparemment; car, éconduit, repoussé, j'ai dû rentrer dans mon appartement... N'ayant pas trouvé une raison de déplaire à la marquise, fort embarrassé de savoir comment refuser la comtesse,... tout à l'heure encore je me demandais comment je m'en tirerais; mais vous voilà, mon oncle, et c'est sans doute la Providence qui vous envoie à mon secours.

LE COMMANDEUR.

Eh bien, je suis fort aise de vous dire, mon cher neveu, que vous vous êtes trompé. Faites vos commissions vous-même.

LE COMTE.

Vous me refusez?

LE COMMANDEUR.

Net.

LE COMTE.

Alors je sais bien à qui j'en parlerai.

UN VALET, annonçant.

M. le chevalier de Valclos.

LE COMTE.

Justement! voilà mon affaire.

LE COMMANDEUR.

Hein?

SCÈNE V

LE COMMANDEUR, LE COMTE, LE CHEVALIER.

LE COMTE.

Eh! bonjour, chevalier. Sois le bienvenu.

LE CHEVALIER.

Bonjour, comte.

LE COMTE, prenant le Chevalier par la main.

Mon oncle, le chevalier de Valclos, un de mes bons amis. — Chevalier, c'est notre oncle le commandeur, dont tu nous as si souvent entendu parler. Un ancien serviteur de Louis XIV, un vieil ami de madame de Maintenon.

LE CHEVALIER.

Croyez, monsieur le commandeur, que je me tiens pour fort honoré de faire votre connaissance.

LE COMMANDEUR.

Pardon, monsieur; mais, dites-moi donc, j'ai connu autrefois, en Chypre, un comte de Valclos.

LE CHEVALIER.

C'était mon père. Il y avait suivi, tout enfant, M. de Beaufort.

LE COMMANDEUR.

C'est cela même. Un homme d'honneur et de courage, monsieur, qui vous a laissé un beau nom à porter et un bel exemple à suivre.

LE COMTE.

Il le suivra, mon oncle!... mais il y a temps pour tout. — Ah çà! chevalier, je t'attendais avec impatience.

LE CHEVALIER.

Vraiment?

LE COMTE.

D'honneur! j'ai un service à te demander.

LE CHEVALIER.

Un service? Parle, mon cher, parle. Trop heureux si je puis t'être bon à quelque chose.

LE COMTE, au Commandeur.

J'en étais sûr. (Au Chevalier.) Imagine-toi que la comtesse s'est mis dans l'esprit que je devais lui donner aujourd'hui, pour aller au Champs-Élysées, une voiture et un attelage nouveaux, tandis qu'elle a déjà dix voitures sous la remise et vingt chevaux dans l'écurie.

LE CHEVALIER.

Oh! cela n'est pas raisonnable.

LE COMTE.

Eh! voyez-vous, mon oncle, je ne le lui fais pas dire, il est de mon avis.

LE CHEVALIER.

Sans doute, et c'est un caprice, cela.

LE COMTE.

Un vrai caprice... Aussi, chevalier, je compte sur toi pour lui faire entendre raison.

LE CHEVALIER.

Sur moi ?

LE COMTE.

Sans doute, sur toi.

LE CHEVALIER.

Mais comment veux-tu...?

LE COMTE.

Comment je veux ? Est-ce que cela me regarde ? Arrange cela comme il te plaira; mais qu'elle ne me parle plus de cet attelage, entends-tu, chevalier ?

LE CHEVALIER.

Diable! c'est fort délicat, ce que tu me demandes.

LE COMMANDEUR, haussant les épaules.

Tu vois bien que tu ne trouveras personne pour se charger d'une pareille commission !

LE COMTE.

Oui... personne, s'il n'était pas là, lui.

LE COMMANDEUR.

Mais c'est inimaginable; car je comprends enfin... ou plutôt non, je ne comprends pas, je ne veux pas comprendre. Tiens, vois-tu, j'étouffe... J'aime mieux passer chez ma nièce; je changerai d'air.

LE COMTE.

Allez embrasser votre nièce, mon oncle, c'est trop juste.

LE COMMANDEUR, en colère.

Oui, j'y vais !... certainement, j'y vais ! (Fausse sortie.) Un mot, monsieur le chevalier; je vous vois aujourd'hui pour la première fois, mais j'ai connu votre père.

LE CHEVALIER.

Vous m'avez déjà fait l'honneur de me le dire, monsieur le commandeur.

LE COMMANDEUR.

Eh bien, je vous le répète; votre père était un brave et loyal gentilhomme, comme il y en avait encore beaucoup à cette époque et comme il en reste bien peu aujourd'hui, qui surtout regardait l'amitié comme une chose sainte, et qui aurait cru commettre un crime en la trahissant.

LE CHEVALIER.

Je ne comprends pas, monsieur le commandeur.

LE COMMANDEUR.

Je crois pourtant être clair, monsieur le chevalier. Je dis

que, si votre père avait eu un ami qui lui eût donné toute sa confiance, il ne se serait pas exposé au malheur d'en abuser. Voilà ce que je dis; je pense que vous comprenez maintenant; méditez donc sur ce que je vous dis là en passant!... et bonjour! — Au revoir, mon neveu.

(Il sort.)

SCÈNE VI

LE COMTE, LE CHEVALIER.

LE CHEVALIER.

Dis-moi, mon cher, tu ne m'avais pas prévenu de cet oncle-là? Est-ce que tu le gardes?

LE COMTE.

Le commandeur? Eh! mais c'est un très-brave homme, un peu roide sur les principes, mais néanmoins m'aimant fort, et prenant, en toute circonstance, mes intérêts comme un père.

LE CHEVALIER.

Oui, parbleu! je l'ai bien vu. Mais on ne sort pas comme ça de sa province sans dire gare! S'il est d'un autre temps et d'un autre siècle, très-bien; mais alors qu'il reste avec ses aïeux et qu'il laisse leurs descendants tranquilles. Avec sa grande perruque et son habit à l'antique, que diable! mon cher, ce n'est pas un oncle, cela, c'est un portrait de famille; qu'il rentre dans son garde-meuble et qu'on n'en entende plus parler.

LE COMTE.

Je te demande bien pardon, c'est mon oncle; et la preuve c'est que nous héritons de lui deux cent mille livres de rente; tous les portraits de famille ne font pas de ces testaments-là! Aussi, mon cher, te voilà prévenu, tâche de te mettre bien avec lui, parce que, si vous vous brouilliez, ma foi...

LE CHEVALIER.

Hein! comment! tu me sacrifierais à deux cent misérables mille livres de rente?

LE COMTE.

Oh! pas encore aujourd'hui... car, je te l'ai dit, j'ai besoin de toi auprès de la comtesse.

LE CHEVALIER.
Tu persistes à m'imposer cette besogne... cette corvée?
LE COMTE.
Oui, cette corvée. N'est-ce pas naturel?
LE CHEVALIER.
Naturel?
LE COMTE.
Sans doute. Ah çà! mais, mon cher, permets-moi de te le dire, tu es étrange! j'achète un hôtel, tu t'impatronises dedans; je me marie, tu fais la cour à ma femme; je vois tout cela sans te tourmenter, sans te déranger, et tu veux que la première chose qu'elle me demande, ce soit moi qui la lui refuse, à cette pauvre comtesse? Mais cela ne se peut pas. Du moment que tu aspires aux bénéfices, que diable! prends les charges; les uns ne vont pas sans les autres, je t'en avertis; et, puisque ma maison est devenue la tienne, alors, mon cher, fais mon ménage.

LE CHEVALIER.
Dame! je sens bien que je suis à tes ordres; mais sous quel prétexte veux-tu que j'aille dire à la comtesse que tu lui refuses une voiture?

LE COMTE.
Ah bien, il ne manquerait plus que cela, que je fusse encore obligé de te fournir le prétexte! Tu as de l'esprit, mon cher, de l'imagination: cherche invente, cela te regarde.
(Il se dirige vers son appartement à droite.)

LE CHEVALIER.
Mais inventer quoi?

LE COMTE.
Ce que tu voudras. Ah! cependant songe à ceci : avant tout, il y a une chose que je n'accepte pas... c'est le ridicule!... Chut! mon oncle!

SCÈNE VII

LE CHEVALIER, LE COMMANDEUR, LE COMTE.

LE COMMANDEUR, très-agité.
Ah! c'est trop fort! je suis furieux! Monsieur mon neveu, j'ai à vous parler.

LE COMTE.

A vos ordres, mon oncle, et justement le chevalier est appelé ailleurs par ses devoirs.

LE COMMANDEUR.

Très-bien! nous serons seuls.

LE COMTE.

Ma femme est-elle visible?

LE COMMANDEUR.

Oui, déjà habillée, coiffée à cette heure. Quel trésor il néglige!... Elle était là, avec une marchande de modes, un abbé.

LE CHEVALIER

Un abbé?

LE COMTE.

Oui, je lui ai déjà donné un petit abbé... C'est de rigueur.

LE CHEVALIER.

Comment?

LE COMTE, au Chevalier.

Tu me pardonneras, mon cher, de ne pas t'avoir consulté. Mais, puisqu'il fait jour chez la comtesse, tu peux, toi aussi, sans inconvénient te présenter chez elle. Songe à ta mission.

LE CHEVALIER.

Oui; mais, avec les conditions que tu imposes, c'est difficile. (A part.) Pas de ridicule?... Donnons-lui un vice... c'est bien porté.

(Il sort par la gauche.)

SCÈNE VIII

LE COMMANDEUR, LE COMTE.

LE COMTE.

Eh bien, mon oncle, vous venez de voir la comtesse?

LE COMMANDEUR.

Oui, je viens de causer avec elle; elle m'a raconté des choses inouïes, la pauvre enfant!

LE COMTE.

Ah! par exemple, je voudrais bien savoir ce qu'elle vous a raconté, mon oncle.

LE COMMANDEUR.

Mais, d'abord, ta liaison avec la marquise, et puis...

LE COMTE.
Ah! c'est ma femme qui se plaint de mes procédés?
LE COMMANDEUR.
Oh! mon Dieu, elle ne se plaint pas, parce que c'est un ange; mais il est facile de voir la peine qu'ils lui font.
LE COMTE.
La peine qu'ils lui font! Et la comtesse ne vous a pas dit le plus petit mot d'elle-même?
LE COMMANDEUR.
Que veux-tu dire?
LE COMTE.
Elle ne vous a pas parlé d'un certain entretien que nous avons eu le jour de nos noces?
LE COMMANDEUR.
Non.
LE COMTE.
Ah! elle est fort discrète, votre nièce.
LE COMMANDEUR.
Eh bien, que peut-il y avoir de sa part?
LE COMTE.
Il y a, mon oncle, qu'avant de me connaître, ma femme connaissait Valclos; il y a que le chevalier l'aimait et qu'elle aimait le chevalier.
LE COMMANDEUR.
C'est impossible! tu n'aurais pas ouvert ta porte à Valclos.
LE COMTE.
Au contraire, j'ai dû la lui ouvrir à deux battants.
LE COMMANDEUR.
Tu as fait cela?
LE COMTE.
Sans doute.
LE COMMANDEUR.
Et le majorat?
LE COMTE.
Eh bien, le majorat?
LE COMMANDEUR.
Sans doute, le majorat. Est-ce que tu te figures que je me soucie de constituer trente mille livres de rente à un neveu qui ne serait qu'à moitié mon neveu? Oh! oh! je ne souffrirai pas un pareil scandale.

LE COMTE.

Pardieu! je voudrais bien savoir comment vous comptez l'empêcher?

LE COMMANDEUR.

Sois tranquille.

LE COMTE.

Mon oncle, j'espère que vous ne ferez rien qui me rende ridicule.

LE COMMANDEUR.

Ridicule!... Ah! voilà donc le grand mot lâché! voilà la crainte à laquelle on sacrifie réputation passée et bonheur à venir. Autrefois, les maris étaient ridicules quand ils étaient trompés; c'était Clitandre qui ridiculisait Georges Dandin; mais il paraît que vous avez changé tout cela... et Georges Dandin est aujourd'hui du bel air.

LE COMTE.

Que voulez-vous, mon oncle! il faut bien se mettre à la mode.

LE COMMANDEUR.

Ah! la mode!... Oui, n'est-ce pas? Et votre mode, à vous, c'est que l'on affiche des sentiments factices et que l'on dissimule les sentiments réels; que l'on méprise toutes les vertus que vos aïeux ont adorées, et que l'on adore tous les vices qu'ils méprisaient; que le caprice brise tous les liens de la religion, et le libertinage ceux de la société. Le monde exige aujourd'hui qu'on s'épouse pour réunir deux fortunes et non pas deux cœurs: pour perpétuer son nom et non pas sa race. Enfin, le monde exige qu'on ait une femme pour les autres et des enfants qui ne sont à personne. Il impose qu'on aille chercher dans une grande famille quelque fille titrée qui soit pendant un jour le triomphe de votre orgueil, et devienne plus tard la ruine éclatante de votre honneur.

LE COMTE.

Ah! mon oncle...

LE COMMANDEUR.

Eh! sais-tu jusqu'où ton abandon, ton exemple, presque tes conseils, pourraient conduire malgré elle, la femme la plus pure?... Oh! je m'emporte, et j'ai tort; car, après tout, il s'agit seulement ici de t'empêcher de devenir... ce que tu crains tant d'être... ridicule! d'épargner au fils de ma sœur de jouer le rôle d'un imbécile.

LE COMTE, vivement.

D'un imbécile ?...

LE COMMANDEUR.

Oh! oui, d'un imbécile. Comment nommer autrement celui qui a sous les yeux, dans les mains, un trésor d'innocence, de grâce, de beauté, que tout le monde lui envie, que l'on poursuit déjà, et qui non-seulement n'en profite pas, mais encore l'abandonne sottement à d'autres ? Mais finissons. Avant tout, il s'agit de sauver ma nièce. Tu comprends bien que je ne suis pas d'humeur à lui laisser jouer, à elle, le rôle d'une femme qui se perd. Aussi, sois tranquille, j'ai mon idée.

LE COMTE.

Mon oncle, que voulez-vous dire?

LE COMMANDEUR.

Je veux dire que, comme j'ai fait le mal, c'est à moi de le réparer, et tout est réparable encore, heureusement.

LE COMTE.

Mais enfin...?

LE COMMANDEUR.

Tu m'as dit que ta femme aimait le chevalier?

LE COMTE, un peu piqué.

Dame! vous avez pu en juger vous-même.

LE COMMANDEUR.

Tu m'as dit que tu adorais la marquise?

LE COMTE, avec indifférence.

Le fait est que j'ai de... de l'attachement pour elle.

LE COMMANDEUR.

Tu m'as dit que vous étiez mariés, sans l'être?

LE COMTE.

Oh! pour cela, mon oncle, je peux vous en répondre... parole d'honneur!

LE COMMANDEUR.

Bien! Alors, on peut séparer deux époux qui ne s'aiment pas.

LE COMTE.

Hein!

LE COMMANDEUR.

On peut annuler des mariages qui n'existent pas.

LE COMTE.

Comment?

LE COMMANDEUR.

J'ai gardé mes entrées chez le roi, que je suppose... Je sais ce qui me reste à faire... Adieu.

(Il sort par le fond.)

SCÈNE IX

LE COMTE, puis LA COMTESSE.

LE COMTE.

Une séparation!... une nullité de mariage!... C'est vrai... tout est possible. Le roi peut agir à Rome. Le moyen serait violent. (Apercevant la Comtesse.) La comtesse!... Mon oncle a raison, elle est charmante.

LA COMTESSE, entrant.

Vous êtes seul, comte?

LE COMTE.

Me chercheriez-vous, par hasard?

LA COMTESSE.

Oui.

LE COMTE.

Vraiment?

LA COMTESSE.

J'ai des excuses à vous faire.

LE COMTE.

Des excuses, à moi?

LA COMTESSE.

J'ai été vous tourmenter d'un caprice... Pardon!

LE COMTE.

Mais c'est moi qui suis vraiment plein de confusion d'être forcé de vous refuser une bagatelle comme celle que vous désirez. Le chevalier a dû vous dire que, pour toute autre chose...

LA COMTESSE.

Oh! non, rien maintenant; je voudrais seulement vous faire une question, comte.

LE COMTE.

Laquelle?

LA COMTESSE.

Me regardez-vous comme votre amie?

LE COMTE.

Assurément, comtesse

LA COMTESSE.

Eh bien, alors, que je vous fasse un reproche! Quoi! vous me regardez comme votre amie, et vous ne me faites point part de l'embarras où vous vous trouvez?

LE COMTE.

L'embarras où je me trouve! De quoi est-il question?

LA COMTESSE.

Vous avez perdu au jeu, comte.

LE COMTE.

Moi?

LA COMTESSE.

Vous êtes joueur, vous me l'avez avoué... Ne vous en cachez point; vous êtes gêné.

LE COMTE.

Dieu me damne, comtesse, si je comprends un mot à tout ce que vous me dites; mais allez toujours, j'adore les quiproquos.

LA COMTESSE.

De la fierté avec moi! avec une amie qui voudrait expier la maladresse qu'elle a eue de vous tourmenter dans un pareil moment, surtout après les folies que vous avez faites pour moi. Une corbeille de mariage princière! Le moyen, après cela, de réparer une dette de jeu?

LE COMTE.

Une dette de jeu! (Se frappant le front.) Ah! je comprends maintenant! c'est le chevalier qui, pour obtenir...

LA COMTESSE.

Il ne faut pas lui en vouloir d'avoir tout avoué, comte. (Lui passant la main sous le bras.) Écoutez: j'ai là, au fond d'un sac à ouvrage, un millier de louis que ma tante y a glissés en me disant adieu, et que j'y ai justement retrouvés ce matin; ce n'est pas grand'chose, je le sais; mais, moi, j'ignore comment on trouve l'argent. J'ai celui-là, je vous le donne.

LE COMTE, à part.

Comment, maintenant de la générosité, de la délicatesse; mais je ne peux pas abuser pourtant... (Haut.) Comtesse, on vous a trompée.

LA COMTESSE.

Hein! que voulez-vous dire? Prenez-y garde, monsieur le comte, si le refus qu'on m'a fait en votre nom n'est pas une impossibilité, c'est peut-être une offense.

LE COMTE, à part.

Diable! elle a raison, et je ne peux pas, je ne dois pas la blesser. (Haut.) Eh bien, oui, comtesse, oui, je n'osais avouer... mais j'ai joué, j'ai perdu.

LA COMTESSE.

Alors, pourquoi ne pas accepter?

LE COMTE, embarrassé.

Permettez-moi de ne pas vous céder encore... et pourtant... je tiens à vous dire les sentiments reconnaissants que j'éprouve... dans ce moment surtout où j'ai à vous parler de choses graves. Notre oncle est, je crois, auprès du roi.

LA COMTESSE, qui s'est assise à gauche, et a pris un miroir.

Ah! a-t-il donc affaire à la cour?

LE COMTE.

Non pas pour lui que je sache.

LA COMTESSE.

Et pour qui donc?

LE COMTE.

Mais pour nous.

LA COMTESSE.

Pour nous?

LE COMTE.

Eh! eh! j'en ai peur; vous savez comme il prend tout au sérieux, notre oncle!

LA COMTESSE.

Eh bien?

LE COMTE.

Eh bien, comtesse, il est désolé d'avoir fait notre mariage.

LA COMTESSE.

Mais encore, que peut faire le roi à cela?

LE COMTE.

Le roi? Il peut beaucoup, comtesse; il peut autoriser une séparation... mieux que cela, faire prononcer la nullité du mariage.

LA COMTESSE.

Une séparation!... une nullité!... mais il me semble, monsieur le comte, qu'une pareille chose ne se fait point sans un grand scandale.

LE COMTE.

Assurément; et, comme notre position, telle qu'elle est, me paraît tolérable...

LA COMTESSE.

Sans doute; quant à moi, comte, je sais que je ne désire pas en changer.

LE COMTE.

Eh bien, alors, s'il en est ainsi, comme pour une séparation il faut le consentement mutuel...

LA COMTESSE.

Oh! ne parlons plus de ces vilaines choses-là, monsieur.

LE COMTE, à part.

Ah çà! que dois-je penser? La séparation ne me paraît pas de son goût.

LA COMTESSE.

Que vous avez là une charmante garniture de boutons, monsieur le comte!

LE COMTE.

Comment la voyez-vous? Vous me tournez le dos.

LA COMTESSE.

Dans ce miroir.

LE COMTE.

Pardon, mais je vous croyais occupée de quelque chose de mieux que de m'y regarder.

LA COMTESSE.

Ce n'est pas vous que j'y regarde; mais vous êtes si près de moi, qu'en m'y voyant, il faut bien que je vous y voie. (A part.) C'est la première fois que je puis le voir à mon aise; il est très-bien!

LE COMTE.

Ces diamants, que vous voulez bien remarquer, ont été montés pas Josse.

LA COMTESSE.

Le fameux bijoutier, oui, cela se voit au goût. Savez-vous, comte, que j'ai envie de séduire votre valet de chambre?

LE COMTE.

Oh! n'essayez pas, comtesse, vous n'y réussiriez pas.

LA COMTESSE.

Pourquoi?

LE COMTE.

Nous avons des gens incorruptibles, au moins si je juge de Jasmin par Marton.

LA COMTESSE.

Marton incorruptible !... comment savez-vous que Marton est incorruptible?

LE COMTE.

Comme vous le savez vous-même, sans doute... Hier au soir, c'était fort indiscret de ma part, mais, indiscret ou non, j'avais quelque chose à vous dire, j'ai essayé de vous voir, et... porte close !

LA COMTESSE, étonnée.

Ah ! j'ignorais, je vous jure... Monsieur, si vous aviez insisté...

LE COMTE.

Insisté? Oh ! j'ai fait mieux que cela ; j'ai prié, j'ai menacé... j'ai offert à Marton de l'argent, oui, pardieu ! C'est au point que l'on eût pu me prendre pour un amant, comtesse.

LA COMTESSE.

Mais que vouliez-vous me dire à cette heure, comte ?

LE COMTE.

Ce que je voulais vous dire ?... Mon Dieu, je l'avais oublié ce matin ; mais tout à l'heure, en vous regardant, je crois que je m'en souvenais.

LA COMTESSE, à part.

Ah ! Marton !... Je vais savoir si elle m'a dit vrai. (Haut.) Je dois regretter, comte, de n'avoir pas eu hier le plaisir de vous recevoir... J'aurais eu peut-être plus de hardiesse qu'en ce moment, pour la demande que j'ai à vous faire.

LE COMTE.

Laquelle ?

LA COMTESSE.

Une demande que rien, je le crois, du moins, ne peut vous empêcher de m'accorder.

LE COMTE.

Allons, n'hésitez plus, comtesse.

LA COMTESSE.

C'est une folie... Je voulais vous demander de me conduire au bal de l'Opéra.

LE COMTE, saisi.

Au bal de l'Opéra ! (A part.) Diable ! et la marquise ?

LA COMTESSE.

Eh bien, comte ?

LE COMTE.

Eh bien, comtesse, je joue de malheur.

LA COMTESSE.

Comment cela?

LE COMTE.

Hier, voyant que je ne pouvais avoir l'honneur d'être reçu chez vous, et ne sachant que faire de la fin de ma soirée, j'ai été rejoindre quelques mauvais sujets de ma connaissance, avec lesquels j'ai pris un engagement pour cette nuit.

LA COMTESSE, à part.

Ah! Marton a dit vrai. (Haut.) Alors, n'en parlons plus, monsieur; c'est moi qui suis indiscrète, et j'aurais dû voir que vous aviez de ces projets sérieux qu'on ne sacrifie point à un caprice.

LE COMTE, l'examinant.

Un caprice... Je l'ai blessée. (Voyant la Comtesse qui se dispose à sortir). Comtesse, de grâce...

SCÈNE X

LA COMTESSE, JASMIN, LE COMTE, LE COUREUR de la Marquise, dans le fond.

JASMIN.

Monsieur le comte... (A part.) Diable! madame la comtesse!
(Il fait rentrer précipitamment le Coureur dans l'antichambre.)

LE COMTE, avec humeur.

Qu'est-ce? Pourquoi me déranger?

JASMIN.

Il y a là quelqu'un qui voudrait parler à M. le comte.

LE COMTE.

Mais je ne puis en ce moment.

LA COMTESSE, à part, regardant au fond.

Un coureur!

JASMIN, bas, au Comte.

Le coureur de la marquise, avec un billet de sa part.

LE COMTE, à part, avec humeur.

La marquise!... Elle a bien peur que je ne lui manque de parole.

LA COMTESSE, à part.

Bleu et argent... (Haut.) Je vois que je vous gêne, monsieur le comte.

LE COMTE.

Au contraire, comtesse... Je voudrais, croyez-le bien, ne pas vous laisser de moi un si mauvais souvenir.

LA COMTESSE.

Eh bien, alors, qui vous empêche de faire entrer ce coureur, de vous débarrasser de ce domestique?

LE COMTE.

M'en débarrasser?... Oh! ce serait peut-être un peu long.

LA COMTESSE.

Un peu long?

LE COMTE.

Il vaut mieux que je réponde (à part), que je refuse.... Oui, j'y suis décidé. (A Jasmin.) Qu'on attende! (Jasmin sort. A part.) Trouverai-je un mensonge?... (Haut.) Je reviens, comtesse, je reviens. (A part.) Ah! je sens que je redoute mon malheur, à la peur que j'ai de le mériter.

(Il sort.)

SCÈNE XI

LA COMTESSE, seule.

Tout s'éclaircit! Cet attelage qu'il me refusait, c'est celui de cette marquise; ce sont ses couleurs; et c'est pour elle qu'on dédaigne de me conduire à l'Opéra. Une infidélité, j'aurais pu la pardonner, j'étais prévenue; mais un affront... deux affronts même... c'est trop!

SCÈNE XII

MARTON, LA COMTESSE.

MARTON.

Oh! mon Dieu, qu'est-il donc arrivé à madame la comtesse? Elle a le visage tout bouleversé.

LA COMTESSE.

Marton j'ai demandé au comte de me conduire à l'Opéra, et il m'a refusée. Tu avais raison... il était engagé avec la marquise. Ah! les hommes! les hommes!

MARTON.

Ah! oui, les hommes!...

LA COMTESSE.

Marton, je voudrais bien les suivre, les voir ensemble à ce bal.

MARTON.

Eh bien, qu'est-ce qui empêche madame la comtesse d'y aller, à ce bal?

LA COMTESSE.

Mais...

MARTON.

Je ne vois pas pourquoi, puisque M. le comte profite de sa liberté, madame la comtesse ne profiterait pas de la sienne.

LA COMTESSE.

Mais, Marton, c'est qu'il me semble qu'une femme... Et puis je n'ai personne, moi, pour me conduire à ce malheureux bal.

MARTON.

Personne? Eh bien, le chevalier?

LA COMTESSE.

Le chevalier...

MARTON.

Ce n'est pas la peine de le garder, si on ne l'occupe pas à quelque chose.

LA COMTESSE.

Le chevalier?... Oh! non, Marton, je lui en veux à mort.

MARTON.

Et pourquoi cela?

LA COMTESSE.

Parce qu'il a aidé le comte à me tromper.

MARTON.

Alors, raison de plus pour qu'il aide madame la comtesse à se venger.

LA COMTESSE.

Mais c'est que nous nous sommes quittés un peu froidement.

MARTON.

Eh bien, il faut le rappeler, alors?

LA COMTESSE.

Comment le rappeler?

MARTON.

Comme on rappelle les gens : par un petit billet du matin, par trois lignes, par un mot.

LA COMTESSE, un peu fière.

Ah! ceci, Marton...

MARTON.

Dame! qui veut la fin, veut les moyens. Encore une fois, madame la comtesse tient-elle ou ne tient-elle pas à aller à ce bal?

LA COMTESSE.

Si j'y tiens, Marton?... Oh! oui, j'y tiens.

MARTON.

Eh bien, que madame écrive donc!

LA COMTESSE.

Marton, il me semble que je fais mal. (Se mettant à la table.) D'ailleurs, comment lui dire...? Je ne trouve pas de phrase.

SCÈNE XIII

Les Mêmes, JASMIN, entrant du fond.

MARTON.

Jasmin! que veux-tu?

JASMIN.

Je viens chercher la réponse de M. le comte pour le coureur qui a apporté le billet.

MARTON.

Ah! pour l'homme aux couleurs bleu et argent?

LA COMTESSE, écrivant.

Ah! je n'hésite plus!

MARTON, à la Comtesse.

A la bonne heure!

SCÈNE XIV

MARTON, LA COMTESSE, JASMIN, LE COMTE.

LE COMTE, une lettre à la main.

Ma foi, j'ai refusé... Je trouve piquant de faire, pour ma femme, une infidélité à ma maîtresse.

LA COMTESSE, sans voir le Comte.

Tiens, Marton, porte cette lettre.

LE COMTE, à part.

Une lettre!... Elle aussi!

LA COMTESSE, se levant, aperçoit son mari.

Monsieur le comte!

LE COMTE.

Oui, c'est moi, comtesse, qui ai fait ma réponse... et je venais vous reparler de ce bal.

LA COMTESSE.

C'est inutile, monsieur... Vous avez, je le sais, l'emploi de votre complaisance... J'ai pris, moi, mes arrangements.

(Elle salue et sort.)

SCÈNE XV

MARTON, LE COMTE, JASMIN.

LE COMTE.

Elle a pris ses arrangements!... (Marton va pour sortir.) Restez, Marton. (A part.) Des arrangements!... au moment où, moi, je renonçais pour elle... Ah! je ne veux pas être pris pour dupe!... Pardieu! je saurai... (Haut.) Marton, qu'est-ce que c'est que ce billet que la comtesse vous a remis? Chez qui le portez-vous?

MARTON.

Monsieur le comte...

LE COMTE, à part.

Eh bien, que fais-je donc?... J'interroge des valets; j'espionne la comtesse. (Haut.) C'est bien; ne me répondez rien, Marton, sortez.

(Marton sort.)

JASMIN, s'avançant.

Quelle réponse pour madame la marquise, monsieur le comte?

LE COMTE.

Quelle réponse?... (Il déchire sa lettre.) Dites que tout reste convenu pour ce soir comme je l'ai promis. Allez.

(Jasmin sort.)

SCÈNE XVI

LE COMTE, seul.

A quoi bon interroger Marton sur ce billet? Ce billet ne peut être que pour le chevalier. Et c'est la même main qui tremblait dans la mienne, cette même main qui vient d'écrire... pour lui dire, à lui, tout ce que son regard me disait, à moi! Mais, au reste, que m'importe que la comtesse aime ou n'aime pas le chevalier?... (Avec colère.) Ce qui m'importe, c'est que... Dieu me pardonne, je suis jaloux!... Jaloux, toi, Candale... et de qui? De ta femme. Oh! si on le savait, chacun rirait de moi comme j'en ris moi-même... (Essayant de rire.) Ah! ah! ah!... Allons donc! je ne suis pas jaloux; je ne peux pas l'être. Qu'ai-je donc à dire et à faire là dedans?... Ce que j'ai à dire? ce que j'ai à faire?... C'est que je l'aime. c'est que je déteste le chevalier, c'est que je voudrais qu'il vînt maintenant, ne fût-ce que pour lui dire en face qu'il est un fat.

SCÈNE XVII

LE CHEVALIER, LE COMTE.

JASMIN, annonçant.

M. le chevalier de Valclos.

LE COMTE.

Ah! (Il pose son chapeau sur une table et se jette dans un fauteuil à droite.) Faites entrer.

LE CHEVALIER, en entrant.

Merci, Jasmin, merci. (A Candale.) Toi, ici?

LE COMTE, se levant.

Eh bien, maintenant, il n'y a plus de doute

LE CHEVALIER, à part.

Il ne quitte donc plus la maison?... Il devient insupportable. (Haut.) Bonjour, Candale. Enchanté de te rencontrer. (A part.) Le diable t'emporte!

LE COMTE.

Bonjour, chevalier! A ton air triomphant, je parierais, que les affaires et surtout les plaisirs vont à merveille

LE CHEVALIER.

Eh bien, parie, tu gagneras.

LE COMTE.

Vraiment?

LE CHEVALIER.

Mais d'où te vient cet air si contrarié? Voyons, qu'as-tu, Candale? Conte-moi cela. Est-ce que je ne suis plus ton ami? Est-ce que tu as encore quelque commission dont tu veuilles me charger pour la comtesse? Tu sais que je suis à tes ordres; ne te gêne pas!

LE COMTE.

Non, merci, je viens de la voir... et de lui refuser moi-même ce qu'elle me demandait; c'est probablement pour cela qu'elle t'a écrit.

LE CHEVALIER.

Ah! ah!... tu sais que la comtesse m'a écrit?

LE COMTE.

Pardieu! te figures-tu qu'on me fait l'honneur de se cacher de moi?

LE CHEVALIER.

Et tu sais aussi ce qu'elle m'a écrit alors?

LE COMTE.

Oui, qu'elle désire te parler. N'est-ce point cela?

LE CHEVALIER.

Et elle ajoute que je la trouverai seule.

LE COMTE.

Seule!... Ah! ah!... Seule?

LE CHEVALIER.

Seule.

LE COMTE.

Alors, il paraît que nous jouons cartes sur table.

LE CHEVALIER.

Et c'est toi qui, le premier, as abattu les tiennes.

LE COMTE.

Et tu acceptes la partie?

LE CHEVALIER.

Oui! à condition que tu seras beau joueur.

LE COMTE.

C'est mon habitude, chevalier, et tu me fais injure en croyant que je l'ai perdue.

LE CHEVALIER.

Eh bien, en ce cas, Candale...

LE COMTE.

Après?

LE CHEVALIER, lui présentant son chapeau.

Est-ce que tu n'aurais pas, comme avant-hier, un tour à faire par la ville?

LE COMTE, prenant le chapeau.

De la raillerie!...

LE CHEVALIER.

Pourquoi pas? as-tu privilége du roi de railler tout seul?

LE COMTE.

Non; mais je voudrais savoir si, le lendemain des jours où tu railles, tu as l'habitude de te promener hors la ville?

LE CHEVALIER.

Oui; mais seulement pas de trop grand matin.

LE COMTE.

Oh! cela va sans dire. Et tu te promènes toujours l'épée au côté?

LE CHEVALIER.

Naturellement. Dame! on est officier du roi, on est gentilhomme, on ne quitte pas son épée.

LE COMTE.

Comptais-tu te promener demain?

LE CHEVALIER.

Je n'avais pas de projets; mais, si j'espère rencontrer quelqu'un et surtout un ami, je ne me ferai pas faute de prendre ce plaisir, pourvu que cet ami cependant me dise de quel côté il se promènera lui-même.

LE COMTE.

Que penses-tu de l'allée de la Muette?

LE CHEVALIER.

L'allée de la Muette? Je dis que c'est une charmante allée, qu'on s'y voit de loin et qu'il n'y a point à s'y perdre.

LE COMTE.

Surtout vers le midi, n'est-ce pas?

LE CHEVALIER.

C'est justement mon heure.

LE COMTE.

Bon! c'est tout ce que je désirais savoir. Adieu, chevalier.

LE CHEVALIER.

Adieu, comte.

LE COMTE.

A demain !

LE CHEVALIER.

A demain !

(Le Comte se dirige vers son appartement. Marton paraît.)

SCÈNE XVIII

MARTON, LE CHEVALIER, LE COMTE.

LE CHEVALIER.

Un mari qui se fâche, cela donne de la rareté à l'aventure... Ah ! Marton.

MARTON.

Madame la comtesse présente ses excuses à M. le chevalier, et lui fait dire qu'en ce moment, elle ne peut pas le recevoir.

LE COMTE, à part, sur le seuil de son appartement.

Ah !

MARTON.

Mais elle attend M. le chevalier à onze heures pour la conduire au bal masqué.

(Mouvement du Comte.)

LE CHEVALIER.

Au bal masqué ?

MARTON.

N'y manquez pas.

LE CHEVALIER.

Y manquer ? Oh ! par exemple ! Marton, remercie bien ta maîtresse, et dis-lui que je suis le plus heureux des hommes.

MARTON.

Ainsi, à onze heures ?

(Elle sort par la gauc

LE CHEVALIER.

J'y serai.

(Il sort par le fond.)

10.

SCÈNE XIX

LE COMTE, seul.

A onze heures, la comtesse attend le chevalier pour aller avec lui au bal masqué. Elle ne me demandait donc de l'y conduire que pour être bien certaine de mon absence, par mon refus. Par exemple, ceci est trop fort et ne se peut supporter.

SCÈNE XX

LE COMTE, LE COMMANDEUR.

LE COMTE.

Ah! venez, venez, mon oncle; vous arrivez à propos.

LE COMMANDEUR.

Vraiment?

LE COMTE.

Vous avez vu le roi?

LE COMMANDEUR.

Parbleu! je n'aime pas les choses qui languissent. J'ai rejeté la faute sur moi.

LE COMTE.

Et notre séparation?

LE COMMANDEUR.

Je suis autorisé à la poursuivre... Voici l'acte. Le roi se charge de la demande en nullité.

LE COMTE.

Donnez, mon oncle, donnez cet acte.

(Il le prend et va à la table à gauche y mettre sa signature.)

LE COMMANDEUR.

Que fais-tu?

LE COMTE.

Vous le voyez bien; je le signe.

SCÈNE XXI

MARTON, LA COMTESSE, LE COMTE, LE COMMANDEUR.

LE COMTE, à la Comtesse.

Ah! ah! venez, madame, et soyez heureuse: vous êtes libre.

LA COMTESSE.

Libre! que veut dire...?

LE COMMANDEUR, lui indiquant l'acte sur la table.

Regarde.

LA COMTESSE.

Notre séparation!... Vous avez signé? (Elle prend la plume et signe vivement; puis elle tend le papier au Commandeur.) Voilà ma réponse.

LE COMMANDEUR.

Comment! si vite... et sans regret?

LA COMTESSE, pleurant.

Des regrets?... Oh! non... non, mon oncle, de la joie.

LE COMTE.

Alors, je dois suivre cet exemple. Jasmin! mon domino.

MARTON.

Et madame va-t-elle toujours au bal?

LA COMTESSE.

Plus que jamais! Viens.

(Elle sort par la gauche. Marton la suit.)

LE COMTE.

Oh! je la déteste.

(Il sort par la droite.)

LE COMMANDEUR.

Ouais! on se déteste... On n'est donc plus indifférents?... Je voulais infliger un châtiment; ce n'est peut-être qu'une leçon que j'ai à donner... J'essayerai.

ACTE QUATRIÈME

Même décoration.

—

SCÈNE PREMIÈRE

LA COMTESSE, MARTON, puis LE COMMANDEUR.

LA COMTESSE, sortant de sa chambre.

Eh bien, Marton?

MARTON, entrant par la porte du fond.

M. le commandeur, madame.

(Elle sort.)

LA COMTESSE.

Oh! mon oncle, que vous êtes bon de vous déranger ainsi, dès le matin, pour moi! Mais vous m'excuserez, n'est-ce pas? J'étais si tourmentée!

LE COMMANDEUR.

Tourmentée!... et de quoi?

LA COMTESSE.

Oh! mon oncle, si vous saviez!...

LE COMMANDEUR.

Voyons, parle.

LA COMTESSE.

C'est que vous allez me gronder... et vous aurez bien raison... Cependant, si vous saviez ce que je souffre, vous me trouveriez assez punie.

LE COMMANDEUR.

Punie! et de quoi?

LA COMTESSE.

De la faute que j'ai commise.

LE COMMANDEUR.

Tu as commis une faute?

LA COMTESSE.

Et une bien grande, allez!

LE COMMANDEUR.

Mais quelle est cette faute enfin? Voyons.

LA COMTESSE.

J'ai été au bal de l'Opéra!

LE COMMANDEUR.

Tout cela?... Et seule?

LA COMTESSE, embarrassée.

Oh! non, mon oncle, pas seule.

LE COMMANDEUR.

Avec le chevalier?

LA COMTESSE, honteuse.

Oui.

LE COMMANDEUR.

Et ensuite?

LA COMTESSE.

Comment! vous ne me grondez pas?... Vous pouvez me pardonner?

LE COMMANDEUR.

Moi?... Mais qu'ai-je à te pardonner, puisque les choses se passent ainsi à votre cour et dans votre siècle?

LA COMTESSE.

Hein?... Vous dites, mon oncle?...

LE COMMANDEUR.

Je dis, ma chère, que j'ai réfléchi; j'ai compris qu'à force d'être rigoriste, je devenais suranné; j'étais sur la limite, je le sens, où Caton touche à don Quichotte; mais c'est fini, je renonce à mes gothiques préjugés de vertus domestiques et de régularité patriarcale; j'adopte votre morale facile, j'approuve cette vie légère et trouve décidément vos mœurs très-commodes. Que diable! on a beau être vieux, il est toujours temps de s'amender.

LA COMTESSE.

Oh! mon oncle, je ne sais si je rêve! Est-ce bien vous que j'entends?

LE COMMANDEUR.

Oui, c'est bien moi que tu entends, et qui, de plus, t'écoute toujours. (Il la conduit à un fauteuil à droite.) Voyons, assieds-toi, assieds-toi... Achève... Ce bal?...

LA COMTESSE.

Vous saurez d'abord, mon oncle, que je n'y avais été que parce que j'étais jalouse!

LE COMMANDEUR.

Jalouse!... Et de qui?

LA COMTESSE.

Du comte, mon oncle.

LE COMMANDEUR.

De Candale?

LA COMTESSE.

Oui.

LE COMMANDEUR.

Chut! Ah! ma pauvre nièce, si on savait...

LA COMTESSE.

Que j'ai été à ce bal?

LE COMMANDEUR.

Non, mais que tu es jalouse de ton mari... Mais, songes-y,

ce serait du dernier bourgeois, tu serais perdue de réputation!

LA COMTESSE.

Oh! tout ce que vous voudrez, mais si vous saviez la nuit que j'ai passée, après l'avoir vu donnant le bras à cette femme, à cette marquise. Oh! j'étais furieuse!

LE COMMANDEUR.

Furieuse! Et de quoi te plains-tu? Ton mari était avec la marquise d'Esparville; toi, tu étais avec le chevalier de Valclos... Tous les deux vous étiez dans la règle... La situation était irréprochable.

LA COMTESSE.

Oh! mon oncle, vous n'auriez pas le courage de plaisanter si vous saviez ce qui est arrivé, j'en suis sûre.

LE COMMANDEUR.

Mais qu'est-il donc arrivé?

LA COMTESSE, se levant.

Imaginez-vous qu'en sortant, sous le vestibule de l'Opéra...

LE COMMANDEUR.

Le vestibule?

LA COMTESSE.

Eh bien, un officier qui me suivait depuis quelque temps, qui peut-être m'a reconnue, qui affectait, j'en suis sûre, de me prendre pour une autre, s'est approché de moi et m'a dit tout bas quelques mots si inconvenants, que j'en ai malgré moi serré le bras du chevalier; si bien qu'il s'en est aperçu; et, comme il avait été d'une humeur massacrante toute la soirée, il a demandé avec beaucoup de hauteur à cet officier ce qu'il avait à me dire; celui-ci lui a répondu que, s'il était curieux de le savoir, il n'avait qu'à venir lui-même le demander à M. de Saillant, capitaine aux gendarmes du roi, rue de Grenelle, n° 24. De sorte que je crois, mon oncle, que, ce matin, ils doivent se battre.

LE COMMANDEUR.

Se battre?

LA COMTESSE.

Oui; et vous comprenez que, si l'on venait à être sûr que j'étais à ce bal, au bras du chevalier, que le chevalier a pris une querelle à mon occasion! oh! alors je serais perdue, et jamais Candale ne me pardonnerait.

LE COMMANDEUR.

Tu crois qu'il t'en voudrait?... Au fait, c'est possible!... Entre gens comme il faut, tout est toléré, tout... excepté peut-être un éclat!... Nous voulons aujourd'hui de l'immoralité sans bruit et du désordre en famille. Après tout, cela peut se réparer encore, rien n'est désespéré. M. de Saillant a-t-il reconnu le chevalier?

LA COMTESSE.

Non, le chevalier était masqué, et, par délicatesse pour moi, sans doute, il a eu la prudence de ne donner ni son nom ni son adresse.

LE COMMANDEUR.

Alors, un seul moyen à prendre.

LA COMTESSE.

Lequel?

LE COMMANDEUR.

C'est d'envoyer chercher le chevalier et d'exiger qu'il ne donne pas suite à cette affaire.

LA COMTESSE.

Exiger du chevalier?...

LE COMMANDEUR.

Sans doute. Et de qui exigerais-tu, si ce n'est de lui?

LA COMTESSE.

Mon oncle...

LE COMMANDEUR.

De lui que tu aimes, dont tu es aimée... Un chevalier dont les titres sont inattaquables... breveté par le mari! . Oh! il a ses parchemins, et j'ajouterais même, si c'était encore un titre, qu'il sera bientôt ton époux.

LA COMTESSE.

Mon époux?...

LE COMMANDEUR.

Sans doute! Oublies-tu que votre demande en nullité de mariage est signée par Candale et par toi, que bientôt tu seras libre d'épouser le chevalier? Il est vrai qu'alors, et dès ce moment, tu deviendras libre aussi de ne plus l'aimer.

LA COMTESSE.

Ah! mon oncle, alors je ne l'aimerai pas plus que je ne l'aime aujourd'hui; car j'ai peur d'en aimer un autre.

LE COMMANDEUR.

Comment, un autre?... un second, ou plutôt un troisième?

LA COMTESSE.

Non, mon oncle, non... Le premier et, je crois, le seul.. Candale!

LE COMMANDEUR, allant pour l'embrasser.

Candale!... (Se retenant, à part.) Non!... Si je ne m'étais pas retenu, je l'aurais embrassée; mais il n'est pas temps encore. (Haut.) Comment, malheureuse! tu aimes ton mari?... ton mari? Mais où allons-nous, bon Dieu! où allons-nous?

LA COMTESSE.

Oh! mon oncle, vous êtes sans pitié! Mais l'heure se passe, et, pendant ce temps, peut-être le chevalier... Envoyez-le chercher vous-même... Moi, pour sauver ma vie, je ne le ferais pas.

LE COMMANDEUR.

Eh bien, tu as raison, je vais écrire au chevalier.

(Il se met à la table à gauche.)

LA COMTESSE.

Merci, mon oncle!... Oh! si j'échappe de celle-ci, ce sera une leçon pour toute ma vie.

LE COMMANDEUR.

Tiens, j'entends ton mari.

LA COMTESSE.

Mon mari! Je me sauve, mon oncle.

LE COMMANDEUR.

Pourquoi?

LA COMTESSE.

S'il devinait ce qu'il y a pour lui au fond de mon cœur...

LE COMMANDEUR.

Tu as raison, ma pauvre fille... Ce serait à en mourir de honte. Le voici.

LA COMTESSE.

Ah!

(Elle se sauve par la gauche.)

SCÈNE II

LE COMMANDEUR, qui continue à écrire; LE COMTE.

LE COMTE.

Ah! je fais fuir votre nièce, à ce qu'il paraît?

LE COMMANDEUR.

Ma nièce? Pourquoi veux-tu qu'elle se donne la peine de t'éviter?

LE COMTE, avec amertume.

Oui, en effet...

LE COMMANDEUR, qui a cacheté sa lettre.

Voici mon billet terminé... Il me faut un de tes gens pour l'envoyer.

LE COMTE.

A l'instant, mon oncle. (Il sonne; entre un Domestique.) Cette lettre de M. le commandeur à son adresse.

LE COMMANDEUR.

C'est à deux pas d'ici : le chevalier de Valclos.

(Le Domestique sort, emportant la lettre.)

LE COMTE.

Le chevalier?... Et vous lui écriviez...?

LE COMMANDEUR.

Que la comtesse l'attend ici.

LE COMTE.

Ma femme!

LE COMMANDEUR.

Ah! je n'ai pas dit ta femme... Et à quoi bon, puisqu'elle va cesser de l'être, puisque tous deux vous l'avez voulu?

LE COMTE.

Mais, tandis qu'elle porte encore mon nom, rappeler ici le chevalier!

LE COMMANDEUR.

Mais, hier, ta femme portait encore ton nom, mais elle devait le porter toujours; tu savais les projets du chevalier contre ton honneur, et cela ne t'a pas empêché, tu me l'as dit et répété toi-même, de lui ouvrir la porte à deux battants.

LE COMTE.

Hier encore, oui, c'est vrai; mais aujourd'hui...

LE COMMANDEUR.

Eh bien, aujourd'hui, est-ce parce que l'amour de la comtesse et de Valclos peut devenir légitime que tu veux y mettre obstacle?

LE COMTE, découragé.

Vous avez raison... Puisque la comtesse a voulu briser tous les liens qui l'attachent à moi, qu'elle fasse ce qu'elle voudra

Mais il était inutile d'envoyer cette lettre au chevalier, mon oncle; car, je vous en préviens, votre billet ne le trouvera pas chez lui.

LE COMMANDEUR.

Et pourquoi cela?

LE COMTE.

Parce qu'à l'heure qu'il est, il doit être sous les verrous.

LE COMMANDEUR.

Sous les verrous! Qui l'y a fait mettre?

LE COMTE.

Moi.

LE COMMANDEUR.

Toi! Est-ce que, maintenant, tu en es réduit à défendre ton honneur par lettre de cachet?

LE COMTE.

Il ne s'agit pas ici de lettre de cachet; mais il faut que vous sachiez que votre nièce, qui se plaignait de mes procédés, votre nièce, dont vous me vantiez tant l'innocence, la retenue, dont vous me faisiez valoir les souffrances si cruelles et si discrètes... a été cette nuit au bal de l'Opera.

LE COMMANDEUR.

Au bal de l'Opéra!... Eh bien, tu dois être flatté de savoir qu'elle te prend si bien pour modèle?

LE COMTE.

Oui; mais le chevalier, qui lui donnait le bras, a eu une querelle, à cause de la comtesse, avec M. de Saillant, et devait se battre avec lui ce matin.

LE COMMANDEUR.

S'il le devait, il le doit encore.

LE COMTE.

Non, mon oncle; car j'ai fait prévenir la connétablie que le chevalier de Valclos avait un duel... On a dû s'assurer de lui.

LE COMMANDEUR.

La connétablie?... Et c'est toi qui as recours à de pareils moyens pour empêcher un gentilhomme de se trouver à un rendez-vous d'honneur?

LE COMTE.

Qu'importe! si l'adversaire de ce gentilhomme trouve toujours quelqu'un au rendez-vous?

LE COMMANDEUR.

Quelqu'un! et qui donc?

LE COMTE.

Moi, mon oncle!

LE COMMANDEUR.

Toi?

LE COMTE.

M. de Saillant ne sait pas à qui il a eu affaire; Valclos est resté masqué et inconnu; car j'ai tout su, tout vu, tout entendu, mon oncle.

LE COMMANDEUR.

Eh bien?

LE COMTE.

Eh bien, mon devoir était tracé : empêcher à tout prix... à tout prix, entendez-vous!... que Valclos et M. de Saillant pussent se rencontrer. Oui, sachez, mon oncle, que, s'il peut y avoir des choses que la mode me défend de gêner, il y en a d'autres que mon honneur ne me permettra jamais de souffrir. Que ma femme ait un caprice, et que Valclos lui fasse entendre raison pour ce caprice, très-bien; qu'il la conduise au bal de l'Opéra, quand, moi, j'y suis entraîné de mon côté avec la marquise, il faut bien que je le tolère!... Mais, lorsqu'un insolent a outragé la comtesse de Candale et qu'il s'agit de se battre pour elle... oh! un instant, mon oncle, cela n'est plus l'affaire de Valclos, c'est la mienne!

LE COMMANDEUR, allant pour l'embrasser.

Candale!... (Se retenant, à part.) Non, contenons-nous encore! (Haut.) Allons, Candale, tu es encore mon neveu, je le vois. Eh bien, tu mérites que je t'apprenne quelque chose. Sache donc que la comtesse est au désespoir de ce qui est arrivé; et, si elle a consenti à envoyer chercher le chevalier, c'est uniquement pour obtenir de lui qu'il renonce à ce duel.

LE COMTE.

Au fait, c'est bien le moins qu'il fasse cela pour elle. Quand une femme affiche son amour pour un homme, comme elle le fait pour le chevalier, cet homme lui doit bien quelque dédommagement.

LE COMMANDEUR.

Afficher son amour?... Ah çà! tu te figures toujours qu'elle aime le chevalier, ta femme?

LE COMTE.

Mais il me semble, à moins que d'être aveugle...

LE COMMAMDEUR.

Eh bien, voilà ce qui te trompe.

LE COMTE.

Comment?

LE COMMANDEUR.

La comtesse n'aime pas le chevalier.

LE COMTE.

Vraiment! après ce qui s'est passé?

LE COMMANDEUR.

Et si ce qui s'est passé est arrivé justement parce qu'elle n'aime pas le chevalier?

LE COMTE.

Ah! s'il vous plaît, mon oncle, ceci mérite explication.

LE COMMANDEUR.

Si ce qu'elle a fait, elle l'avait fait justement parce qu'elle en aime un autre?

LE COMTE.

Un autre?

LE COMMANDEUR.

Si elle n'avait été au bal que poussée par la jalousie?

LE COMTE.

La comtesse jalouse?

LE COMMANDEUR.

Oui, la comtesse jalouse!

LE COMTE.

De qui?

LE COMMANDEUR.

De qui?... Qu'est-ce que cela te fait? Je suis vraiment bien bon...

LE COMTE.

Oh! un instant, mon oncle, vous en avez dit trop ou trop peu. La comtesse en aime un autre!... La comtesse est jalouse d'un autre!... La comtesse aurait été au bal avec le chevalier pour y suivre un autre que le chevalier!... Mais cet autre, quel est-il donc?

LE COMMANDEUR.

Comment! malheureux, tu ne devines pas?

LE COMTE.

Moi?

LE COMMANDEUR.

Eh bien, oui, c'est toi, ingrat!

LE COMTE, lui sautant au cou.

Ah! mon oncle, vous êtes le roi des oncles. Imbécile que je suis! n'avoir pas vu tout cela! Mais c'est clair comme le jour, le diable m'emporte!... Eh bien, voilà ce que c'est que d'être trop modeste.

LE COMMANDEUR.

Ça n'est pas ce que j'attendais de toi.

LE COMTE, ivre de joie.

Elle m'aime!...

(Il fait un pas pour sortir.)

LE COMMANDEUR.

Où vas-tu?

LE COMTE.

Chez ma femme, parbleu!... Ah! mon duel!... et M. de Saillant!... Non, non, je ne dois pas la revoir!... Tenez, mon oncle, vous me connaissez, vous savez que j'ai eu dans ma vie dix rencontres pour une, et que, Dieu merci! je m'en suis toujours galamment tiré, à la Bastille près. Aussi, aujourd'hui, n'est-ce pas mon adversaire qui me trouble... Une jolie lame, une main malheureuse, c'est vrai... Mais, si je voyais la comtesse, avec ses beaux yeux, son délicieux sourire (étonnement croissant du Commandeur), avec sa voix douce qui va droit au cœur... l'idée que tout cela est à moi et que, dans deux heures peut-être, j'aurai perdu tout cela, comme un sot, je crois que je ne serais plus aussi maître de moi... Vrai, cela me tournerait la tête.

LE COMMANDEUR.

Mais tu l'aimes donc aussi, toi?

LE COMTE.

Eh! oui, mon oncle, je l'aime!

LE COMMANDEUR, l'embrassant.

Allons donc! j'ai eu de la peine à t'y amener; mais te voilà enfin dans l'honnêteté, dans la vérité, dans le bonheur. Finissons-en avec cette mascarade du cœur née d'une orgie de l'imagination!... sois tout simplement un bon mari, un honnête homme, car tu n'as pas encore cessé, je le vois, d'être un vrai gentilhomme. Va défendre ton honneur, va défendre ta femme, et ne doute pas de ton triomphe, en te battant pour elle; car, si tu as pu mériter un moment de la perdre, te voilà redevenu digne de la reconquérir.

LE COMTE.

Oui, oui, mon oncle... Voici l'heure... Le rendez-vous est à deux pas d'ici, dans le jardin d'un ami, le duc de Marsin, derrière l'hôtel des Missions étrangères, en face du mien... Et, puisqu'il n'y a plus à craindre que le chevalier ne trouble la fête, puisque nous nous sommes débarrassés de lui...

LE COMMANDEUR.

Puisqu'il est sous les verrous...

JASMIN, annonçant.

M. le chevalier de Valclos.

SCÈNE III

LE COMMANDEUR, LE CHEVALIER, LE COMTE.

LE COMTE.

Le chevalier !

LE COMMANDEUR.

Comment, lui ?

LE COMTE, à part.

Libre !

LE CHEVALIER.

Tiens !... il paraît que je fais de l'effet !... Cependant, on devait m'attendre ici ; car je reçois à l'instant le billet de M. le commandeur, au moment où j'allais rentrer chez moi.

LE COMTE.

Comment ! tu rentrais ?

LE CHEVALIER.

Sans doute ; j'étais parti dès l'aube.

LE COMTE, à part.

La connétablie l'a manqué !

LE COMMANDEUR, à part.

Tout s'explique.

LE CHEVALIER.

Je voulais trouver deux de mes amis avant l'heure où ils reviennent se coucher, les prier de me servir de témoins.

LE COMTE.

De témoins ? (A part.) Diable ! (Haut.) Mais tu as donc un duel ?... Ah ! c'est vrai... avec moi.

LE CHEVALIER.

Avec toi... (A part.) Il ne se doute de rien, c'est parfait !

LE COMTE.

Chevalier, hier, je ne sais où j'avais la tête; mais je crois que j'ai été te chercher une sotte querelle. Je t'en demande pardon.

LE CHEVALIER.

Qu'est-ce que cela veut dire ?

LE COMTE.

Cela veut dire, mon cher, que, lorsqu'on a eu un tort envers un ami, et lorsqu'on l'a supposé... ce qu'il n'était pas,... il est d'un galant homme de reconnaître son tort, et je le reconnais. Ta main, chevalier !

LE CHEVALIER.

Ah ! la voici de grand cœur.

LE COMMANDEUR, riant.

Il ne veut pas la mort du mari.

LE CHEVALIER, joyeux.

Mais alors tu m'abandonnes donc tout à fait la place ?

LE COMTE.

Oh ! mon Dieu, oui... Seulement, tu comprends une chose...

LE CHEVALIER.

Laquelle ?

LE COMTE.

Du moment que je ne serai plus le mari de ma femme, et que tu pourras le devenir, toi, je deviens l'amant de la comtesse.

LE COMMANDEUR.

C'est naturel.

LE COMTE.

Alors, nous lui faisons la cour tous deux. Dès ce moment, je deviens le fruit défendu.

LE COMMANDEUR.

C'est-à-dire, toujours le plus envié...

LE COMTE.

Et je ne te dis que cela. Prends garde à toi ! la plus belle chasse n'est pas pour le seigneur.

LE COMMANDEUR, prisant.

Elle est pour le braconnier.

(Ils rient.)

LE CHEVALIER, à part.

Ah çà ! ils ont l'air de se moquer de moi !... (Piqué.) Je vais trouver de Saillant, et, ensuite, on ne sera pas tenté de rire à mes dépens peut-être. (Haut.) Au revoir.

LE COMTE.

Comment ! tu sors ? (Au Commandeur.) Retenez-le, mon oncle... Il veut me prendre mon duel... — La comtesse !... Je suis tranquille, il ne partira pas.

SCÈNE IV

LE CHEVALIER, LA COMTESSE, LE COMTE, LE COMMANDEUR.

LA COMTESSE.

Le chevalier ! (Apercevant le Comte.) M. de Candale !

LE COMTE.

Oui, moi ; mais que je ne vous gêne pas, comtesse ; je vous le jure, vous ne pourriez me faire plus grand plaisir que de tenir ici longue compagnie au chevalier.

LA COMTESSE.

Ce dédain, cette indifférence...

LE COMTE, avec émotion.

De l'indifférence ! mais, dût-on cesser de vivre ensemble, il y a des moments où l'on éprouve le besoin de se tendre la main.

LA COMTESSE.

Ma main ?... La voici, comte.

LE COMMANDEUR, à part.

Comme ils s'aiment !

LE CHEVALIER, intrigué.

On me rendrait un fier service de me dire ce que je fais ici.

LE COMMANDEUR, à Candale.

Partons ! (A la Comtesse.) Nous avons une affaire avec Candale. (Bas, à la Comtesse.) Retiens ici le chevalier.

LA COMTESSE.

Pourquoi ?

LE COMMANDEUR, bas.

Nous avons trouvé un moyen d'empêcher son duel avec M. de Saillant.

LA COMTESSE, vivement.

Ah! (Haut.) Chevalier, deux mots... Si M. de Candale veut bien le permettre.

LE COMMANDEUR.

Il permet.

LA COMTESSE.

Mais...

LE COMTE.

Oui... car je n'ai plus rien à craindre pour mon honneur. Ah! cette pensée me rend heureux! (Avec élan.) Qu'elle me rende fort maintenant! Adieu, comtesse... Non, au revoir!

(Il sort avec le Commandeur.)

SCÈNE V

LE CHEVALIER, LA COMTESSE.

LA COMTESSE, à part.

Serais-je aimée?...

LE CHEVALIER, à part.

Décidément, fait-on de moi une dupe? Oh! nous allons voir! (Haut.) Je suis à vos ordres, madame; mais daignez ne pas me les faire attendre... Une affaire grave me réclame à l'instant.

LA COMTESSE, à part.

Il ne partira pas... (Haut.) Chevalier...

(Elle s'assied à droite.)

LE CHEVALIER.

Eh bien, comtesse?... (Elle lui fait signe de s'asseoir.) C'est inutile, madame... Parlez.

LA COMTESSE, vivement.

Chevalier, vous voulez vous battre.

LE CHEVALIER.

Moi?

LA COMTESSE.

Vous!... avec M. de Saillant. Malgré mon trouble, hier, j'ai tout surpris, je sais tout.

LE CHEVALIER.

Eh bien, madame, quand cela serait?

11.

LA COMTESSE.

Il ne faut pas, monsieur, que ce duel ait lieu.

LE CHEVALIER.

Vous me demandez...?

LA COMTESSE.

Je vous demande un grand sacrifice, je le sais; mais écoutez-moi : M. de Saillant vous a parlé à visage ouvert, et vous lui avez répondu masqué; il ignore qui vous êtes; vous n'êtes engagé en rien... Tandis que, si vous vous battez, on saura pourquoi et pour qui!... et aux yeux du monde...

LE CHEVALIER, avec amertume.

Eh! madame, le monde est en fonds d'indulgence, et ce n'est pas son jugement que vous redoutez.

LA COMTESSE.

Est-ce un aveu que vous voulez, chevalier?... Eh bien, oui, cela est vrai, j'ai trouvé dans mon mari, non-seulement un homme bon, spirituel, mais encore un gentilhomme plein de courtoisie, s'en rapportant à ma délicatesse, se confiant à ma dignité! Et j'ai compris, chevalier, que, même en pensée, je ne pouvais plus tromper un pareil homme.

LE CHEVALIER.

Oh! dites mieux que cela, madame, soyez franche : dites que vous l'aimez.

LA COMTESSE.

Eh bien, oui, monsieur le chevalier, je l'aime. J'étais au moment de me perdre; mais mon sort, mon honneur sont entre vos mains... Chevalier, soyez généreux!

LE CHEVALIER.

Permettez, madame! si votre honneur est engagé, le mien aussi est en jeu. M. de Saillant ne connaît pas mon nom; M. de Saillant n'a pas vu mon visage, c'est vrai! mais M. de Saillant sait qu'il attend un gentilhomme, et, moi, je sais que je suis attendu. Si je manquais à un rendez-vous, vis à-vis d'un homme redoutable... comme M. de Saillant, justement parce que j'avais un masque sur le visage, toute la noblesse de France serait déshonorée... C'est impossible!

LA COMTESSE.

Impossible!

LE CHEVALIER.

Si je faisais aujourd'hui ce que vous me demandez, demain, comtesse, demain, vous seriez la première à me mépriser.

D'ailleurs, le rôle que je joue ici me fatigue. M. de Saillant me tombe sous la main, juste au moment où j'ai besoin de tuer quelqu'un... C'est son affaire, tant pis pour lui!

LA COMTESSE.

Ainsi, vous me refusez?

LE CHEVALIER.

Pardonnez-moi, madame, mais je dois...

(Il fait un pas pour sortir. On entend une rumeur et des voix sous la fenêtre.)

LA COMTESSE.

Quel est ce bruit?

LE CHEVALIER, s'arrêtant.

Un cliquetis d'épées, sous vos fenêtres.

LA COMTESSE.

Dans le jardin de M. le duc de Marsin!

LE CHEVALIER, allant à la fenêtre.

A dix heures!... en plein soleil!... c'est un duel!

LA COMTESSE, saisie.

Un duel?... Ah! mon Dieu!

LE CHEVALIER, cherchant à voir.

Oui, oui, un duel!... Diable! la lutte est vive, acharnée... Ils disparaissent sous les arbres... Non, les voici... Ah! qu'ai-je-vu? Saillant!... Je crains de deviner...

LA COMTESSE, poussant un cri.

Et moi, je devine... Mon mari!

LE CHEVALIER.

Candale?... Oh! c'est une trahison. Arrêtez!... à moi!... Je veux ma place... et je cours.

LA COMTESSE, voulant l'arrêter.

Chevalier, par grâce!...

LE CHEVALIER, ébranlant la porte, fermée en dehors.

Enfermé avec elle! Ah! ce n'est pas ici qu'on avait peur de moi!

LA COMTESSE.

Le bruit cesse... Le combat est fini.

LE CHEVALIER.

Pas encore!... Dussé-je briser cette porte!...

LA COMTESSE.

On l'ouvre.

(La porte s'ouvre; le Commandeur paraît très-pâle.)

SCÈNE VI

LE CHEVALIER, LE COMMANDEUR, LA COMTESSE.

LE CHEVALIER.

M. le commandeur!

LA COMTESSE.

Mon oncle!

LE COMMANDEUR.

Tout est fini, monsieur.

LE CHEVALIER.

Fini! — Monsieur le Commandeur, Candale vient d'usurper un droit qui m'appartenait : le droit de venger une insulte.

LE COMMANDEUR.

Quand la comtesse de Candale est insultée, monsieur, c'est au comte de Candale seul qu'appartient le droit de se battre.

LA COMTESSE.

Mais mon mari?... mon mari?

LE COMMANDEUR.

Je ne puis encore rien t'apprendre.

LA COMTESSE.

Il me sauve au prix de son sang, par devoir!

LE COMMANDEUR.

Dis donc par amour.

LA COMTESSE.

Que dites-vous?... Mais... il est atteint, mortellement peut-être?

LE COMMANDEUR.

Je ne sais. Je n'ai pu forcer l'entrée de l'hôtel; M. de Marsin l'avait fait défendre pour tout le monde.

LA COMTESSE.

Ah! mon Dieu!

LE COMMANDEUR.

Oui... mais des ouvriers qui, du haut d'un échafaudage avaient vu tout le combat, m'ont dit que l'un des deux adversaires avait été grièvement blessé; ils ne savent pas lequel.

LA COMTESSE.

Ah! c'est Candale, mon Dieu! c'est Candale!

LE COMMANDEUR.

Attendez! on monte l'escalier.

LA COMTESSE.

C'est son pas. (La porte s'ouvre, le Comte paraît; la Comtesse se jette dans ses bras, en poussant un cri.) Ah!.

SCÈNE VII

LE CHEVALIER, LE COMMANDEUR, LE COMTE, LA COMTESSE.

LE COMMANDEUR, tombant dans un fauteuil.

Ah!

LE CHEVALIER.

Monsieur le commandeur...

LE COMMANDEUR.

Que voulez-vous, chevalier! on est oncle.

LA COMTESSE, dans les bras du Comte.

Vous n'êtes pas blessé?

LE COMTE.

Non, Dieu merci!

LE COMMANDEUR.

Tu lui as donc donné un coup d'épée, à ton fier-à-bras?

LE COMTE.

Ma foi, oui, mon oncle, au beau travers du corps. Je n'avais pas le temps de choisir la place; j'étais pressé.

LE CHEVALIER, au Comte.

Candale!...

JASMIN, effaré, entrant par le fond.

Monsieur le comte, l'hôtel est occupé par la connétablie.

LE COMMANDEUR.

Diable! le roi n'entend pas raison sur les duels! Tu ne te soucies pas de retourner à la Bastille?

LE COMTE.

Non pas, mon oncle, et surtout dans ce moment-ci!

LE COMMANDEUR, voyant entrer les Officiers de la connétablie.

Trop tard!... Ah! mon pauvre Candale!... ce coup d'épée te coûtera cher.

SCÈNE VIII

LE COMMANDEUR, LE CHEVALIER, LE COMTE, LA COMTESSE, UN OFFICIER, GARDES, au fond.

LE COMTE, allant au-devant de l'Officier.
Qui demandez-vous, messieurs?
L'OFFICIER.
M. le chevalier de Valclos.
LE COMTE.
Hein?
LE CHEVALIER.
C'est moi, monsieur.
L'OFFICIER.
Au nom du roi et de messeigneurs les maréchaux de France, monsieur le chevalier de Valclos, je vous arrête.
LE COMTE.
Comment?
LE CHEVALIER.
Moi? c'est moi que vous arrêtez?
L'OFFICIER.
Ne deviez-vous pas vous battre?
LE COMMANDEUR, bas, au Chevalier.
Pour laisser la place à Candale, nous vous avions dénoncé.
L'OFFICIER, au Chevalier.
N'avez-vous pas blessé M. de Saillant?
LE CHEVALIER, embarrassé.
Monsieur...
L'OFFICIER.
M. de Saillant n'est pas encore en état d'être interrogé; mais nierez-vous?
LE CHEVALIER.
Je ne nie rien, monsieur; c'est moi qui ai blessé M. de Saillant.
LE COMMANDEUR.
Hein?
LE COMTE.
Par exemple!
LE CHEVALIER, bas, au Comte.
Tais-toi! (A l'Officier.) Dans un moment, monsieur, je suis à vous.

LE COMTE.

Que signifie?

LE CHEVALIER.

Cela signifie que, tandis que l'on m'emmène à la Bastille, tu gagnes rapidement la Lorraine ou le Comtat. Demain, dans quelques heures, il sera prouvé que je ne me suis pas battu; donc, aucun risque pour moi. Dans six semaines, M. de Saillant guérit; dans deux mois, tu reparais à la cour comme si rien ne s'était passé. Il n'y a que moi, dans tout cela, dont on se moque un peu... moi heureux en duel comme en conquête; mais il était écrit qu'une fois au moins je prendrais ta place. Un peu de générosité, comte, et laisse-moi ma revanche.

LE COMMANDEUR.

Ah! monsieur de Valclos, je retrouve votre père!

LE COMTE.

Mais, pour moi, compromettre ta liberté...

LE CHEVALIER.

Ma liberté! et qu'est-ce que tu veux que j'en fasse, tandis que, toi, tu as un si bon emploi de la tienne? Comtesse, vous m'avez offert votre amitié; j'aime mieux cela que de tout perdre. Mes amis, au revoir ! (A l'Officier, resté au fond avec les Gardes.) Messieurs, à vos ordres !

(Il sort, suivi de l'Officier et des Gardes.)

SCÈNE IX

LE COMTE, LE COMMANDEUR, LA COMTESSE.

LE COMMANDEUR, au Comte.

Maintenant, à ton tour, pars!

LA COMTESSE.

Est-ce que vous ne venez pas avec nous, mon oncle

LE COMMANDEUR, tirant un papier de sa poche.

Impossible! il faut que je reste à Paris,

LE COMTE.

Et pour quoi faire?

LE COMMANDEUR.

Mais pour poursuivre votre demande en séparation.

LE COMTE.

Oh! mon oncle, déchirez, déchirez!

LA COMTESSE.

Déchirez!

LE COMMANDEUR.

Allons, je crois décidément que je puis être tranquille pour mon majorat.

FIN D'UN MARIAGE SOUS LOUIS XV

LORENZINO

DRAME EN CINQ ACTES, EN PROSE

Théâtre-Français. — 24 février 1842.

DISTRIBUTION

LE DUC ALEXANDRE............................	MM.	Firmin.
LORENZINO.......................................		Beauvallet.
MICHELE..		Ligier.
FRA LEONARDO.................................		Guyon.
PHILIPPE STROZZI..............................		Geffroy.
MATTEO...		Leroux.
LE HONGROIS....................................		Fonta.
JACOPO...		Mathien.
BERNARDO CORSINI............................		Darcourt.
VITTORIO DEI PAZZI...........................		Robert.
BIRBANTE..		Alexandre.
Un Familier de l'inquisition.................		Lada.
SELVAGGIO ALDOBRANDINI...................		Lefèvre.
LE MARQUIS CIBO..............................		
LUISA...	Mlle	Doze.
Un Maître d'armes, Moines, Soldats, Prisonniers.		

— A Florence, 2 et 3 janvier 1537.

ACTE PREMIER

La place Sainte-Marie-Vieille, à Florence. A gauche du spectateur, un mur d'où pendent de longs festons de lierre, et au-dessus des créneaux duquel paraissent des branches d'arbre dépouillées de leurs feuilles. Au fond, le couvent de la Sainte-Croix. A droite, une suite de maisons. En avant des maisons, vers le troisième plan, un puits avec des ornements en fer. Il est minuit; le temps est sombre, et le théâtre n'est éclairé que par les cierges qui brûlent devant une Madone placée dans une niche, à l'angle du couvent.

SCÈNE PREMIÈRE

LE HONGROIS, puis JACOPO.

Le Hongrois est assis sur le mur, entre deux créneaux, les jambes pendantes, ayant une échelle de cordes fixée près de lui. Au lever du rideau, il compte les dernières vibrations de la cloche qui sonne minuit.

LE HONGROIS.

Dix!... onze!... minuit! (Jacopo entre, et s'approche de la porte du couvent comme pour y frapper. Le Hongrois siffle d'une façon particulière.) Psitt!

JACOPO, s'avançant à l'appel.

Est-ce toi, par hasard?

LE HONGROIS.

Oui, c'est moi.

JACOPO.

Eh! que diable fais-tu, perché comme un oiseau de nuit au haut de ce mur, au lieu d'être, avec monseigneur le duc Alexandre, au couvent de Santa-Croce?

LE HONGROIS.

Le duc n'est point au couvent de Santa-Croce; il est chez la marquise Cibo.

JACOPO.

Et par quel hasard chez la marquise Cibo, au lieu d'être au couvent?

LE HONGROIS.

Attends un peu que je te raconte les affaires de monseigneur du haut d'un mur de dix pieds!... Monte ici, et tu sauras ce que tu désires savoir.

JACOPO, montant et restant sur l'échelle.

Que s'est-il donc passé?

LE HONGROIS.

La chose du monde la plus simple... La mort d'une religieuse a mis toute la communauté en révolution. Fra Leonardo était là; de sorte que la bonne abbesse, tout en remerciant Son Altesse de l'honneur qu'elle voulait bien lui faire, l'a priée de repasser un autre jour, ou plutôt une autre nuit.

JACOPO.

Et Son Altesse s'est contentée de cela?

LE HONGROIS.

Son Altesse voulait tout simplement faire jeter dehors et la morte et le moine qui la veillait; mais, en bon catholique que je suis, je lui ai glissé à l'oreille que mieux valait laisser tranquilles ces pauvres religieuses, et aller faire une surprise à la belle marquise Cibo. « Tiens, c'est vrai, a répondu monseigneur; je l'avais oubliée, cette chère marquise!... » Et, comme il n'y avait que la place à traverser, il a traversé la place.

JACOPO.

Mais le duc ne s'est pas amusé à monter par ton échelle?

LE HONGROIS.

Vraiment, non! Le mari est absent, et Son Altesse est entrée bravement par la porte. C'est son cousin Lorenzino, homme prudent, comme tu sais, qui, aimant mieux deux sûretés qu'une, m'a posté ici en cas d'accident.

JACOPO.

Je reconnais bien là notre mignon!

LE HONGROIS.

Chut!...

JACOPO.

On vient de ce côté!

SCÈNE II

Les Mêmes, LE MARQUIS CIBO, SELVAGGIO ALDOBRANDINI, passant au fond, enveloppés de grands manteaux.

SELVAGGIO.

Sonne avec précaution, afin que les voisins ne nous entendent pas.

CIBO.

Inutile! J'ai la clef.

SELVAGGIO.

Alors, tout va bien.

(Il s'éloigne avec Cibo.)

SCÈNE III

LE HONGROIS, JACOPO.

LE HONGROIS.

Hum! que veut dire cela?

JACOPO.

Cela veut dire que voilà deux honnêtes bourgeois qui rentrent chez eux, et que l'un des deux, homme de précaution, a dans sa poche la clef de la maison.

LE HONGROIS.

Oui; mais, cette maison, quelle est-elle? Descends et regarde un peu où ils entrent... J'ai un soupçon!

JACOPO.

Lequel?

LE HONGROIS.
Descends vite, te dis-je! et regarde.

(Jacopo saute à terre, court jusqu'au coin de la rue et revient tout effaré.)

JACOPO.
Hé! le Hongrois!

LE HONGROIS.
Eh bien?

JACOPO.
Tu ne t'étais pas trompé.

LE HONGROIS.
Comment cela?

JACOPO.
Ils sont entrés par la première porte à gauche.

LE HONGROIS.
Au palais Cibo, alors?

JACOPO.
Au palais Cibo, justement!

LE HONGROIS.
Au diable!

JACOPO.
Le duc est-il seul?

LE HONGROIS.
Eh! non; il est avec son damné cousin, je te l'ai déjà dit.

JACOPO.
Et je t'ai renouvelé la question, parce que, être seul ou être avec lui, c'est tout un.

LE HONGROIS.
Non pas : c'est bien pis!

JACOPO.
Alors, cours le prévenir.

LE HONGROIS.
Et, si je le dérange inutilement, je serai bien reçu, n'est-ce pas?

JACOPO.
Est-il armé?

LE HONGROIS.
Il a sa cotte de mailles et son épée.

(Il écoute.)

JACOPO.
Entends-tu quelque chose?

LE HONGROIS.

Alerte! alerte!

JACOPO.

Qu'y a-t-il?

LE HONGROIS.

On se bat!

JACOPO.

Oui, j'entends le froissement du fer.

LE HONGROIS.

On attaque monseigneur!... Toi, Jacopo, par la porte de la rue Torta... Tu trouveras une pince au bas de l'échelle... Moi, par ici! (Tirant son épée et descendant de l'autre côté du mur.) Tenez ferme, monseigneur! tenez ferme! me voilà!

SCÈNE IV

LORENZINO, seul.

Pendant que Jacopo s'éloigne par la rue Torta, Lorenzino paraît, masqué, au haut du mur, se glisse jusqu'à l'échelle, descend rapidement, traverse la scène en silence, tire de dessous son manteau une cotte de mailles, la jette dans le puits, et revient écouter au pied du mur. On entend un cri, puis plus rien.

L'un des deux est mort... Mais lequel?

SCÈNE V

LORENZINO, LE DUC ALEXANDRE.

Le Duc paraît à son tour au haut du mur, tenant son épée entre ses dents. En voyant Lorenzino au pied de l'échelle, il hausse les épaules, prend son épée, la secoue comme pour en égoutter le sang, puis la remet au fourreau, et croise ses bras sur sa poitrine.

LE DUC, d'une voix calme.

Parbleu! tu es un fameux compagnon, Lorenzino! Deux hommes nous attaquent, et il faut que je fasse non-seulement ma besogne, mais encore la tienne!

LORENZINO.

Ah! monseigneur, je croyais que c'était, une fois pour toutes, chose convenue entre nous.

LE DUC, *descendant.*

Quoi?... qu'est-ce qui est convenu?

LORENZINO.

Que j'étais le compagnon de vos fêtes, de vos plaisirs, de vos amours; mais de vos combats, non!... Que voulez-vous! il faut me prendre comme je suis, ou me laisser à d'autres!

LE DUC, *sautant à terre.*

Poltron!

LORENZINO.

Oui, poltron! poltron, tant que vous voudrez... Mais j'ai, du moins, sur mes pareils, l'avantage de ne point cacher ma poltronnerie, moi... D'ailleurs, est-ce que j'ai une cotte de mailles comme la vôtre pour me donner du courage?

LE DUC, *portant ses deux mains à sa poitrine.*

Tiens! tu m'y fais songer: je l'ai laissée dans la chambre de la marquise.

(Il fait un mouvement pour remonter à l'échelle.)

LORENZINO.

Où allez-vous?

LE DUC.

La chercher, pardieu!

LORENZINO.

Il faut que Votre Altesse ait le diable au corps! Comment! pour une misérable cotte de mailles, vous allez vous exposer?...

LE DUC.

Elle en vaut la peine! Jamais je n'en trouverai une qui m'emboîte comme celle-là. Elle s'est tellement assouplie à mon corps, que je ne la sens pas plus qu'un pourpoint de soie ou de velours.

LORENZINO.

Bon! la marquise vous la renverra ou vous la rapportera elle-même... Savez-vous qu'elle sera très-belle, la marquise, avec ses habits de deuil?... Ah çà! lequel des deux avez-vous tué? J'espère bien que c'est le marquis?

LE DUC.

Ma foi, je crois que je les ai tués tous deux!

LORENZINO.

Ah! le second aussi?... Au fait, pendant que vous y étiez!

LE DUC.

Attends! voilà le Hongrois qui va nous donner des nouvelles.

SCÈNE VI

LES MÊMES, LE HONGROIS, au haut de la muraille.

LE DUC.

Eh bien ?

LE HONGROIS.

Eh bien, monseigneur, l'un est mort et l'autre ne vaut guère mieux... Votre Altesse veut-elle que j'achève la besogne ?

LE DUC.

Non pas! Le silence qu'ont gardé ces hommes en nous attaquant m'inspire quelque soupçon. Je suis sûr que l'un est le marquis Cibo, et je crois avoir reconnu l'autre pour Selvaggio Aldobrandini, qui est exilé de Florence. Si c'était lui, ce retour ne serait plus un accident, ce serait une conspiration. Tu préviendras le bargello de ce qui est arrivé, et tu lui donneras l'ordre d'arrêter le blessé.

LORENZINO.

Monseigneur, maintenant, m'est avis que nous pourrions regagner la via Larga... Un homme tué, un homme blessé dans la même nuit, il me semble que c'est suffisant.

LE DUC.

D'autant plus que nous n'avons rien de bon à faire ici.

(Il va pour sortir par la droite.)

LORENZINO.

Pas de ce côté, monseigneur : j'entends les pas de plusieurs personnes.

LE HONGROIS, qui est descendu et a décroché l'échelle de cordes.

Moi aussi.

LE DUC.

Ah ! ah! à ton tour, est-ce que tu as peur, le Hongrois?

LE HONGROIS.

Quelquefois... Et vous, monseigneur?

LE DUC.

Jamais!... Et toi, Lorenzino ?

LORENZINO.

Moi ? Toujours !

(Ils sortent.)

SCÈNE VII

PHILIPPE STROZZI, MICHELE, MATTEO.

MICHELE, à Strozzi.

Avançons avec précaution, Excellence ! Il me semble qu'il y avait du monde sur cette place.

STROZZI.

Il n'y aurait rien d'étonnant à cela : minuit seulement sonnait lorsque nous entrions par la porte San-Gallo ; et puis le bruit venait peut-être de ceux-là mêmes à qui j'avais donné rendez-vous.

MICHELE.

C'est possible.

STROZZI.

Fais le tour par la via Torta, et regarde, en passant, s'il y a quelqu'un dans le palais Cibo... Je t'attendrai, caché dans l'ombre de ce mur. (Michele s'éloigne.) Toi, Matteo, va chez ma sœur, via dei Alfani ; annonce-lui mon retour, et informe-toi si ma fille Luisa est toujours près d'elle ; si, par un motif quelconque, elle a cru devoir s'en séparer, qu'elle me dise où est sa nièce.

MICHELE.

La sœur de Votre Excellence est une dame prudente : voudra-t-elle me croire et consentira-t-elle à me répondre sans un mot de vous ?

STROZZI.

Tu as raison. (Il s'approche de la Madone, et, à la lueur de la lampe qui brûle devant elle, il écrit, sur une feuille de ses tablettes, quelques lignes qu'il donne à Matteo.) Va, maintenant !

(Matteo s'éloigne. Strozzi s'efface le long du mur.)

SCÈNE VIII

STROZZI, LORENZINO, masqué; **UNE JEUNE FILLE**.

Lorenzino s'avance avec hésitation, regarde tout autour de lui, reprend confiance en ne voyant personne, traverse la place et va frapper trois coups à la porte d'une petite maison; puis il recule de quelques pas, et frappe trois autres coups dans ses mains. A ce signal, la fenêtre de la maison s'ouvre; une Jeune Fille y paraît.

LA JEUNE FILLE, à voix basse.

Est-ce toi, Lorenzo ?

LORENZINO.

Oui.

LA JEUNE FILLE.

Attends!

(Une seconde après, la porte s'ouvre, et Lorenzino entre dans la maison.)

STROZZI, qui a suivi des yeux cette scène.

O Florence! Florence! sous la tyrannie, comme sous la liberté, tu es toujours la même : la ville du mystère et des amours... Mais seras-tu encore la ville du courage et du dévouement?...

SCÈNE IX

STROZZI, MICHELE.

MICHELE, accourant.

Excellence!

STROZZI, comme éveillé brusquement.

C'est toi!... Rapportes-tu quelques nouvelles ?

MICHELE.

Une seule, mais terrible !

STROZZI.

Parle! tu sais qu'on peut tout me dire, à moi.

MICHELE.

En rentrant chez lui, avec Selvaggio Aldobrandini, le marquis Cibo y a trouvé le duc Alexandre... Le duc a tué le marquis et blessé grièvement Selvaggio !

STROZZI.

De qui tiens-tu ces détails ?

VII.   12

MICHELE.

Un peu au delà de la porte du marquis, j'aperçus un homme qui se traînait péniblement en s'appuyant à la muraille; je m'approchai de lui... Alors, il se laissa tomber sur une borne en disant : « Si vous êtes un ennemi, achevez-moi ! si vous êtes un ami, sauvez-moi ! Je suis Selvaggio Aldobrandini. »

STROZZI.

Et toi, alors ?

MICHELE.

Je lui dis qui j'étais et à qui j'appartenais, lui offrant de l'aider. Il me pria de lui donner mon bras, et de le conduire chez messire Bernardo Corsini ; ce qui fut vite fait, messire Bernardo Corsini demeurant à deux pas, via del Palazzo. Arrivé là, Selvaggio m'a renvoyé près de vous, pour vous dire de fuir.

STROZZI.

Fuir !... Et pourquoi ?

MICHELE.

Parce qu'il ne peut plus vous recevoir chez lui, comme il avait été convenu entre vous, obligé qu'il est lui-même d'aller demander asile à un autre.

STROZZI.

C'est bien, Michele. Il y a, à Florence, trente-neuf Strozzi, sans me compter; c'est trente-neuf portes qui me sont ouvertes, et, fussé-je forcé de me retirer dans mon propre palais, il est assez fort pour qu'on puisse y soutenir un siége contre toutes les troupes du duc Alexandre.

MICHELE.

Plus la maison sera humble, plus vous y serez en sûreté, monseigneur. Songez que vous vous appelez Philippe Strozzi, et que votre tête vaut dix mille florins !

STROZZI.

Tu as raison, Michele.

MICHELE.

Et, malgré cela, Votre Excellence reste?

STROZZI.

Oui; mais, toi qui n'as pas les mêmes raisons que moi pour rester, tu peux partir. Le factionnaire qui nous a laissés passer par la porte San-Gallo, n'est pas encore relevé; ainsi la retraite t'est facile. Va donc, Michele ! Je te délie de ta parole.

MICHELE, secouant la tête.

Monseigneur, je croyais que Votre Excellence me connaissait mieux. Si vous avez des raisons pour rester à Florence, j'en ai, moi, pour ne pas vous quitter. Il faut que la chose pour laquelle je suis venu s'accomplisse. (Étendant la main vers le couvent.) D'ailleurs, quand je voudrais fuir, il sortirait de ce couvent une voix qui m'arrêterait en criant: « Michele, tu es un lâche!... » Merci donc de votre offre, monseigneur; mais, si vous étiez parti, je vous eusse demandé, moi, la permission de rester... (La porte du couvent s'ouvre.) Oh!...

SCÈNE X

Les Mêmes, FRA LEONARDO.

STROZZI.

Quel est ce moine?

MICHELE.

Un dominicain, Excellence.

STROZZI.

Un patriote, par conséquent... Il faut que je lui parle.

MICHELE.

Et moi aussi.

STROZZI, allant à fra Leonardo.

Pardon, mon père, mais vous appartenez au couvent de Saint-Marc, je crois?

FRA LEONARDO.

Oui, mon fils.

STROZZI.

Vous avez connu Savonarole?

FRA LEONARDO.

Je suis son disciple.

STROZZI.

Et son souvenir vous est cher?

FRA LEONARDO.

Je le vénère à l'égal des saints martyrs!

STROZZI.

Mon père, je suis proscrit; l'asile sur lequel je comptais m'est fermé; ma tête vaut dix mille florins; je me nomme Philippe Strozzi... Mon père, au nom de Savonarole, je vous demande l'hospitalité.

FRA LEONARDO.

Je n'ai que ma cellule; c'est celle d'un pauvre moine. Mon frère, elle est à vous.

STROZZI.

Songez-y, je vous amène la proscription sûrement, la mort peut-être !

FRA LEONARDO.

Elles seront les bienvenues, venant avec le devoir.

STROZZI.

Ainsi donc, mon père...?

FRA LEONARDO.

Je vous l'ai dit, ma cellule est à vous. Je vous y précède et vous y attends.

STROZZI.

Cette nuit même, j'irai frapper à la porte du couvent de Saint-Marc.

(Les deux hommes se serrent la main.)

MICHELE, arrêtant à son tour fra Leonardo.

Pardon, mon père...

FRA LEONARDO.

Que voulez-vous, mon fils?

MICHELE.

Au nombre des religieuses qui habitent le couvent de Santa-Croce, n'en est-il pas une qui s'appelle...?

(Il hésite et passe la main sur son front.)

FRA LEONARDO.

Avez-vous oublié son nom ?

MICHELE, avec un sourire amer.

J'oublierais plutôt le mien !... Qui s'appelle Nella?

FRA LEONARDO.

Qu'étiez-vous à la pauvre enfant?... Étiez-vous son parent, son ami? n'étiez-vous qu'un étranger pour elle?

MICHELE.

J'étais... j'étais son frère !

FRA LEONARDO,

Alors, mon fils, priez pour votre sœur, qui est au ciel!

MICHELE, d'une voix étranglée.

Morte?...

FRA LEONARDO,

Ce matin.

MICHELE.

Seigneur, Seigneur, vous êtes grand et miséricordieux! Après les agitations de la terre, la tranquilité d'en haut! après la douleur d'un jour, la béatitude éternelle!... Pourrais-je voir Nella, mon père?

FRA LEONARDO.

On transporte son corps, cette nuit, au couvent de la Santissima-Annunziata, où elle a demandé à être enterrée. Vous pourrez la voir au moment où elle sortira d'ici...

MICHELE.

Et... en sortira-t-elle bientôt?

FRA LEONARDO, montrant la porte du couvent, qui s'ouvre.

La voilà!

MICHELE.

Merci...

(Fra Leonardo s'éloigne.)

SCÈNE XI

STROZZI, MICHELE, cortége de PÉNITENTS.

Les Pénitents sortent du couvent, portant sur leurs épaules un catafalque où est étendu le corps de Nella; la jeune fille est couchée au milieu des fleurs et couronnée de roses. Michele, qui s'est précipité au-devant du cortége, pousse un gémissement si profond, que les Pénitents s'arrêtent.

MICHELE.

Frères, une prière!

UN DES MOINES.

Parle.

MICHELE.

Déposez un instant ici le corps de cette jeune fille, ô mes frères! Il renferme le seul cœur qui m'ait jamais aimé dans ce monde, et je voudrais, maintenant qu'il a cessé de battre, le remercier une dernière fois de son amour... (Les Pénitents déposent à terre le catafalque et s'écartent pour permettre à Michele de s'en approcher. Michele, à genoux et incliné vers la morte.) N'est-ce pas, pauvre enfant, que ton agonie a été moins douloureuse que ton existence? n'est-ce pas que la mort, si redoutée des heureux, n'est, pour les infortunés, qu'une pâle et froide amie qui nous berce dans ses bras comme une bonne mère, et qui nous console doucement, dans ce lit éternel qu'on appelle le tombeau?

12.

n'est-ce pas qu'au lieu de pleurer, je fais bien, pauvre enfant, de remercier le Seigneur, qui te rappelle à lui? Adieu, Nella! adieu pour la dernière fois!... Je t'aimais, belle fille de la terre; je t'adore, bel ange du ciel! Adieu, Nella! J'étais rentré à Florence pour te venger, vivante ou morte: dors tranquille; je ne te ferai pas attendre. (Il pose ses lèvres sur le front de la jeune fille, étouffe un sanglot, puis se relève.) Et maintenant, merci, mes frères! Vous pouvez rendre ce beau lis à la terre, d'où il est sorti. Tout est fini. Je remets le corps et l'âme dans les mains du Seigneur!

(Il croise les bras sur sa poitrine, baisse la tête et va achever sa prière muette devant la Madone. Le cortége mortuaire s'éloigne.)

SCÈNE XII

STROZZI, MICHELE, MATTEO.

Matteo est entré au milieu de la scène précédente, que Strozzi a écoutée appuyé aux ornements de fer du puits.

MATTEO, allant à Strozzi.

Maître...

STROZZI.

Ah! c'est toi, Matteo?... As-tu vu ce qui vient de se passer?

MATTEO.

J'étais là.

STROZZI.

Connaissais-tu cette religieuse?

MATTEO.

Oui, Excellence. C'était là propre fille de mon compère le vieux Nicolas Lapo, le cardeur de laine. Je me rappelle qu'il y a un an ou deux, le bruit courut, à Florence, que le duc Alexandre l'avait fait enlever de chez son père, et que, quelques jours après sa disparition, elle était entrée au couvent. Depuis lors, à ce que me disait tout à l'heure un des pénitents, elle n'a cessé de pleurer et de prier, et, ce matin, elle est morte comme une sainte.

STROZZI.

Encore une victime qui va crier vengeance contre toi au trône du Seigneur, duc Alexandre! Dieu veuille que ce soit la dernière! (Après un silence.) Eh bien, Matteo, as-tu vu ma sœur?

MATTEO.

Oui, Excellence.

STROZZI.

Que t'a-t-elle dit?... Voyons, parle vite! Ma fille est-elle en bonne santé?

MATTEO.

Votre sœur l'espère, du moins.

STROZZI.

Comment, elle l'espère?

MATTEO.

Ainsi que l'avait pensé Votre Excellence, elle n'a pas pu garder chez elle la signora Luisa. Quand elle vous verra, elle vous dira pourquoi.

STROZZI.

Mais, alors, Luisa?...

MATTEO.

Est cachée sur cette place même, dans une petite maison qu'elle habite avec la vieille Assunta, et où votre sœur n'a pas osé la venir voir depuis quinze jours, de peur qu'on ne la suivît.

STROZZI.

Et cette petite maison?

MATTEO.

Elle est située entre la via della Fogna et celle del Deluvio.

STROZZI, lui saisissant le bras.

Tu te trompes, Matteo! ce n'est point là l'adresse que ma sœur t'a donnée.

MATTEO.

Je demande pardon à monseigneur...

STROZZI.

Mais elle ne demeure pas seule dans cette maison?

MATTEO.

Seule, avec la vieille Assunta.

STROZZI.

Sans autre femme que celle-là?

MATTEO.

Sans autre femme.

STROZZI.

Oh! mon Dieu!...

MATTEO.

Qu'avez-vous, au nom du ciel, seigneur Philippe?

STROZZI.

Rien... Un étourdissement... Matteo, va m'attendre sur la place Saint-Marc, en face du couvent des Dominicains.

MATTEO.

Cependant, Excellence...

STROZZI.

Va, Matteo! va!

(Matteo s'incline et sort.)

SCÈNE XIII

STROZZI, LORENZINO, MICHELE, toujours agenouillé devant la Madone.

Strozzi se couvre la tête de son capuchon, puis s'avance vers la maison de sa fille. Au moment où il va pour frapper, la porte s'ouvre, et Lorenzino, masqué, se présente.

STROZZI, saisissant Lorenzino au collet.

Qui es-tu?

LORENZINO, cherchant à se dégager.

Que me veux-tu?

STROZZI.

Ne m'as-tu pas entendu? Je te demande qui tu es.

LORENZINO.

Que t'importe?

STROZZI.

Il m'importe tellement, que je veux le savoir à l'instant même.

(Il lui arrache son masque; en même temps, le capuchon de Strozzi tombe.)

LORENZINO.

Philippe Strozzi!

STROZZI.

Lorenzino!

LORENZINO.

Malheureux! que viens-tu faire à Florence? Ignores-tu donc que ta tête y est mise à prix?

STROZZI.

Je viens demander compte au duc Alexandre de la liberté de Florence, et à toi de l'honneur de ma fille!

LORENZINO, riant.

Si tu n'étais revenu que pour ce dernier objet, ce serait chose facile à arranger, mon cher oncle; car l'honneur de ta fille est aussi intact que si sa mère jalouse l'eût gardé avec elle dans son tombeau.

STROZZI.

Lorenzino sort, à deux heures du matin, de chez ma fille, et Lorenzino dit que ma fille est encore digne de son père? Lorenzino ment.

LORENZINO, moitié triste, moitié railleur.

Pauvre vieillard, à qui l'exil et le malheur ont fait perdre la mémoire ! Mais as-tu donc oublié une chose, Strozzi? C'est que tu avais épousé Julia Sodarini; c'est que Luisa et moi étions destinés l'un à l'autre; c'est que ta femme, lorsque la sainte créature vivait, ne faisait aucune différence entre moi et Pierre et Thomas Strozzi, tes deux fils... Qu'y a-t-il donc d'étonnant que j'aie continué à aimer Luisa, et que Luisa ait continué à m'aimer, puisque notre amour était approuvé par toi-même?

STROZZI, passant la main sur son front.

C'est vrai, j'avais oublié tout cela!... mais, en faisant un effort, je me rappellerai tout!... tout, sois tranquille!... Tiens, voilà la mémoire qui me revient. Écoute! Oui, tu es mon neveu; oui, ma femme et moi, nous rêvions de te donner notre Luisa; oui, nous ne faisions aucune différence entre toi et nos autres enfants. Eh bien, Lorenzino, le jour promis est arrivé: tu as vingt-cinq ans, Luisa en a seize! proscrit comme je le suis, isolée comme elle l'est, il lui faut quelqu'un qui l'aime à la fois d'un amour de père et d'époux. Le seul bien que ne m'aient encore enlevé ni la tyrannie ni l'exil, c'est elle! le seul ange qui prie encore pour moi sur la terre, c'est elle! Eh bien, mon seul ange, mon seul espoir, mon seul bien, je te donne tout cela, moi, pauvre proscrit. Épouse ma fille, rends-la heureuse, et, quel que soit le prix du trésor que je t'aurai donné, non-seulement je croirai que nous sommes quittes, mais encore je me regarderai comme ton débiteur !

LORENZINO, secouant tristement la tête.

Tu sais bien, Strozzi, que ce que tu me proposes là, possible autrefois, possible peut-être dans l'avenir, est impossible aujourd'hui.

STROZZI.

Oh! je connaissais d'avance ta réponse, Lorenzino! Et pourquoi n'est-ce pas possible? Dis!... Dieu me donnera la patience de t'écouter, et je t'écoute.

LORENZINO.

Voyons, comment veux-tu que, moi, le favori, l'ami, le confident du duc Alexandre, j'aille épouser justement la fille de l'homme qui, depuis trois ans, conspire contre lui, qui a essayé deux fois de le faire assassiner, et qui, banni de Florence, sachant sa tête mise à prix, y rentre ce soir, pour tenter encore, selon toute apparence, quelque folie du même genre!... car j'appelle folie, comprends-tu bien, Philippe? toute tentative de conspiration qui ne réussit pas. Réussis! et ce que j'appelle folie, je l'appellerai sagesse... Épouser ta fille! épouser Luisa Strozzi! mais il faudrait, pour cela, que je fusse encore plus insensé que toi!

STROZZI.

O mon Dieu, mon Dieu, à quoi m'as tu réservé! Et cependant j'irai jusqu'au bout... Lorenzino, tu as tout à l'heure fait appel à ma mémoire, et, tu l'as vu, ma mémoire a été fidèle. Laisse-moi à mon tour invoquer la tienne.

LORENZINO.

Strozzi, Strozzi, je te préviens que j'ai oublié bien des choses, et qu'il y en a beaucoup d'autres dont je ne veux pas me souvenir.

STROZZI.

Oh! il en est cependant une que tu te rappelleras, je l'espère, car elle tient à ta vie même : ce sont les conseils que, adolescent, tu recevais de ton père; ce sont les espérances que, jeune homme, tu donnais à ton pays.

LORENZINO.

Va, Philippe, va!

STROZZI.

Lorenzino, un tel changement a-t-il pu s'opérer en toi, que le présent ait dissipé si vite les promesses du passé? se peut-il que l'enthousiaste de Savonarole soit devenu le complaisant et le flatteur d'un bâtard des Médicis?

LORENZINO.

Va toujours! J'enregistre chacune de tes paroles pour y répondre.

STROZZI.

Se peut-il enfin que celui qui, à dix-neuf ans, faisait une tragédie de *Brutus*, cinq ans après, joue, à la cour de Néron, le rôle de Narcisse? Non, c'est impossible, n'est-ce pas?

LORENZINO.

Tu te trompes, Philippe: tout cela est vrai. Mais, puisque nous en sommes à rappeler le passé, à mon tour de questionner... Qui a opprimé Florence? Le pape Clément VII... Qui, rêvant non-seulement la liberté de la Toscane, mais un grand royaume d'Italie, vous a par deux fois offert, à vous autres, d'assassiner Clément VII, tout pape qu'il était, tout mon protecteur qu'il se disait? Moi!... Qui a refusé, en me disant: « Frappe si tu veux; mais nous te laissons le crime pour ton compte?» Vous!... Et, quand Florence a été assiégée, qu'elle a été prise; quand il a été reconnu par votre suprême sagesse qu'un Médicis seul pouvait régner, qui vous a dit: « Je suis fils de Pierre-François de Médicis, deux fois neveu de Laurent, frère de Côme, fils de Maria Sodarini, cette femme d'une sagesse exemplaire, cette vieille Romaine, cette Cornélie! Je rétablirai la République, je le jure sur mon honneur? » Moi!... Et, sur mon honneur, je l'eusse fait, ou j'eusse succombé! Mais non... Vous avez préféré le fils d'une Moresque, un bâtard de la branche aînée; et, quand je dis: de la branche aînée, en est-on sûr? Sa mère elle-même ne le sait pas plus que les autres... Et vous m'avez abandonné, moi qui étais de conscience pure et de race immaculée; et, comme j'avais un corps frêle et féminin, vous m'avez appelé un *Lorenzino*, un *Lorenzaccio!* Vous avez calomnié ma vie, n'en pouvant médire!... Pour que vous vous sépariez enfin du duc Alexandre, il a fallu... car je ne sais quel aimant possède chez nous la tyrannie! il a fallu que le premier gonfalonier Carducci, que Bernardo Castiglione et quatre autres magistrats eussent la tête tranchée; que le second gonfalonier Raffaello Girolamo fût enfermé dans la cathédrale de Pise, et y pérît empoisonné; que le prédicateur Benoît de Torano fût livré à Clément VII, fût jeté au château Saint-Ange, et y mourût de faim! Il a fallu que cent cinquante citoyens, les premiers et les plus dignes de la ville, fussent exilés!... Il a fallu que le nouveau duc s'entourât de troupes étrangères, et nommât Alexandre Vitelli, un étranger, leur chef, et Guicciardini, un traître, gouverneur de

Bologne, conjointement avec le pape!... Il a fallu qu'il empoisonnât le cardinal Hippolyte de Médicis, son aîné! Il a fallu qu'il épousât la fille de l'empereur, Marguerite d'Autriche, et que, malgré ce mariage, il continuât, dans ses débauches insensées, à déshonorer les couvents les plus saints et les familles les plus nobles de Florence!... Et, quand je vis tout cela moi, quand je m'aperçus que l'on n'arrivait à quelque chose que par la bassesse, la flatterie et la corruption; que tout esprit droit, tout cœur généreux était oublié ou méprisé, je suis revenu à Florence, je me suis fait le courtisan, l'ami, l'esclave, le compagnon de débauches du duc Alexandre, et, n'étant point parvenu à être le premier en gloire, je suis devenu le second en honte... N'est-ce pas un bon calcul, dis, Philippe?

STROZZI, lui saisissant le bras.

Lorenzino! Lorenzino! ce que disent tout bas quelques-uns serait-il vrai?

LORENZINO.

Et que disent quelques-uns?

STROZZI.

Que, pareil au premier Brutus, tu contrefais l'insensé, mais que, tous les soirs, comme lui, tu baises la terre, notre mère commune, en suppliant ton pays de te pardonner l'apparence en faveur de la réalité... Eh bien, écoute! s'il en est ainsi, Lorenzino, l'heure de jeter le masque est venue. Il y a encore des couronnes pour Harmodius, et des palmes pour Aristogiton. Seulement, il n'y a pas un instant à perdre, si tu veux être de la grande œuvre que je prépare; après-demain, peut-être, il serait trop tard!... Lorenzino, tu as beaucoup à faire pour redevenir Lorenzo. Eh bien, je prends tout ton passé sur moi, et je t'en fais une auréole pour l'avenir. Je t'ouvre nos rangs, je te donne ma place; nous sommes trois cents qui avons juré de mourir, ou de rendre la liberté à Florence. Marche à notre tête, conduis-nous, et moi, tout le premier, je donnerai aux autres l'exemple de l'obéissance!

LORENZINO, éclatant de rire.

Sais-tu, Strozzi, que tu as là une merveilleuse idée! A moi, Lorenzino, le roi des fêtes, à moi, le prince des jours joyeux, à moi, le héros des folles nuits, tu viens offrir d'être le chef d'une conspiration bien tortueuse, bien sombre, bien romaine! mystérieusement tramée dans les ténèbres à l'instar de celle de Catilina, avec des serments échangés sur un poignard et du sang bu dans une coupe? Non, cher ami, non ! Quand je serai assez fou pour conspirer, ce sera d'une manière moins triste, d'une façon moins lugubre ; ce sera comme Fiesque, par exemple... exception faite de la cuirasse cependant, attendu que, si je tombe à la mer, je ne veux pas me noyer... Et puis avec cela qu'elle récompense bien ceux qui se dévouent pour elle, ta magnifique république florentine ! avec cela que c'est une mère bien tendre pour ses fils, une maîtresse bien fidèle à ses amants ! Rivale d'Athènes, elle a été jalouse de l'imiter en tout point, même dans son ingratitude pour ses plus illustres citoyens ! Voyons, comptons ceux que son barathre a dévorés, sans que, comme le gouffre de Curtius, il se refermât sur leur dévouement... Les Strozzi d'abord, qui, prévoyant l'avenir, ont voulu trancher le mal dans sa racine, et que vous avez laissé pendre au balcon du Palais-Vieux ! Savonarole, Lycurgue chrétien, qui a voulu vous faire une république près de laquelle celle que Platon avait rêvée n'était qu'une école de débauche et de corruption, et que vous avez laissé brûler sur la place de la Seigneurie ! Enfin, Dante de Castiglione, Romain du temps des Gracques perdu dans notre âge moderne, que vous avez laissé empoisonner à Itri !... Ainsi, corde, bûcher, poison, voilà la récompense que Florence la Magnifique garde à ceux qui se dévouent pour elle ! Merci !... Non, non, Philippe ; le mieux est de ne pas conspirer, crois-moi ; mais, quand tu conspireras, écoute ceci : il faut conspirer seul, sans ami, sans confident, et alors, si toutefois tu n'as pas l'infirmité de rêver tout haut, tu auras quelque chance de voir réussir ta conspiration... Tu me parles de prendre ta place, Strozzi, de me mettre à votre tête, de recueillir à moi seul l'honneur suprême de l'entreprise ? Veux-tu que je te dise comment elle finira, ton entreprise ? Avant vingt-quatre heures, vous serez tous en prison ! Vous êtes à Florence à peine, n'est-ce pas ? vous y avez à peine mis les pieds : eh bien, l'un de vous est déjà tué, un autre blessé ; les ordres sont déjà donnés pour qu'on vous arrête, depuis le premier jusqu'au dernier... Oh ! Strozzi, suis un bon conseil ; un fou en donne quelquefois ! Reprends le chemin que tu as suivi pour arriver jusqu'ici, regagne ta forteresse de Montereggione, ferme tes poternes, baisse tes herses, baisse tes ponts-levis, et attends !

STROZZI.

Et que veux-tu que j'attende?

LORENZINO.

Que sais-je, moi?... Peut-être, un soir, peut-être, une nuit, au moment où tu t'en douteras le moins, la brise qui souffle si doucement parmi les lauriers de l'Arno et les pins des Cascines, te portera-t-elle ces mots libérateurs : « Le duc Alexandre est mort! »

STROZZI.

Je joue de malheur, Lorenzino! sur trois offres que je voulais te faire, en voilà déjà deux que tu refuses; mais j'espère que tu voudras bien accepter la troisième.

LORENZINO.

Si elle est moins folle que les deux premières, avec bonheur, oui, Strozzi.

STROZZI, tirant son épée.

C'est de me rendre à l'instant même raison de tes offenses, de tes refus et de tes conseils.

LORENZINO.

Oh! pour le coup, tu es bien décidément fou, mon pauvre ami! Un duel à moi, à moi, Lorenzino! Est-ce que je me bats, moi? est-ce qu'il n'est pas convenu, arrêté, reconnu, que je n'ai pas la force de soulever une épée, et que je me trouve mal en voyant couler une goutte de sang? Mais tu ne sais donc pas que je suis une femmelette, un poltron, un lâche? Ah! par ma foi, je croyais être mieux connu, depuis que Florence crie mon panégyrique à toute l'Italie, et l'Italie à toute la terre... Merci, Strozzi : tu as douté entre Florence et moi; toi seul pouvais encore me faire cet honneur.

STROZZI.

Oui, tu as raison, oui, Lorenzino, tu es une femmelette, un poltron, un lâche! oui, Lorenzino, tu es un misérable, et tu ne mérites pas de mourir de la main d'un homme comme moi... Va-t'en! je ne te demande plus rien; va-t'en! je n'attends plus rien de toi, je n'espère plus qu'en Dieu! va-t'en!

LORENZINO.

Eh bien, à la bonne heure! te voilà redevenu raisonnable... Adieu, Strozzi!

(Il sort.)

SCÈNE XIV

STROZZI, MICHELE

STROZZI.

Michele! Michele!

MICHELE, s'approchant.

Me voilà, maître.

STROZZI.

Vois-tu cet homme qui s'en va là-bas? le vois-tu?

MICHELE.

Oui.

STROZZI.

Eh bien, si demain cet homme n'est pas mort, nous sommes perdus! cet homme sait tout.

MICHELE.

Et il s'appelle?

STROZZI.

Lorenzino de Médicis.

MICHELE.

Lorenzino! Lorenzino! le favori du duc!... Soyez tranquille, seigneur Philippe, il mourra!

STROZZI.

C'est bien... Va!

(Michele sort.)

SCÈNE XV

STROZZI, seul.

Il marche, tenant toujours à la main son épée nue, vers la maison qu'habite sa fille, soulève le marteau de la porte, mais, comme par réflexion, le laisse retomber sans bruit.

Non, pas ce soir... Demain! Ce soir, je la tuerais!...

(Il s'éloigne.)

ACTE DEUXIÈME

Le cabinet de travail de Lorenzino. Deux portes latérales, une porte au fond.
Bustes, statues, instruments de physique, manuscrits posés çà et là.

SCÈNE PREMIÈRE

LE DUC ALEXANDRE, prenant une leçon d'escrime avec UN MAITRE D'ARMES; LORENZINO, près d'une table, s'amusant à percer des sequins d'or, de la pointe d'un poignard.

LE DUC, au Maître d'armes.

Assez pour aujourd'hui ; je suis fatigué... A demain ! Va !
(Le Maître d'armes sort. Le Duc allant à Lorenzino.) Que diable fais-tu là ?

LORENZINO.

Vous le voyez, monseigneur : je fais comme vous... des armes.

LE DUC.

Comment, des armes ?

LORENZINO.

Sans doute : ce sont mes armes, à moi... Ce petit couteau, c'est mon épée, mon glaive, ma rapière. Ne croyez-vous pas que, le jour où j'aurai à me plaindre de quelqu'un, j'irai sottement lui chercher querelle, et le mettre au bout de mon épée, en même temps que je me mettrai au bout de la sienne ? Pas si niais, mon prince ! Quand on a le malheur d'être le favori d'un homme aussi abominable que le duc Alexandre, il faut tirer de la position tout ce qu'elle peut donner de bénéfices... Non ; ce jour-là, j'attendrai mon homme entre deux portes, et je lui enfoncerai mon petit couteau dans la gorge. (Le Duc prend le couteau et en regarde le manche.) Oh ! ce n'est pas le manche qu'il faut admirer, c'est la lame. Voyez : acérée comme une aiguille, et forte comme l'épée à deux mains de votre ennemi François 1er !

LE DUC.

Et où as-tu acheté ce chef-d'œuvre ?

LORENZINO.

Acheté! Est-ce que l'on achète de semblables merveilles? C'est mon cousin Côme des Bandes-Noires qui m'en a fait cadeau. Imaginez-vous que le pauvre enfant s'ennuie tant dans son château de Trebbio, qu'il fait de la chimie. Il a inventé une façon d'empoisonner les chats et de tremper l'acier. Avec son poison, les chats les mieux constitués meurent en cinq secondes; avec son acier, il taille le porphyre! La dernière fois que j'ai été le visiter, devinez qui j'ai trouvé chez lui? Benvenuto Cellini, qui refuse de travailler pour vous. Il était là, se vantant, l'horrible Gascon qu'il est, d'avoir tiré le coup d'arquebuse qui a tué le connétable de Bourbon. Il rapportait ce couteau à Côme, qui me l'a donné. Donc, lame de Côme, monture de Benvenuto Cellini, cela doit tuer de soi-même. Je vous l'offrirais bien; mais ce qui a été donné se garde. Et puis j'en ai besoin, de mon petit couteau : j'ai quelqu'un à tuer.

LE DUC.

Tu es bien bon de te donner cette peine-là toi-même! Dis-moi qui te gêne, je t'en débarrasserai.

LORENZINO.

Ah! que vous êtes peu délicat en matière de vengeance, monseigneur! Vous m'en débarrasserez par la main de quelque sbire, n'est-ce pas? Comptez-vous donc pour rien le plaisir de se venger soi-même; de sentir glisser une petite lame bien trempée entre les deux côtes de son ennemi, et de lui lécher le cœur avec cette fine lame d'acier?... Ainsi, cette nuit, par exemple, n'avez-vous pas eu plus de plaisir à tuer le marquis Cibo vous-même, de ce joli coup d'épée dont vous lui avez, à ce qu'il paraît, perforé les deux poumons, qu'à le faire assassiner par Jacopo, qui lui eût brutalement coupé la gorge, ou par le Hongrois, qui lui eût bêtement fendu le ventre?

LE DUC.

Ah! pardieu! tu m'y fais penser... Tu sais que le second n'était pas mort?

LORENZINO.

Bah!

LE DUC.

Non... On a suivi la trace de son sang, de la maison Cibo à celle de Bernardo Corsini; de sorte qu'on l'a arrêté chez

Corsini et qu'on a emmené son hôte avec lui. Ce n'est pas plus dificile que cela.

LORENZINO.

Et qui était l'autre?

LE DUC.

Selvaggio Aldobrandini! C'est, en vérité, un fort habile homme que ce Maurizio, mon chancelier des huit; avoue-le, mignon!

LORENZINO.

Oui, oui, oui... Mais sans doute cet habile homme vous a dit encore autre chose?

LE DUC.

Je ne lui en ai pas demandé davantage.

LORENZINO.

Bon! comme si un chancelier ne devait répondre qu'à ce qu'on lui demande! Alors, le signor Maurizio pense que le marquis Cibo et Selvaggio Aldobrandini sont seuls rentrés à Florence?

LE DUC.

Il le croit, oui.

LORENZINO.

Il ne vous a point parlé de Philippe Strozzi, par hazard?

LE DUC.

Si fait; je lui ai même demandé où était Strozzi, positivement.

LORENZINO.

Ah!... Et où est-il, mon cher oncle?

LE DUC.

Dans sa forteresse de Montereggione.

LORENZINO.

Allons, je vois que je m'étais trompé sur le compte de mon ami Maurizio.

LE DUC.

En quoi?

LORENZINO.

Mais en ce que je pensais que c'était un sot, et que je vois que décidément ce n'est qu'un imbécile.

LE DUC.

Et qui te fait changer d'avis?

LORENZINO.

La façon dont il est informé.

LE DUC.

Comment! Philippe Strozzi...?

LORENZINO.

A quitté Montereggione hier, à trois heures de l'après-midi.

LE DUC.

Pour aller où?

LORENZINO.

Pour venir à Florence.

LE DUC.

A Florence?

LORENZINO.

Pourquoi se génerait-il?

LE DUC.

Strozzi est à Florence?

LORENZINO.

Le fait est que c'est un personnage assez peu important pour qu'il aille et vienne sans qu'on s'en inquiéte. Ce n'est que le chef des mécontents, pas davantage! N'a-t-il pas deux fois essayé d'assassiner Votre Altesse? une fois, en emplissant de poudre ce coffre sur lequel vous avez l'habitude de vous asseoir; car il était prévenu que Votre Altesse portait une cotte de mailles... Ah! à propos de cotte de mailles, avez vous retrouvé la vôtre, monseigneur?

LE DUC.

Impossible de remettre la main dessus!

LORENZINO.

Il faut charger Maurizio d'en faire la recherche. Avec lui, rien ne se perd... excepté les bannis! mais, par bonheur, je les retrouve, moi.

LE DUC.

Que diable dis-tu là?

LORENZINO.

Je dis, monseigneur, que, si vous n'aviez pas votre pauvre Lorenzino pour veiller sur vous, il se passerait de belles choses.

LE DUC.

Et je lui suis d'autant plus reconnaissant de veiller sur moi, que, si le trône était vide, ce serait à lui d'y monter.

LORENZINO.

Monseigneur, je n'estimerai un trône que lorsqu'on pourra non-seulement s'y asseoir, mais encore s'y coucher.

LE DUC.

Tiens, Lorenzino, il faut que je te dise une chose : je crois que tu es mon seul ami.

LORENZINO.

Je suis enchanté de me trouver de la même opinion que vous, monseigneur.

LE DUC.

Et, si j'étais homme à me fier à quelqu'un, c'est à toi que je me fierais... Mais, pour cela, il faudrait que tu me servisses aussi bien en amour qu'en politique.

LORENZINO.

Et si je servais aussi bien Votre Altesse en amour qu'en politique ?

LE DUC.

Alors, tu serais un homme précieux, incomparable, inestimable ; un homme que je ne changerais pas, dût-on me donner Naples en retour, contre le premier ministre de mon beau-père Charles-Quint, qui prétend avoir les premiers ministres du monde !

LORENZINO.

Bon ! voilà que je sers mal monseigneur en amour !

LE DUC.

Ah ! oui, vante-toi ! Voilà un mois que je t'ai chargé de découvrir la retraite de cette petite Luisa, qui m'a échappé je ne sais comment, et dont je suis amoureux fou je ne sais pourquoi, et je suis aussi avancé que le premier jour. Mais je te préviens que j'ai lâché mon meilleur limier sur sa trace.

LORENZINO.

En vérité, monseigneur, il faut que je convienne que je suis un grand niais !

LE DUC.

Toi ?

LORENZINO.

Oui, moi ! Comment ! je ne vous ai pas donné de ses nouvelles ?

LE DUC.

Tu ne m'en as pas dit un seul mot, traître !

LORENZINO.

Non pas traître, mais oublieux... Voilà trois jours que j'ai retrouvé sa piste.

LE DUC.

Tiens, Lorenzino, je ne sais, sur ma parole, à quoi tient que je ne t'étrangle !

LORENZINO.

Peste ! attendez au moins que je vous aie donné l'adresse.

LE DUC.

Où demeure-t-elle, bourreau ?

LORENZINO.

Près du couvent de Santa-Croce, entre la rue del Diluvio et la rue della Fogna, à vingt pas de la marquise... Eh ! pardieu ! cette nuit, vous eussiez pu, après être descendu du mur de l'une, retourner votre échelle et monter au balcon de l'autre.

LE DUC.

C'est bien. Ce soir, je la fais enlever.

LORENZINO.

Ah ! monseigneur, je vous reconnais bien là, avec vos façons moresques.

LE DUC.

Lorenzino !

LORENZINO.

Pardon, monseigneur, mais c'est qu'en vérité vous n'avez qu'un poids et qu'une mesure pour tout le monde. Que diable ! il y a des distinctions à faire entre les femmes, et il ne faut pas les attaquer toutes de la même manière. Il en est qu'on enlève et qui trouvent cela tout naturel, et la marquise Cibo est de celles-là ; mais il en est d'autres qui ont la prétention d'être traitées plus doucement, et qu'il faut se donner la peine de séduire.

LE DUC.

Bon ! et pour quoi faire ?

LORENZINO.

Mais pour qu'elles ne se jettent pas par la fenêtre, je suppose, en vous voyant entrer par la porte, comme a fait la fille de ce pauvre tisserand dont je ne me rappelle plus le nom. C'est avec ces façons-là que vous faites pousser à vos Florentins des cris de brûlés, monseigneur.

LE DUC.

Qu'ils crient, ces Florentins ! je les déteste.

13.

LORENZINO.

Allons, voilà que vous retombez encore une fois dans vos préjugés contre votre bon peuple!

LE DUC.

De misérables marchands de soie, de méchants cardeurs de laine, qui se sont fait des blasons avec les enseignes de leurs boutiques, qui se mêlent de faire les difficiles à propos de filiation et de me chicaner sur ma naissance.

LORENZINO, haussant les épaules.

Comme si l'on était le maître de choisir son père!

LE DUC.

Je te trouve plaisant de prendre leur parti.

LORENZINO.

Ah! oui, en effet, je suis payé pour cela.

LE DUC.

Des misérables qui m'insultent tous les jours!

LORENZINO.

Avec cela qu'ils m'épargnent, moi!

LE DUC.

Alors, pourquoi plaides-tu pour eux?

LORENZINO.

Pour qu'ils ne plaident pas contre nous. Ce sont des faiseurs de requêtes, que vos Florentins; ils en font à tout le monde : à François Ier, au pape, à l'empereur. Ils en feraient au diable, et, comme vous avez l'honneur d'être son gendre...

LE DUC.

Comment?

LORENZINO.

De l'empereur!... s'ils lui en envoyaient une sur vos amours, il se pourrait bien qu'il prît fait et cause pour sa fille madame Marguerite d'Autriche, qui commence à se plaindre d'être délaissée après dix mois de mariage.

LE DUC.

Hum! sais-tu bien que, sous ce rapport-là, tu ne manques pas de raison, mon fils?

LORENZINO.

Pardieu! je suis le seul à votre cour qui soit raisonnable, monseigneur. C'est pour cela qu'on dit que je suis fou.

LE DUC.

Ah!... Ainsi donc, à ma place, tu séduirais Luisa?

LORENZINO.

Ma foi, oui! quand ce ne serait que pour changer de méthode.

LE DUC.

Mais sais-tu que c'est fort long et fort ennuyeux, ce que tu me proposes là?

LORENZINO.

Bah! une affaire de cinq ou six jours.

LE DUC.

Et comment t'y prendrais-tu, grand séducteur? Voyons!

LORENZINO.

Je commencerais par attendre que je susse où est caché Strozzi.

LE DUC.

Comment! malheureux, tu ne le sais donc pas?

LORENZINO.

Ah! monseigneur, vous êtes par trop exigeant! Je vous donne l'adresse de la fille; accordez-moi vingt-quatre heures pour me procurer celle du père. On ne peut pas tout faire à la fois.

LE DUC.

Eh bien, quand j'aurai l'adresse du père?

LORENZINO.

Vous le ferez arrêter, vous lui ferez faire son procès dans les formes.

LE DUC.

Ah çà! tu ne m'avais pas prévenu que tu descendisses du consul Fabius... Tu es pour les temporisations, aujourd'hui!

LORENZINO.

Avez-vous quelque chose de mieux à proposer? Faites!

LE DUC.

Srozzi est proscrit, Strozzi rentre à Florence, Strozzi se met en contravention avec la loi; sa tête est mise à prix à dix mille florins : on apporte sa tête à mon trésorier, mon trésorier paye; voilà tout. Je n'ai pas à m'occuper d'autre chose, moi.

LORENZINO.

Eh bien, voilà justement ce que je craignais.

LE DUC.

Et pourquoi?

LORENZINO.

Mais parce que, de cette façon-là, vous gâtez tout. Le moyen que Luisa soit jamais au meurtrier de son père?... Tandis qu'en suivant la marche que je vous propose, vous faites arrêter Strozzi, vous le faites condamner par les huit; ce qui vous donne une apparence de justice dont vous vous souciez peu, je le sais bien; mais une tendre fille comme Luisa ne laisse pas mourir son père quand elle n'a qu'un mot à dire pour le sauver!... Tout l'odieux de la condamnation retombe sur les juges. Vous, au contraire, radieux comme le Jupiter antique, chargé de faire le dénoûment, vous arrivez dans la machine... L'épreuve est sûre.

LE DUC.

Mais diablement usée, mignon!

LORENZINO.

Ah! pardieu! n'allez-vous pas mettre de l'imagination dans la tyrannie, à présent?... Depuis Phalaris, qui avait inventé le taureau d'airain, et Procuste, qui avait inventé les lits tantôt trop courts, tantôt trop longs, il n'y a vraiment eu qu'un tyran de génie : c'est le divin Néron. Eh bien, je vous le demande, comment la postérité l'a-t-elle récompensé? Sur la foi de Tacite, les uns ont prétendu que c'était un fou, et, sur la foi de Suétone, les autres ont dit que c'était une bête sauvage. Faites-vous tyran, après cela! Presque autant vaudrait être peuple, parole d'honneur! on aurait au moins la chance de l'avenir.

LE DUC.

Cinq ou six jours, tu dis?

LORENZINO.

Voyons, ce n'est pas mon dernier mot.

LE DUC.

Soit; mais, alors, il me faut aujourd'hui même l'adresse de Strozzi.

LORENZINO.

Demandez-la à votre chancelier Maurizio; c'est lui que cela regarde, et non pas moi.

LE DUC.

Lorenzino, tu me l'as promise!

LORENZINO.

Vous l'ai-je promise?... Vous l'aurez, en ce cas. Tout ce que je promets, je le tiens, moi... (Entrent le Hongrois et Birbante.) Mais voici nos deux serviteurs qui paraissent avoir à nous parler. Ils viennent probablement tous les deux de la part du diable. Ne les faisons pas attendre, monseigneur.

SCÈNE II

Les Mêmes, LE HONGROIS, BIRBANTE.

LE DUC.

Allons, viens, le Hongrois !

LORENZINO.

Allons, entre, Birbante !

(Chacun des deux serviteurs parle bas à son maître.)

LE DUC, éclatant de rire.

Tu arrives trop tard pour avoir la récompense !... Entre la rue del Diluvio et la rue della Fogna.

LE HONGROIS.

Et qui donc vous a dit l'adresse, monseigneur ?

LE DUC.

Un plus fin limier que toi, mon pauvre ami.

(Il montre Lorenzino.)

LE HONGROIS, à part.

Ah ! le démon ! il ne sait que faire du tort aux honnêtes gens.

LE DUC.

Et toi, Lorenzino, qu'est-ce ?

LORENZINO.

Une dame masquée, Votre Altesse, et qui ne veut, à ce qu'il paraît, ôter son masque que pour votre serviteur.

(Birbante sort.)

LE DUC,

Heureux drôle ! cela flaire la Ginori d'une lieue.

LORENZINO.

Eh bien, quoi de plus moral qu'une tante qui vient faire une visite à son neveu ?

LE DUC.

Surtout quand la tante a vingt-deux ans, et que le neveu en a vingt cinq... Tu sais que j'ai un caprice pour elle ? Fais-lui toute sorte de promesses de ma part.

LORENZINO.

Je lui promettrai que vous vous teindrez la barbe et les cheveux.

LE DUC.

Pourquoi cela?

LORENZINO.

Parce qu'elle m'a avoué qu'elle n'aimait que les bruns, ma chère tante.

LE DUC.

Fat! (S'éloignant, au Hongrois.) Allons, viens ici... Tu as encore quelque chose à me dire?

LE HONGROIS.

Je l'avoue.

LE DUC.

Dis.

LE HONGROIS.

A Votre Altesse seule.

LE DUC.

Parle bas, alors.

LE HONGROIS.

Monseigneur, la première fois que votre dévoué cousin descendra d'un second étage avec une corde, laissez-moi couper la corde, je vous en prie!

LE DUC.

Et pourquoi cela, s'il vous plaît?

LE HONGROIS.

Parce que j'ai une idée : c'est que cet homme vous trahit.

LE DUC.

Coupe la corde, le Hongrois; tu en es le maître.

LE HONGROIS, joyeux.

Ah!...

LE DUC.

Seulement, si tu fais cela, j'ordonne au bourreau de renouer les deux bouts de la corde, et de te prendre le cou dans le nœud... Te tiens-tu pour averti?

LE HONGROIS.

Oui, monseigneur... Votre Altesse a tout dit?

LE DUC.

Pas encore... J'avais promis cent florins d'or au premier qui me donnerait l'adresse de Luisa.

LE HONGROIS.

Et je croyais bien les avoir gagnés!

LE DUC.

Mais j'avais ajouté que j'en donnerais cinquante au second. (Lui jetant une bourse.) Tiens! s'il y a davantage, tu donneras la différence à Jacopo.

LE HONGROIS.

Et s'il y a moins?

LE DUC.

Alors, tu demanderas l'appoint à Lorenzino. Il te doit bien cela pour tes bonnes intentions à son égard.

(Il sort par une porte latérale, et le Hongrois s'éloigne par le fond.)

SCÈNE III

LORENZINO, puis LUISA.

LORENZINO, allant ouvrir une petite porte.

Entrez, belle dame!

(Luisa entre, ôte son masque, puis se jette dans les bras de Lorenzino.)

LUISA.

Lorenzo!

LORENZINO.

Luisa!... Mon Dieu! qui a pu te faire commettre cette imprudence de venir chez moi en plein jour? (Courant à la porte opposée, et la fermant tout en parlant.) Sais-tu qui sort d'ici? sais-tu qui est encore dans la galerie? sais-tu qui peut revenir d'un moment à l'autre?... Le duc!

LUISA.

Lorenzo! Lorenzo! il sait où je demeure!

LORENZINO.

Qui?

LUISA.

Le duc.

LORENZINO.

Bon! n'est-ce que cela?

LUISA.

Juste ciel! ne trouves-tu donc pas que ce soit le plus grand malheur qui puisse nous arriver?

LORENZINO.

J'avais prévu cette circonstance, chère enfant, et mes précautions étaient prises d'avance... Maintenant, car je dois tout savoir, dis-moi comment cela s'est fait.

LUISA.

Ce matin, en sortant de la Santissima-Annunziata, où j'avais été entendre la messe, j'ai été suivie par un homme.

LORENZINO.

Je t'avais cependant bien recommandé de ne pas sortir sans masque.

LUISA.

J'avais le mien, Lorenzo; mais, ignorant qu'un homme fût là pour m'épier, je m'étais un instant démasquée pour faire le signe de la croix avec de l'eau bénite. L'homme était caché derrière le bénitier.

LORENZINO.

En sorte que tu as été reconnue et, par conséquent, suivie?

LUISA.

Jusqu'à la maison!

LORENZINO.

Il fallait entrer chez une amie, et sortir par une porte de derrière.

LUISA.

Que veux-tu! je n'y ai pas songé. En me voyant suivie, j'ai perdu la tête.

LORENZINO.

Et cet homme, c'était le Hongrois?

LUISA.

Assunta l'a reconnu.

LORENZINO.

Je savais tout cela.

LUISA.

Et comment?

LORENZINO.

Je te l'ai dit, le duc était ici tout à l'heure, et le Hongrois lui a fait son rapport devant moi.

LUISA.

Eh bien?

LORENZINO.

Eh bien, il ne faut pas t'inquiéter, chère enfant de mon cœur!

LUISA.

Ne pas m'inquiéter?... Impossible!

LORENZINO.
Tu as au moins trois jours et trois nuits devant toi.
LUISA.
Trois jours et trois nuits?
LORENZINO.
Oui; et, en trois jours et trois nuits, il se passe bien des choses!
LUISA.
Mais rappelle-toi donc qu'en me recommandant les précautions qui pouvaient cacher ma retraite à tous les yeux, tu m'as dit cent fois que tu aimerais mieux mourir que de la voir découverte.
LORENZINO.
Oui; car, alors, il y avait un énorme danger!
LUISA.
Et, maintenant, il n'y en a donc plus?
LORENZINO.
Si! mais il est beaucoup moindre.
LUISA.
Ainsi, tu n'es pas effrayé que le duc connaisse ma demeure?
LORENZINO.
Je lui avais donné ton adresse avant que le Hongrois la lui donnât.
LUISA.
Lorenzo, je te regarde, je t'écoute, et je ne te comprends pas.
LORENZINO.
Tu crois en moi, Luisa?
LUISA.
Oh! oui.
LORENZINO.
Eh bien, alors, qu'as tu besoin de me comprendre?
LUISA.
Je voudrais cependant bien lire dans ton cœur!
LORENZINO.
Demande tout à Dieu, excepté cela, pauvre enfant!
LUISA.
Et pourquoi?
LORENZINO.
Autant vaudrait te pencher sur un abîme, et les abîmes donnent le vertige.

LUISA.

Lorenzino !

LORENZINO.

Toi aussi !

LUISA.

Non... Mon Lorenzo, mon Lorenzo bien-aimé !

LORENZINO.

Et, maintenant, n'avais-tu que cette nouvelle à m'apprendre, Luisa ?

LUISA.

Saurais-tu déjà l'autre ?

LORENZINO.

Que ton père est à Florence, n'est-ce pas ?

LUISA.

Mon Dieu !

LORENZINO.

Tu vois, je le sais.

LUISA.

Mais tu sais donc toute chose, toi ?

LORENZINO.

Je sais que tu es un ange et que je t'aime !

LUISA.

Eh bien, oui, ce matin, un moine est venu, qui m'a annoncé cette joyeuse et terrible nouvelle, et qui m'a longuement parlé de toi et de notre amour.

LORENZINO.

Et tu ne lui as rien avoué ?

LUISA.

Si fait, mais sous le secret de la confession.

LORENZINO.

Luisa ! Luisa !

LUISA.

Il n'y a rien à craindre : ce moine était fra Leonardo, l'élève de Savonarole.

LORENZINO.

Luisa ! je me crains moi-même... Ainsi, tu n'as pas vu ton père ?

LUISA.

Non ; le moine m'a dit que mon père ne voulait pas me voir encore.

LORENZINO.

Eh bien, je suis plus heureux que toi, car je l'ai vu.

LUISA.

Toi?

LORENZINO.

Oui.

LUISA.

Quand cela?

LORENZINO.

Hier au soir.

LUISA.

Où?

LORENZINO.

A la porte de ta maison, où il m'avait vu entrer, et d'où il attendait que je sortisse.

LUISA.

Et tu lui as parlé?

LORENZINO.

Oui.

LUISA.

Que t'a-t-il dit, grand Dieu?

LORENZINO.

Il m'a proposé d'être ton époux.

LUISA.

Et?...

LORENZINO.

Et j'ai refusé.

LUISA.

Refusé, Lorenzo?

LORENZINO.

Refusé!

LUISA.

Tu m'aimes, cependant?

LORENZINO.

C'est parce que je t'aime que j'ai refusé.

LUISA.

Mon Dieu, tu seras donc pour moi un éternel mystère?... Tu ne m'expliqueras donc jamais....?

LORENZINO.

L'heure n'est pas venue... Tu sais tout ce qu'on dit de moi dans Florence?

LUISA.

Oui ; mais je n'en ai jamais cru un mot, je te jure !

LORENZINO.

Ne te fais pas plus forte que tu n'es... Plus d'une fois, tu as douté.

LUISA.

Quand tu n'étais pas là, c'est vrai; mais à peine t'apercevais-je, à peine entendais-je le son de ta voix, à peine voyais-je tes yeux fixés sur les miens, comme ils le sont en ce moment, que je me disais : « Le monde se trompe; mais mon Lorenzo ne me trompe pas ! »

LORENZINO.

Et tu avais raison, Luisa ! aussi juge de ce que j'ai souffert lorsque, voyant s'offrir à moi le trésor de toutes mes espérances; quand, n'ayant qu'à faire une signe de tête pour qu'il fût à moi; quand, n'ayant qu'à étendre la main pour le saisir, j'ai refusé ! oui, refusé ce que, dans un autre temps, j'eusse payé de ma vie !... Ce que j'ai souffert cette nuit, Luisa ; ce que j'ai dévoré de larmes amères, ce que j'ai dissimulé de douleurs inouïes, tu ne le sais pas, tu ne le sauras jamais !... Pauvre enfant ! Dieu chasse de ton front béni l'ombre des calamités, des misères et des hontes qu'il a amassées sur le mien !

LUISA.

Mais enfin, enfin, pourquoi as-tu refusé ?

LORENZINO.

Parce que j'ai la force de soutenir l'humiliation qui pèse sur moi, mais que ce que je puis souffrir pour moi, je ne le souffrirais pas pour celle que j'aime... A celle que j'aime, il faut un front chaste, pur, souriant; cette chasteté virginale, cette pureté angélique, cette inaltérable sérénité, je les ai trouvées en toi... (Soupirant.) Eh bien, en devenant la femme de Lorenzo, tu perdrais tout cela.

LUISA.

Mais un jour viendra, n'est-ce pas, Lorenzo, où il n'y aura plus entre nous ni empêchement ni mystère ? un jour viendra où, à la face de tous, nous pourrons avouer notre amour ?

LORENZINO, la serrant d'une main contre son cœur, et levant l'autre au ciel.

Oh ! oui ; et, je l'espère, ce jour n'est pas loin !

LUISA.

Ah! ce sera un beau jour pour moi, mon ami!

LORENZINO.

Et un grand jour pour Florence! Jamais reine montant sur un trône n'aura un cortége de joie et d'acclamations pareil au tien! Que Dieu et ton amour ne me manquent pas, et les rêves de bonheur que tu feras en attendant ce jour, si brillants qu'ils soient, seront encore loin de la réalité.

LUISA.

Ainsi donc, si mon père m'appelle?

LORENZINO.

Va hardiment à lui, dis-lui notre amour chaste et pur, dis-lui surtout mon amour profond et éternel!

LUISA.

Et le duc?

LORENZINO.

Ne t'inquiète pas : cela me regarde.

(On entend frapper doucement à la porte du fond.)

LUISA.

On frappe à cette porte.

LORENZINO, la couvrant de son corps.

Ne bouge pas!

BIRBANTE, en dehors.

Monseigneur!

LORENZINO.

Qu'y a-t-il?

BIRBANTE.

C'est un comédien qui, ayant appris que vous voulez faire représenter une tragédie pour les plaisirs de Son Altesse le duc Alexandre, demande à être engagé dans votre troupe.

LORENZINO.

C'est bien, qu'il attende. Lorsqu'il verra cette porte ouverte, il entrera... (A Luisa.) Et toi, mon enfant, remets ton masque, afin que nul ne sache que tu es venue ici; passe par cette chambre : un escalier dérobé te conduira dans la cour.

LUISA.

Adieu, mon Lorenzo! Quand te reverrai-je?

LORENZINO.

Cette nuit, probablement... A propos, Luisa, où est ton père?... Tu hésites?... Je comprends. Ce n'est pas ton secret; tais-toi!

LUISA.

Non, pas de secret pour toi, Lorenzo! Mon père est au couvent de Saint-Marc, dans la cellule de fra Leonardo. Adieu!

(Elle met son masque et s'élance dehors.)

SCÈNE IV

LORENZINO, puis MICHELE.

Lorenzino s'assure que Luisa s'est éloignée, en regardant par la porte entr'ouverte; puis il va ouvrir la porte du fond. Michele attend dans l'antichambre.

LORENZINO.

Entre! (Il revient sur le devant de la scène. Michele entre; Lorenzino le suit des yeux avec défiance.) C'est toi qui m'as demandé?

MICHELE, s'avançant de quelques pas.

Oui, monseigneur.

LORENZINO, étendant la main vers lui.

Un instant, l'ami! J'ai pour système que les gens qui ne se connaissent pas plus que nous ne nous connaissons, doivent toujours se parler à une certaine distance.

MICHELE.

Je prie monseigneur de croire que je sais trop bien celle qui me sépare de lui pour être le premier à la franchir.

LORENZINO.

Comment! drôle, est-ce que tu t'aviserais d'avoir de l'esprit, par hasard?

MICHELE.

Ma foi, monseigneur, il m'en est tant passé par la bouche depuis que j'ai joué votre comédie de *l'Alidorio*, qu'il n'y aurait rien d'étonnant à ce qu'il m'en fût resté quelques bribes au bout de la langue.

LORENZINO.

Oh! oh! de la flatterie!... Je te préviens, mon cher, que l'emploi de flatteur est occupé ici en double et en triple; ainsi, dans le cas où tu aurais compté débuter là dedans, tu peux retourner d'où tu viens.

MICHELE.

Peste! monseigneur, soyez tranquille : je sais trop ce que je dois à mes confrères les courtisans pour marcher sur leurs brisées ; non : je joue les premiers rôles, et laisse l'emploi des valets à ceux qui veulent le prendre.

LORENZINO.

Les premiers rôles tragiques ou comiques ?

MICHELE.

Tragiques ou comiques, indifféremment.

LORENZINO.

Et quels sont ceux que tu as joués ? Voyons !

MICHELE.

J'ai joué à la cour du bon pape Clément VII, qui avait une si merveilleuse amitié pour vous, monseigneur, le personnage de Cellimaco dans *la Mandragore*, de messire Machiavel ; et Benvenuto Cellini, qui assistait à cette représentation, pourra vous rendre témoignage de l'agrément que j'y ai eu. Puis, à Venise, j'ai rempli le rôle de Nenco Parabolano, dans *la Courtisane* ; et, si l'illustre Michel-Ange retrouve jamais assez de courage pour rentrer à Florence, il vous dira que j'ai pensé le faire mourir de rire ; si bien qu'il a été trois jours malade du plaisir qu'il avait pris à cette soirée. Enfin, à Ferrare, j'ai représenté, dans la tragédie de *Sophronisbe*, le caractère du tyran, et cela avec un si grand naturel, que le prince Hercule d'Este m'a chassé, le même soir, de ses États, sous prétexte que j'avais cherché un succès d'allusion, qui s'était rencontré sans que je le cherchasse, parole d'honneur !

LORENZINO.

Ah çà ! mais, s'il fallait t'en croire, tu serais un talent de premier ordre ?

MICHELE.

Il ne faut pas m'en croire, il faut m'éprouver, monseigneur. Mais, si vous voulez me voir véritablement dans mon beau rôle, permettez-moi de vous dire une scène de votre tragédie de *Brutus*, superbe ouvrage, par ma foi ! mais qui, malheureusement, est défendu à peu près dans tous les pays où l'on parle la langue dans laquelle il est écrit !

LORENZINO.

Et quel est le rôle que tu avais choisi dans ce chef d'œuvre ?

MICHELE.

Per Bacco ! est-ce que cela se demande ? Celui de Brutus !

LORENZINO.

Ouais! tu dis cela d'un ton qui sent le républicain d'une lieue! Est-ce que tu serais pour Brutus, par hasard?

MICHELE.

Moi, je ne suis ni pour Brutus, ni pour César. Je suis comédien, voilà tout. Vivent les beaux rôles! Avec sa permission donc, je me ferai entendre de Votre Excellence, si elle me fait l'honneur de m'écouter, dans le rôle de Brutus

LORENZINO.

Eh bien, voyons, que vas-tu m'en dire?

MICHELE.

La grande scène du cinquième acte; voulez-vous?

LORENZINO, souriant.

Celle à la fin de laquelle Brutus poignarde César...

MICHELE.

Justement.

LORENZINO.

Va pour la grande scène, alors!

MICHELE.

Seulement, si Votre Excellence veut que je déploie tout mon jeu, il faut qu'elle me fasse donner les répliques, ou qu'elle ait la bonté de me les donner elle-même.

LORENZINO.

Volontiers! quoique j'aie un peu oublié les tragédies que j'ai faites pour celle que je suis en train de faire... Ah! c'est pour celle-là qu'il me faudrait un acteur!

MICHELE.

Eh bien, me voilà. Écoutez-moi d'abord; vous verrez ensuite ce dont je suis capable.

LORENZINO.

J'écoute.

MICHELE.

Voyons! Nous sommes dans le vestibule du Sénat; voici la statue de Pompée, là, à votre droite... Vous êtes César, je suis Brutus; vous venez du Forum, je vous attends ici... La mise en scène vous convient-elle?

LORENZINO.

Parfaitement.

MICHELE.

Et, maintenant, attendez que je me drape dans ma toge... Nous y sommes, n'est-ce pas?

LORENZINO.
Oui.

BRUTUS (MICHELE), LORENZINO (CÉSAR).

BRUTUS.
Salut, César!... Un mot!
CÉSAR.
Parle, Brutus, j'écoute.
BRUTUS.
César, je suis venu t'attendre sur la route.
CÉSAR.
C'est un honneur pour moi qu'un si noble client.
BRUTUS.
Tu te trompes, César : je viens en suppliant.
CÉSAR.
Toi, suppliant?
BRUTUS.
Tu sais que toute destinée,
Par un double principe en naissant dominée,
Voit le mal et le bien se partager son cours,
Et que les jours mauvais suivent les heureux jours
D'un pas aussi certain qu'on voit dans la carrière
La nuit suivre le jour et l'ombre la lumière;
C'est que l'homme toujours de son pied envieux
Veut dépasser le but que lui fixent les dieux,
Et qu'à peine au delà, quel que soit son génie,
Ce flambeau, dont il crut la lumière infinie,
Expire tout à coup dans sa débile main,
Et le laisse aveuglé sur le bord du chemin;
Si bien que, trébuchant sur cette haute cime,
Au premier pas qu'il fait, il roule dans l'abîme!
César, au nom des dieux, César, écoute-moi!
Car cet homme au flambeau près d'expirer, c'est toi.
CÉSAR.
Oui, Brutus, tu dis vrai; oui, c'est la loi commune;
Mais le destin pour tous n'a pas même fortune :
Chacun selon son cœur fait son sort différent;
Où l'un reste petit, l'autre deviendra grand!
Le tout est d'écouter la secrète parole
Qui dit au serpent : « Rampe! » et dit à l'aigle : « Vole! »
Or, cette voix me dit : « Marche en avant, César!
Ton génie a soumis l'imprévoyant hasard;
Ton édifice attend une assise dernière,
Et César n'a rien fait tant qu'il lui reste à faire! »

BRUTUS.

Et que veut donc César faire encore de plus ?
Les Gaulois sont soumis, les Bretons sont vaincus,
Carthage est muselée et rugit à la chaîne,
L'Égypte saigne aux dents de la louve romaine,
Et l'Euphrate n'est plus, sans pouvoir sur ses eaux,
Qu'un des mille abreuvoirs où boivent nos chevaux.
Rien n'ose résister, tout obstacle s'efface ;
Le rebelle d'hier demande aujourd'hui grâce.
Soit calcul, soit espoir, soit amour, soit terreur,
Tout se range à tes lois, et ton aigle vainqueur,
Dominant la nuée où le tonnerre gronde,
Les yeux sur le soleil, plane au-dessus du monde !
Que te faut-il encor ? que veux-tu donc enfin,
Toi que, de ton vivant, on appelle divin ?
N'est-ce donc point assez ? et dois-tu punir Rome
De ce qu'en te créant elle a fait plus qu'un homme ?

CÉSAR.

Rome, dont tu te fais l'avocat trop zélé,
N'a, tu le sais, Brutus, jamais ainsi parlé.
Non, ce qui parle ainsi, Brutus, c'est la noblesse,
Que mon nom éblouit et que ma gloire blesse,
Surtout depuis le jour, à ses projets fatal,
Où, prenant corps à corps le titan mon rival,
Dans les champs de Pharsale au visage frappée,
Je la blessai du coup qui renversa Pompée.
Non, tu sais bien, Brutus, que le peuple, c'est moi.
Les dieux l'ont décidé !

BRUTUS.

      César, César, tais-toi !
Paix et religion à la grande victime :
Car ta victoire, un jour, pourrait bien être un crime.
Garde donc d'insulter d'un sourire moqueur
Ce vaincu dont la chute écrase son vainqueur ;
Spectre qui grandira sous la main de l'histoire,
Pour faire de son sang une tache à ta gloire.
Votre cause est encore à juger aujourd'hui :
Les dieux furent pour toi, mais Caton fut pour lui !

CÉSAR.

Il paraît que Brutus, en sa haine éternelle,
A remplacé l'esclave à la voix solennelle,
Qui du triomphateur accompagne le char,
Et qu'il vient comme lui pour crier à César,
Au milieu des transports que fait éclater Rome :
« Rappelle-toi, César, que César n'est qu'un homme ! »

BRUTUS.

Non, César est un dieu, si César aux Romains
Rend intact le dépôt qu'ils ont mis dans ses mains.
Mais, sourd à ce conseil, si César trahit Rome,
César n'est plus un dieu, César est moins qu'un homme;
César est un tyran! Mais, quand tu me verras
Tomber à tes genoux; mais, quand tu m'entendras
Une dernière fois crier d'un cri suprême:
« Pitié pour les Romains, et pitié pour toi-même!... »
Alors, tu changeras de projet... O douleur!
Tu ne me réponds pas...

CÉSAR, repoussant Brutus.

Place à ton empereur!

BRUTUS.

Eh bien, meurs donc, tyran!...

(Michele, joignant le geste aux paroles, tire un poignard de sa poitrine, et frappe Lorenzino; mais le poignard s'émousse sur la cotte de mailles que Lorenzino porte sous son habit.)

MICHELE, faisant un bond en arrière.

Ah! le démon!... il est cuirassé.

LORENZINO, à son tour, s'élance sur Michele, le saisit à bras-le-corps, et, après quelques instants d'une lutte muette mais acharnée, le renverse sous son genou, et lui met sur la gorge le petit poignard de son cousin Côme ; puis, éclatant de rire.

Ah! ah! ah! il paraît que les rôles sont changés, et que c'est César qui va tuer Brutus... La!... Et, maintenant, je te demande, misérable! ce que l'on demande au condamné à mort à qui on vient de lire son jugement: as-tu quelque chose à dire pour ta défense?

MICHELE.

Rien!... sinon que le duc Alexandre doit remercier le ciel; car tu vas lui sauver la vie.

LORENZINO, écartant son poignard.

Hein!... que viens-tu de dire là?

MICHELE.

Une de ces phrases comme il en échappe à la bouche des mourants... Ne fais pas attention, et frappe; j'ai voulu te tuer, tue-moi!

LORENZINO.

Explique-toi d'abord. Tu as dit, sur le duc Alexandre, un mot qui m'intéresse. Parle!

MICHELE.

J'ai dit que le ciel ne veut pas que Florence soit libre, puisqu'il fait de toi le bouclier de son tyran.

LORENZINO.

Mais tu voulais donc tuer le duc Alexandre?

MICHELE.

J'avais fait le serment qu'il ne mourrait que de ma main.

LORENZINO.

Ah! mais voilà qui change tout à fait la face des choses! (Il le lâche.) Relève-toi, assieds-toi, et causons un peu de cela.

MICHELE, se relevant sur un genou.

Lorenzino, à quoi bon te railler de moi? J'ai voulu te tuer; appelle tes gens, envoie-moi à la potence, et que tout soit fini.

LORENZINO.

Mais je te trouve, sur ma foi, un plaisant coquin, de parler comme si tu étais le maître ici! Et si j'avais le caprice de te laisser vivre, moi, qui pourrait m'en empêcher?

MICHELE.

Me laisser vivre? (Tendant les mains vers Lorenzino.) Tu pourrais me laisser vivre?

LORENZINO.

Peut-être, Michele de Tavolaccino!

MICHELE.

Tu sais mon nom?

LORENZINO.

Et peut-être aussi ton histoire, mon pauvre Scoronconcolo; car tu as deux noms : un nom d'homme et un nom de bouffon.

MICHELE.

Eh bien, alors, tu comprends pourquoi je voulais tuer le duc Alexandre?

LORENZINO.

Oui... Ne s'agit-il pas de je ne sais quelle jeune fille que tu voulais épouser?

MICHELE.

As-tu jamais aimé, Lorenzino?

LORENZINO.

Moi?... Jamais!... Mais il n'est pas besoin d'être fou pour comprendre la folie. (S'accommodant dans un fauteuil.) Voyons, conte-moi cela.

MICHELE.

Eh bien, j'aimais, moi! j'étais assez insensé pour cela. Bouffon du duc Alexandre, je croyais qu'il me restait le droit d'avoir un cœur... Oh! tu ne sais pas ce que c'est que de cesser d'être un homme pour devenir une chose qui rit, qui pleure, qui grimace; une chose sur laquelle chacun frappe pour en tirer le son qui lui convient; une marionnette dont tout le monde tiraille le fil! Voilà ce que j'étais, Lorenzino!... Eh bien, dans cet avilissement sombre, au milieu de cette nuit obscure, je vis briller, un jour, un rayon de soleil : une jeune fille m'aima! C'était une douce et belle enfant, pure et souriante; le lis le plus chaste était moins blanc que son front; une feuille arrachée au cœur d'une rose était moins fraîche que sa joue... Elle m'aima! moi! comprenez-vous, monseigneur? moi, pauvre bouffon, pauvre isolé, pauvre tête vide! Alors, j'eus toutes les espérances des autres hommes. Je rêvai l'ivresse de l'amour, je devinai les joies de la famille... J'allai trouver le duc, et je lui demandai la permission de me marier. Il éclata de rire. « Te marier, toi? s'écria-t-il; te marier? Mais tu n'étais que bouffon, et voilà que tu deviens fou! Ne sais-tu pas ce que c'est que le mariage? N'as-tu pas remarqué que, depuis que j'ai épousé la fille de l'auguste empereur Charles-Quint, je suis bien plus difficile à amuser? A peine serais-tu marié, mon pauvre Scoronconcolo, que tu deviendrais triste, morose, soucieux; à peine serais-tu marié, enfin, que tu ne me ferais plus rire... Allons, allons, bouffon, assez sur ce sujet! ou, la première fois que tu m'en parleras, je te ferai donner vingt coups de verges! » Le lendemain, je lui en reparlai, il me tint parole : je fus fouetté jusqu'au sang par Jacopo et le Hongrois!... Le surlendemain, je lui en reparlai encore. « Allons, me dit-il, je vois bien que la maladie est invétérée, et qu'il faut de grands moyens pour te guérir... » Alors, du ton d'un maître qui s'intéresse à la souffrance de son serviteur, il me demanda le nom de celle que j'aimais, son adresse, sa famille. Je crus qu'il consentait à mon bonheur; je me jetai à ses pieds, je baisai ses genoux, puis je courus chez Nella, et je passai avec elle une journée d'ineffable bonheur!... Le soir, il y avait orgie au palais; le duc était entouré de ses compagnons habituels : Francesco Guicciardini, Alexandre Vitelli, André Salviati... J'étais là aussi, moi; n'étais-je pas de toutes les fêtes! Quand ils furent

14.

échauffés par les propos, par la musique, par le vin, une porte s'ouvrit, et l'on poussa au milieu d'eux une jeune fille... Cette jeune fille, cette vierge, cette martyre, c'était celle que j'aimais! pour laquelle j'eusse donné ma vie, mon âme! C'était Nella!... (Se jetant à genoux.) Oh! laissez-moi vivre, monseigneur! laissez-moi me venger, et, sur l'honneur, quand j'aurai égorgé ce tigre, je reviendrai me coucher à vos pieds, je vous tendrai la gorge, et je dirai : « A ton tour, Lorenzino! à ton tour! Venge-toi de moi, comme je me suis vengé de lui! »

LORENZINO, impassible.

Mais ce n'est pas tout?

MICHELE.

Que voulez-vous que je vous dise de plus, et qu'importe le reste?... Je me sauvai de cette cour maudite; je courus devant moi jusqu'à ce que j'eusse franchi les frontières de la Toscane. A Bologne, je trouvai Philippe Strozzi. Je le savais un des plus mortels ennemis du duc; je me mis à son service, à la seule condition que, quand nous rentrerions à Florence, ce serait moi qui frapperais l'infâme!... Hier au soir, nous rentrâmes. Au moment où nous passions devant le couvent de Santa-Croce, on en emportait le corps de Nella, morte de honte, de douleur, de désespoir!... Oh! cette fois, c'est bien tout!

LORENZINO.

Oui; et, quant au reste, quant à l'ordre à toi donné par Philippe Strozzi de m'assassiner, parce que je ne voulais pas épouser sa fille, je comprends, ce n'est pas la peine d'en parler... (Après un instant de silence.) Eh bien, réponds-moi! si, au lieu d'appeler mes gens et de te faire pendre, comme tu me le conseillais tout à l'heure toi-même, je te donnais la vie, je te rendais la liberté?

MICHELE.

Oh!...

LORENZINO.

Mais à une condition... Tu comprends bien, on ne fait point de ces grâces-là gratis.

MICHELE.

Cette condition, je l'accepte, quelle qu'elle soit; je la signe de mon sang, je la garantis de ma vie!

LORENZINO, d'une voix sombre.

Michele! ussi, j'ai à me venger de quelqu'un.

MICHELE.

Oh! cela vous est bien facile, à vous autres, grands seigneurs!

LORENZINO.

Eh bien, voilà ce qui te trompe; car celui dont j'ai à me venger est un familier du duc, un de ceux qui étaient de l'orgie de Nella!

MICHELE.

Oh! à toi, Lorenzino! à toi! et, si tu as peur que je ne me sauve, si tu crains que je ne m'échappe, enferme-moi dans un cachot dont toi seul auras la clef, avec une chaîne au pied, un collier au cou; ne m'en fais sortir que pour frapper ton ennemi; mais, ton ennemi tué, laisse-moi le duc!

LORENZINO.

Soit; mais qui me répondra de ta fidélité?

MICHELE, étendant la main.

Par le salut de Nella!... Maintenant, qu'ordonnes-tu? que veux-tu que je fasse?

LORENZINO.

Ma foi, ce que tu voudras... Retourne près de Strozzi, qui doit t'attendre avec impatience; dis-lui qu'il t'a été impossible de pénétrer jusqu'à moi, que tu ne m'as pas tué aujourd'hui, mais que tu me tueras demain.

MICHELE.

Et après?...

LORENZINO.

Après?... Pourvu que tu te promènes tous les soirs, de onze heures à une heure du matin, dans via Larga, c'est tout ce que je te demande.

MICHELE.

Tu n'as rien de plus à me dire?

LORENZINO

Non... A propos, tu as peut-être besoin d'argent?

MICHELE.

Merci... Mais vous pouvez me faire un cadeau, monseigneur.

LORENZINO.

Lequel?

MICHELE.

Laissez-moi prendre une épée dans ce trophée...

LORENZINO.

Choisis.

MICHELE.

Je prends celle-ci, monseigneur.

LORENZINO.

Allons, le drôle s'y connaît!

MICHELE.

Ainsi donc?...

LORENZINO.

Dans via Larga, de onze heures à une heure du matin.

MICHELE.

Cette nuit?

LORENZINO.

Cette nuit et toutes les nuits.

MICHELE.

C'est convenu, monseigneur ; comptez sur moi !

(Il sort.)

SCÈNE V

LORENZINO, seul.

Pardieu! j'y compte bien aussi!... En vérité, je crois que je suis plus heureux que Diogène, et que j'ai trouvé l'homme que je cherchais... Bon! j'oubliais le principal... (Il se met à une table et écrit.) « Philippe Strozzi est caché dans la cellule de fra Leonardo, au couvent de Saint-Marc. » (Appelant.) Birbante! Birbante! (Le Domestique paraît.) Au duc Alexandre !

ACTE TROISIÈME

La cellule de fra Leonardo. Une porte au fond et une porte latérale à la droite du spectateur. A gauche, au premier plan, un prie-Dieu; au deuxième plan, une fenêtre. Au-dessus de la porte, au fond, un *Couronnement de la Vierge* de Beato Angelo.

SCÈNE PREMIÈRE

FRA LEONARDO, STROZZI.

FRA LEONARDO.

Je te dis, Strozzi, que tu peux toujours bénir, aimer, embrasser ton enfant et pardonner à Lorenzino !

STROZZI, agité et parcourant la scène.

Lorenzino ! Mais je vous dis qu'il est aimé d'elle; je vous dis que je l'ai vu sortir de chez elle à une heure du matin; je vous dis que c'est un misérable !

FRA LEONARDO.

Luisa l'aime, c'est vrai, mais d'un amour pur et fraternel.

STROZZI.

L'amour d'un Lorenzino, pur et fraternel?... Et c'est vous qui me dites cela, mon père! Vous, habitué à lire au fond du cœur des hommes, c'est vous qui venez prendre contre moi la défense de cet infâme !

FRA LEONARDO, rêveur.

Oui, mon fils, tu l'as dit, il y a peu d'âmes que je n'aie sondées, peu de ces gouffres sombres où s'agitent les passions humaines dont je n'aie mesuré la profondeur... Eh bien, te le dirai-je, Strozzi, Lorenzino est un de ceux-là dont la pensée m'est toujours restée inconnue. Cependant, je l'ai suivi longtemps des yeux, cet homme sur qui reposait, tu le sais, l'espoir de la patrie... Eh bien, plus je me suis penché sur cet homme, moins j'ai vu clair dans l'abîme de son cœur! Depuis son retour de Rome, et il y a de cela un an, il est devenu impénétrable à tous les regards, même aux nôtres; car, depuis son retour, pas une seule fois il ne s'est approché du tribunal de la pénitence... Oh! celui qui entendra la confession suprême de cet homme !...

STROZZI, d'une voix sombre.

Oui, si toutefois il ne meurt pas sans confession...

FRA LEONARDO.

N'importe, tout n'est pas perdu avec lui, puisqu'il aime... L'amour est non-seulement une croyance, mais encore une religion, et le cœur où il reste un rayon d'amour n'est pas entièrement renié de Dieu.

STROZZI, sans écouter fra Leonardo.

Suis-je assez malheureux! Il fallait, pour achever de briser mon cœur, déjà si plein de doutes, que l'amour de cet homme s'arrêtât sur Luisa, et que Luisa le lui rendît!

FRA LEONARDO.

Strozzi, Strozzi, au lieu d'accuser le ciel, remercie-le, au contraire, de ce que la pauvre enfant, abandonnée comme elle l'était et croyant satisfaire au désir paternel, tout en aimant comme une femme, est restée pure comme un ange!

STROZZI.

Oh! si je le croyais, du moins!

FRA LEONARDO.

Puisque je te l'affirme!

STROZZI.

Mais, alors, pourquoi ne vient-elle pas me dire cela elle-même? Il me semble que, si c'était elle qui me le dît, je n'en douterais plus.

SCÈNE II

Les Mêmes, LUISA.

LUISA, entrant par la porte de droite, et s'élançant dans les bras de son père.

Ne doutez donc plus; car me voilà, père bien-aimé!

STROZZI, à fra Leonardo, qui s'éloigne.

Vous nous quittez, mon père?

FRA LEONARDO.

Le bonheur passe si vite, Strozzi, qu'il est bon, lorsqu'un homme est heureux, qu'il y ait près de lui un autre homme qui prie.

(Il sort.)

SCÈNE III

STROZZI, LUISA.

STROZZI, se laissant aller sur un fauteuil.

Luisa, tu as bien tardé!... Mais enfin te voilà!

LUISA.

Mon père, comme vous avez dû souffrir, s'il est vrai que vous ayez douté de moi!

STROZZI.

Oh! oui, j'ai bien souffert! car tu ne sauras jamais combien je t'aime, Luisa! L'amour des parents est un mystère entre eux et le Seigneur. Depuis trois ans que j'ai quitté Florence, je n'ai pu avoir de tes nouvelles qu'à de longs intervalles... Toi et Florence, vous êtes mes seules amours, et, Dieu me pardonne, entre Florence, ma mère, et toi, ma fille, je crois que c'est encore toi que j'aime le mieux!

LUISA.

Mes frères étaient avec vous, mon père, et j'étais heureuse de l'idée qu'ils vous consolaient.

STROZZI.

Tes frères sont des hommes forts, forts pour lutter, forts pour souffrir. Quand un père engendre un fils, il sait d'avance qu'il doit ce fils à la patrie. Mais une fille appartient plus étroitement à son père; une fille, c'est l'ange du foyer chrétien, c'est la statue de l'amour virginal qui a remplacé les pénates antiques. Juge de tout ce que j'ai souffert, mon enfant, en songeant aux dangers qui te menaçaient dans cette malheureuse ville, et quand je comprenais mon insuffisance à te protéger... Mais, toi, toi, ma fille, qu'as-tu fait pendant tout ce temps?

LUISA.

Tout ce temps, mon père, je l'ai passé entre la prière et l'amour... J'ai prié pour vous, mon père! j'ai aimé Lorenzo!

STROZZI.

Donc, tu l'aimes?

LUISA.

A ne pas comprendre, si je le perdais, comment Dieu lui-même pourrait le remplacer dans mon cœur!

STROZZI.

Mais personne ne sait votre amour?

LUISA.

Personne, mon père.

STROZZI.

Où le vois-tu? comment le vois-tu?

LUISA.

Jusqu'au moment où il m'a dit de quitter ma tante, je l'ai vu chez ma tante; et, depuis ce temps, je le vois dans cette petite maison de la place Sainte-Marie-Vieille. Là, il vient tantôt sous un déguisement, tantôt sous un autre, mais toujours masqué... Chaque fois, nous convenons d'un nouveau signal pour la prochaine fois. Il faut qu'il y ait dans sa vie un grand secret que j'ignore : un jour, il est triomphant et joyeux; un autre, sombre et abattu; parfois, il est gai comme un enfant; parfois, il pleure comme une femme!

STROZZI.

Et toi?

LUISA.

Moi, je suis gaie ou triste, selon qu'il est triste ou gai.

STROZZI.

Et le mariage autrefois arrêté entre vous, t'en parle-t-il encore?

LUISA.

Oh! oui, bien souvent, mon père! alors, il s'exalte; alors, il parle d'avenir, de puissance, de liberté, et je ne le comprends pas plus que lorsqu'il se tait; car ses paroles sont aussi mystérieuses que son silence.

STROZZI, la serrant dans ses bras, et secouant la tête.

Oh! mon enfant! mon enfant!

LUISA.

Rassurez-vous, mon père : ce n'est pas Lorenzo que vous avez à craindre.

STROZZI.

Ah! oui, tu me rappelles qu'un autre danger te menace... Il t'aime donc, ce duc?

LUISA.

Personne ne me l'a dit encore; mais, plusieurs fois, et ce matin même, j'ai été suivie par des hommes masqués, et j'ai senti, au frémissement de mon cœur, que j'étais en péril.

STROZZI.

Il ignore où tu habites?

LUISA.
Depuis quelques heures, il le sait!
STROZZI.
Oh! mon Dieu!
LUISA.
J'ai été bien effrayée d'abord; mais, ensuite, Lorenzo m'a dit que je n'avais rien à craindre, et j'ai été rassurée.
STROZZI.
Lorenzo! tu l'as donc vu aujourd'hui?
LUISA.
Ce matin, oui, mon père.
STROZZI.
Et il t'a dit qu'hier au soir nous nous étions vus?
LUISA.
Il me l'a dit.
STROZZI.
T'a-t-il dit que je lui avais offert de te donner à lui pour femme?
LUISA.
Il me l'a dit.
STROZZI.
T'a-t-il dit qu'il avait refusé?
LUISA.
Il m'a dit tout cela.
STROZZI.
Qu'as tu pensé, alors?
LUISA.
Je l'ai plaint.
STROZZI.
Tu l'as plaint?
LUISA.
Je songeais à ce qu'il avait dû souffrir.
STROZZI.
Où l'as-tu vu ce matin?
LUISA.
Chez lui.
STROZZI.
Tu as été chez lui, via Larga, dans sa maison infâme?
LUISA.
Je croyais le danger pressant.

VII. 15

STROZZI.

Est-ce toi qui, la première, lui as parlé de moi?

LUISA.

Non, c'est lui qui, le premier, m'a parlé de vous.

STROZZI.

Il ignore où je suis, n'est-ce pas?

LUISA.

Excusez, mon père, il le sait.

STROZZI.

Qui le lui a dit?

LUISA.

Moi.

STROZZI.

Malheureuse! tu m'as perdu, et tu t'es perdue avec moi!

LUISA.

Oh! mon père, comment pouvez-vous penser...?

STROZZI.

Et toi, comment peux-tu être à ce point aveugle et crédule?... A cette heure, Luisa, le duc Alexandre sait tout; à cette heure, moi, toi, mes amis, sommes en son pouvoir, et c'est ton fol amour, c'est ta confiance insensée qui nous a jetés sous sa main!... Ah! malheureuse! que Dieu te pardonne comme je te pardonne moi-même! mais qu'as-tu fait!...

LUISA, suppliant.

Mon père! mon père!

(On entend du bruit au dehors.)

STROZZI.

Écoute! écoute! (Il étend le bras du côté par où vient le bruit.) Entends-tu?... (Entraînant sa fille vers la fenêtre.) Tiens! regarde, et doute encore!

LUISA.

Des sbires! des soldats!... le duc!... Mon père, tuez-moi!... Mais non, c'est impossible! vous aurez été trahi.

STROZZI.

Oui, j'ai été trahi, et ce qu'il y a de plus affreux, c'est que je l'ai été par ma fille!

LUISA.

Oh! attendez, attendez, mon père, avant de nous condamner ainsi...

SCÈNE IV

Les Mêmes, FRA LEONARDO.

FRA LEONARDO, *paraissant à la porte du fond.*
Mon frère, êtes-vous prêt pour le martyre ?

STROZZI.
Oui.

FRA LEONARDO.
C'est bien ; car voici les bourreaux.

LE DUC, *au dehors.*
Restez à cette porte, et ne laissez entrer personne !

SCÈNE V

Les Mêmes, LE DUC, JACOPO, LE HONGROIS, Soldats, au fond.

LE DUC, *du seuil de la porte.*
Ah ! ah ! j'étais donc bien renseigné, et voilà le loup pris au piége !

FRA LEONARDO, *s'élançant au-devant du Duc.*
Qui es-tu ? que veux-tu ?

LE DUC.
Qui je suis ?... Je suis, comme tu le vois, mon digne père, un pieux pèlerin qui visite les maisons du Seigneur, pour récompenser et punir ceux qui, dans leur orgueil, se croient au-dessus des récompenses et des punitions... Fais-moi place ! (Montrant Strozzi.) J'ai à parler à cet homme.

FRA LEONARDO.
Cet homme est l'hôte du Seigneur, cet homme est sacré... On n'arrivera à lui qu'en passant sur mon corps !

LE DUC.
C'est bien ; on y passera. Crois-tu que celui qui, pour monter au trône, a marché sur le cadavre d'une ville s'arrêtera, de peur de fouler aux pieds celui d'un misérable moine ?

LE HONGROIS, *la main sur son poignard.*
Monseigneur, faut-il... ?

LE DUC.

Non, il ne faut pas... ou, du moins, pas encore... Tu es toujours pressé, toi. (Au Moine.) Allons! place à ton duc!

FRA LEONARDO.

Mon duc?... Je ne connais pas ce nom. Je sais ce que c'est qu'un gonfalonier, je sais ce que c'est que la république florentine; mais je ne sais pas ce que c'est qu'un duc, je ne sais pas ce que c'est qu'un duché.

LE DUC, les dents serrées.

Allons! place à ton maître!

FRA LEONARDO.

Mon maître, c'est Dieu! Je n'ai pas d'autre Seigneur que celui qui est au ciel, et, tandis que la voix d'en bas me dit : « Va-t'en! » j'entends celle d'en-haut qui me dit : « Demeure! »

LE HONGROIS, faisant un mouvement.

Eh bien?...

LE DUC, au Hongrois.

Attends! et, quand, par hasard, je suis patient, sois-le donc aussi. Tu vois bien que je ne veux pas effrayer cette jeune fille. (A fra Leonardo.) Eh bien, moine, puisque tu ne connais ni duc ni maître, place au plus fort!

(Le Hongrois et Jacopo prennent le Moine à bras-le-corps et l'écartent. Le Duc se trouve face à face avec Strozzi, qui éloigne sa fille de la main.)

STROZZI.

Duc Alexandre, je croyais que tu avais assez de ton chancelier, de ton bargello et de tes gardes pour ne pas jouer toi-même le rôle de sbire. Je me trompais.

LE DUC.

Bon! comptes-tu pour rien le plaisir de rencontrer son ennemi face à face? Me prends-tu pour un de ceux qui se glissent la nuit dans une ville, qui se cachent le jour dans une tanière, qui attendent patiemment et traîtreusement l'heure d'allonger le bras dans l'ombre, et de frapper par derrière? Non! Je marche à la clarté du soleil, et je viens te dire en plein midi, moi : « Strozzi! nous avons joué l'un contre l'autre une partie terrible, dont la vie était l'enjeu... Tu as perdu, Strozzi. Paye! »

STROZZI.

Oui, et j'admire en même temps la prudence du joueur qui vient réclamer sa dette, si bien accompagné.

LE DUC.

Ah çà! penses-tu que j'aie peur? Crois-tu par hasard que je n'eusse pas été te trouver seul, partout où j'aurais espéré te rencontrer? Ah! tu fais là une étrange erreur, et tu me prends pour quelque autre! (A Jacopo et au Hongrois.) Sortez, refermez la porte sur vous, et, quelque chose que vous entendiez, fût-ce mon cri de mort, ne venez pas que je ne vous appelle... (Le Hongrois veut faire une observation.) Ah! que l'on obéisse!

(Jacopo et le Hongrois sortent.)

SCÈNE VI

LE DUC, STROZZI, FRA LEONARDO, LUISA.

LE DUC.

Eh bien, me voilà seul, Strozzi! seul contre vous deux... Ah! oui, je comprends : je suis armé, et vous êtes sans armes... Attendez... Tiens, Strozzi, je jette cette épée... (Il déboucle son épée, et la jette derrière lui.) Tiens, Strozzi, je t'offre ce poignard... Prends, vieux Romain! N'y a-t-il pas, dans l'antiquité, un Virginius qui tue sa fille, un Brutus qui tue son roi? Fais-toi immortel comme eux... Allons, choisis et frappe!... Mais frappe donc! Que risques-tu? Pas même ta tête : tu sais bien qu'elle est au bourreau... Et toi, moine, qui t'arrête? Ramasse cette épée, et viens me frapper par derrière, si ta main tremble à me frapper en face.

FRA LEONARDO.

Mon Dieu défend à ses ministres de répandre le sang. Sans cette défense, je n'eusse pas remis la cause de la patrie à un autre bras, et il y a longtemps que tu serais mort et que Florence serait libre.

LE DUC.

Eh bien, Strozzi, crois-tu que j'aie peur?

LUISA.

Non, monseigneur, non; on sait que vous êtes brave... Eh bien, soyez aussi bon que courageux!

STROZZI.

Silence, enfant! Je crois que tu pries cet homme.

(Le Duc remet son poignard au fourreau et ramasse son épée.)

LUISA, à demi-voix, à Strozzi.

Mon père, mon père, laissez moi... Dieu donnera de la force à mes paroles... (S'inclinant devant le Duc.) Monseigneur...

FRA LEONARDO, la relevant.

Relève-toi, enfant! Point de traité entre l'innocence et le crime! point de pacte entre l'ange et le démon... Relève-toi!

LE DUC.

Tu as tort, moine : elle est si belle ainsi, que j'allais oublier mon offense, pour ne me souvenir que de mon amour.

STROZZI, enveloppant Luisa de ses bras.

Mon enfant! mon enfant!

FRA LEONARDO.

O mon Dieu! mon Dieu! si tu vois de pareilles choses sans tonner, je dirai que ta miséricorde est encore plus grande que ta justice!

LE DUC.

Tu le vois, j'ai laissé à Dieu le temps de frapper... (Appelant.) Jacopo! le Hongrois!

SCÈNE VII

Les Mêmes, LE HONGROIS, JACOPO.

LE HONGROIS.

A vos ordres, Altesse!

LE DUC, montrant fra Leonardo et Strozzi.

Remettez ces deux hommes aux mains des gardes.

LUISA.

Monseigneur! monseigneur! au nom du ciel, ne séparez pas le père de la fille! n'arrachez pas le prêtre à son Dieu!

STROZZI.

Tais-toi, et demeure. Pas un mot de plus, pas un pas en avant, ou je te maudis!

LUISA.

Oh!...

(Elle tombe à genoux sur le prie-Dieu.)

STROZZI.

Adieu, mon enfant! Le Seigneur seul veillera désormais sur toi... Mais n'oublie jamais que c'est Lorenzino qui me tue!

LUISA, étendant les mains vers lui.

Mon père! mon père!... (Au Duc.) Oh! monseigneur, ne puis-je donc rien pour sauver mon père?...

LE DUC, revenant à elle.

Si fait, enfant! car toi seul, au contraire, peux quelque chose pour le sauver.

LUISA.

Que faut-il que je fasse, monseigneur?

LE DUC.

Lorenzino te le dira...

(Il sort.)

SCÈNE VIII

LUISA, puis LORENZINO.

LUISA, désespérée.

Oh! mon Dieu! tout le monde l'accuse... même le duc!

LORENZINO entre par la porte latérale, puis, posant une main sur l'épaule de Luisa, et, de l'autre, lui montrant le crucifix.

Celui-là le justifiera!...

ACTE QUATRIÈME

Une chambre dans la prison du Bargello, avec de vieilles fresques à demi-effacées. Sur le devant, de chaque côté, deux colonnes qui soutiennent la voûte.

SCÈNE PREMIÈRE

FRA LEONARDO, appuyé contre une colonne, et causant avec STROZZI; SELVAGGIO ALDOBRANDINI, couché sur un banc; BERNARDO CORSINI, VITTORIO DEI PAZZI, Prisonniers.

Bernardo Corsini, monté sur un escabeau, est occupé à graver son nom sur la muraille, avec un clou. Vittorio, debout près de lui, le regarde faire.

FRA LEONARDO, se tournant de leur côté.

Que fais-tu, Bernardo?

BERNARDO.

Tu le vois, mon père : j'écris mon nom indigne près de ceux des martyrs qui m'ont précédé ici-bas, et qui m'attendent au ciel !

(Il descend et passe le clou à Vittorio.)

VITTORIO.

A mon tour !... Par le Christ, notre dernier prince élu ! ces murs seront, un jour, le livre d'or de Florence !... Tenez, voici le nom du vieux Jacob dei Pazzi, mon aïeul... Voilà celui de Jérôme Savonarole... Voilà celui de Nicolas Carducci... Voilà celui de Dante de Castiglione... Vive-Dieu ! la belle garde de nobles fantômes que la liberté, exilée de la terre, doit avoir là-haut !

SELVAGGIO

Grave aussi mon nom, Pazzi. Il faut que la postérité sache que j'étais de ceux qui n'ont pas voulu vivre esclaves ; et, si la muraille est trop dure, viens prendre de mon sang pour écrire ce nom, au lieu de le graver : ma blessure est encore fraîche et ne t'en refusera pas ! Écris : « Selvaggio Aldobrandini, mort pour la liberté ! »

VITTORIO.

A toi, Strozzi !

(Il passe le clou à Strozzi.)

STROZZI, écrivant et répétant ce qu'il écrit.
Dieu ! garde-moi de ceux à qui mon cœur se fie,
Et je me garderai de qui je me défie !

VITTORIO, riant.

Belle sentence ! mais, formulée sur le mur d'une prison, elle a le défaut d'arriver un peu tard !

(Les autres Prisonniers écrivent leur nom. La porte du fond s'ouvre.)

SCÈNE II

Les Mêmes, un Familier de l'inquisition d'État.

LE FAMILIER.

Philippe Strozzi est-il revenu de l'interrogatoire ?

STROZZI.

Oui ; qui le demande ?

LE FAMILIER.

Une jeune fille qui a l'autorisation de passer une demi-heure avec lui.

STROZZI.

Une jeune fille?... A moins que ce ne soit Luisa...

SCÈNE III

Les Mêmes, LUISA.

LUISA, de la porte.

C'est elle, mon père !

STROZZI.

Viens, mon enfant ! Je t'ai pardonné ; les autres te pardonneront, je l'espère. (Luisa s'avance. Le Familier sort.) Oh ! mon enfant !... (Avec terreur.) De qui tiens-tu cette permission de me voir ?

LUISA.

Du duc lui-même.

STROZZI.

Comment l'as-tu obtenue ?

LUISA.

J'ai été la chercher.

STROZZI.

Où cela ?

LUISA.

Au palais.

STROZZI.

Au palais ! chez le duc !... Tu as été chez cet infâme, chez ce bâtard des Médicis ?... Oh ! j'aurais mieux aimé ne te revoir jamais que de te revoir à cette condition !

(Il la repousse.)

FRA LEONARDO, recevant la jeune fille dans ses bras.

Strozzi, sois homme !

STROZZI, sans l'écouter.

Elle a été chez lui !... elle est entrée dans cette caverne de débauches, dans cet antre de luxure !... Et de combien d'années d'innocence as-tu payé la permission de me voir une demi-heure ?... Réponds, Luisa ! réponds !

LUISA.

Mon père, Dieu sait que je ne mérite pas ce que vous me

15.

dites... D'ailleurs, je n'étais pas seule : c'est Lorenzo qui m'a conduite chez le duc, et Lorenzo ne m'a pas quittée.

STROZZI.

Ainsi, Luisa, pas de condition infâme?

LUISA.

Rien, mon père, rien, sur l'honneur de la famille!... Je me suis jetée à ses pieds, j'ai demandé à vous voir ; le duc et Lorenzo ont échangé quelques paroles à voix basse, puis le duc a signé un papier, me l'a remis, et je suis sortie sans avoir eu à rougir d'autre chose que de son regard.

STROZZI.

N'importe! il y a, sous cette clémence, quelque mystère terrible... Mais, puisqu'une demi-heure seulement t'est donnée, mettons à profit les instants que nous avons à passer ensemble; ce sont probablement les derniers !

LUISA.

Mon père !

STROZZI.

Dieu t'a, je l'espère, donné la force en te donnant le malheur; on peut donc te parler comme à une femme, et non plus comme à un enfant.

LUISA.

Mon père, vous me faites trembler...

STROZZI.

Tu connais l'homme qui demande ma tête, tu connais le tribunal qui me juge!

LUISA.

Seriez-vous donc condamné, mon père?

STROZZI.

Non, pas encore; mais je vais l'être... Réponds-moi donc comme si je l'étais déjà. Songe que c'est la tranquillité des dernières heures que j'ai à vivre que je vais te demander; songe qu'il ne reste pas seulement au condamné à mourir, mais qu'il faut qu'il meure en chrétien, sans maudire et sans blasphémer.

FRA LEONARDO.

Merci à vous, mon Dieu, qui avez amené cet ange pour lui rendre la foi qu'il avait presque perdue.

STROZZI, d'une voix solennelle.

Luisa, lorsque tu verras dresser mon échafaud, lorsque tu sauras que je marche au supplice, jure-moi qu'il n'y aura aucun pacte entre ton innocence et l'infamie de cet homme ; car, par l'âme de ta mère, par mon amour infini comme s'il était divin, Luisa, je te déclare que tu ne me sauverais pas, que je mourrais désespéré, et qu'après m'avoir perdu sur la terre, pauvre enfant, tu ne me retrouverais pas au ciel !

LUISA, tombant à genoux.

Mon père, je vous le jure! et Dieu me punisse si je manque à mon serment !

STROZZI, posant les deux mains sur la tête de sa fille, et la regardant avec tendresse.

Ce n'est pas tout encore... Le danger qui te poursuit pendant mon agonie peut subsister après ma mort ; ce que le duc n'aura pu obtenir par la terreur, il peut chercher à l'obtenir par la violence.

LUISA.

Mon père !

STROZZI.

Il peut tout, il ose tout !... C'est un infâme !

LUISA.

Mon Dieu !...

STROZZI.

Luisa, tu aimes mieux mourir jeune et pure, n'est-ce pas, que de vivre dans la honte et le déshonneur?

LUISA.

Oh ! oui, cent fois oui, mille fois oui, Dieu m'en est témoin !

STROZZI.

Eh bien, si jamais tu tombais entre les mains de cet homme, si tu ne voyais aucun moyen de lui échapper, si la miséricorde même de Dieu ne t'offrait plus aucune chance d'espoir...

LUISA.

Achevez, mon père ! dites, dites !

STROZZI.

Eh bien, un seul trésor me restait, que j'avais soustrait aux yeux de tous, une dernière consolation, ami suprême qui devait m'épargner la torture et l'échafaud : c'est ce poison.

LUISA, saisissant le flacon.

Donnez, donnez, mon père !

STROZZI.

Bien, bien, Luisa! merci! ce flacon, c'est la liberté, c'est l'honneur; prends-le, Luisa, je te le donne... Souviens-toi que tu es la fille de Strozzi!

LUISA.

Il sera fait comme vous le désirez, mon père, je le jure!

STROZZI.

Maintenant, je mourrai tranquille... Et toi, mon Dieu, qui entends ce serment, n'est-ce pas que tu ne le laisseras pas s'accomplir?

SCÈNE IV

Les Mêmes, le Familier, un Homme masqué.

LE FAMILIER, à Luisa.

La demi-heure accordée par la permission est écoulée: il faut me suivre.

LUISA.

Oh! déjà! déjà!

STROZZI.

Va, ma fille, et sois bénie!

LUISA.

Encore un instant! encore une seconde!

STROZZI.

Non! va, mon enfant... Adieu! Pas de grâce de cet homme.

LUISA.

Adieu, mon père!...

FRA LEONARDO.

Au revoir dans le ciel!

STROZZI.

Oui, oui!...

L'HOMME MASQUÉ, bas, à Luisa, qui passe près de lui.

Luisa!

LUISA, tressaillant.

Lorenzo!

LORENZINO.

Tu as toujours foi en moi?

LUISA.

Plus que jamais!

LORENZINO.

Eh bien, à ce soir.

LUISA, bas.

.A ce soir!

(Elle sort avec le Familier. Lorenzino, toujours masqué, reste au milieu des Prisonniers.)

SCÈNE V

LES MÊMES, hors LUISA et LE FAMILIER.

VITTORIO, à Lorenzino.

Qui es-tu, toi qui t'introduis masqué parmi nous? Quelque espion de Maurizio, quelque sbire du duc!

BERNARDO.

Es-tu le tortureur? Nous sommes prêts pour la torture!

SELVAGGIO.

Es-tu le bourreau? Nous sommes prêts pour la mort!

VITTORIO.

Voyons, parle, messager de malheur! Quelle nouvelle apportes-tu?

LORENZINO.

Je vous apporte la nouvelle que vous êtes tous condamnés à mort, et que vous serez tous exécutés demain matin, au point du jour.

(Il se démasque.)

TOUS.

Lorenzino!

VITTORIO.

Que cherches-tu?

BERNARDO.

Que demandes-tu?

LORENZINO.

Que vous importe, à vous qui n'avez plus rien à faire dans ce monde, qu'à prier et à mourir?

FRA LEONARDO.

Lorenzino! descends-tu dans les catacombes pour insulter aux martyrs? Que viens-tu faire ici?

LORENZINO.

Tu vas le savoir, car c'est toi que je cherche.

FRA LEONARDO.

Que me veux-tu?

LORENZINO.

Dis à tous ces hommes de s'éloigner, et de nous laisser isolés autant que possible.

FRA LEONARDO.

Pourquoi cela?

LORENZINO.

Parce que j'ai un secret à te révéler, et que je suis, moi aussi, en danger de mort. Je veux que tu entendes ma confession.

FRA LEONARDO, reculant.

Ta confession?

LORENZINO.

Oui.

FRA LEONARDO.

Moi, entendre ta confession?... Et pourquoi plutôt moi qu'un autre?

LORENZINO.

Depuis quand le pénitent n'a t-il plus le droit de choisir son confesseur?

FRA LEONARDO, aux Prisonniers.

Mes frères, arrière, tous! (Il s'assied.) J'attends.

LORENZINO, s'agenouillant devant lui.

Mon père, il y a un an que je suis revenu de Rome, ayant déjà dans mon cœur le projet que je vais exécuter aujourd'hui... A peine de retour à Florence, comme je craignais de prêter aux autres les sentiments que j'avais moi-même, je parcourus les différents quartiers de la ville, j'interrogeai les maisons des pauvres et les palais des riches, je me mêlai aux humbles artisans et aux orgueilleux patriciens... Une seule voix, pareille à un gémissement immense, s'élevait de tous côtés, accusant le duc Alexandre. L'un lui redemandait son argent, l'autre son honneur, celui-ci un père, celui-là un fils. Tous pleuraient, tous se lamentaient, tous accusaient, et je me dis : « Non, il n'est pas juste qu'un peuple entier souffre ainsi de la tyrannie d'un seul homme! »

FRA LEONARDO.

Ah!... ce que nous avions rêvé était donc vrai?

LORENZINO.

Alors, je jetai les yeux autour de moi; je vis la honte sur tous les visages, l'effroi dans tous les esprits, la corruption dans toutes les âmes! Je cherchai à quoi je pouvais m'appuyer, et je sentis que le vent de la terreur faisait tout plier sous ma main. La délation était partout, au dedans et au dehors; elle pénétrait dans l'intérieur des familles, elle courait par les places publiques, elle s'asseyait au foyer conjugal, elle se dressait sur les bornes des carrefours!... Je compris que quiconque voulait conspirer, dans de pareils jours, ne devait prendre d'autre confident que sa seule pensée, d'autre complice que son propre bras; je compris que, pareil au premier Brutus, celui-là devait couvrir son visage d'un voile assez épais pour que personne ne le reconnût... Lorenzo devint Lorenzino !

FRA LEONARDO.

Continue! continue!

LORENZINO.

Il fallait arriver au duc, il fallait qu'il se défiât de tous, il fallait qu'il se fiât à moi. Je me fis son courtisan, son valet, son bouffon; non-seulement j'obéis à ses ordres, mais encore je prévins ses volontés, je devançai ses désirs. Pendant un an, Florence m'appela lâche, traître, infâme! pendant un an, le mépris de mes concitoyens pesa sur moi, plus lourd que la pierre d'un tombeau! pendant un an, tous les cœurs doutèrent de moi... excepté un seul, qui, au dernier moment, en doutera peut-être!... Mais enfin j'ai réussi, enfin j'ai atteint le but que je voulais atteindre, enfin je suis arrivé au terme de ma longue et pénible route... Ce soir, je délivre Florence; ce soir, je rends la liberté à ma patrie; ce soir, je tue le duc Alexandre !

FRA LEONARDO.

Parle bas! parle bas!

LORENZINO.

Mais le duc est adroit, le duc est fort, le duc est brave... En essayant de sauver Florence, je puis succomber à mon tour... Il me faut donc l'absolution suprême... Donnez-la-moi, mon père! donnez-la-moi sans hésiter... Allez, j'ai assez souffert sur cette terre pour que vous ne me marchandiez pas le ciel !

FRA LEONARDO

Lorenzino, c'est un crime de t'absoudre, je le sais; mais, ce crime, je le prends sur moi, et, quand Dieu t'appellera pour te demander compte du sang que tu auras versé, je me présenterai à ta place, en disant : « Seigneur, ne cherchez pas le coupable ! Seigneur, le coupable est devant vous ? »

LORENZINO.

C'est bien ! tout est dit. Maintenant, lui aussi, comme vous, il est condamné, et ce n'est plus qu'une affaire de temps... Lorsque, demain, on viendra vous chercher pour vous conduire à l'échafaud, criez tous : « Le duc Alexandre est mort ! le duc Alexandre a été assassiné par Lorenzino ! Ouvrez la maison de Lorenzino, et vous trouverez son cadavre !... » Et le bourreau lui-même tremblera ; et le peuple courra à ma maison de via Larga ; et le peuple trouvera le corps du duc, et, au lieu d'être conduits à l'échafaud, vous serez portés en triomphe !

FRA LEONARDO.

Et toi ?

LORENZINO.

C'est moi qui ouvrirai au peuple la chambre où sera le cadavre du duc... Adieu, mon père !... (Se tournant vers les Prisonniers, groupés au fond.) Place, messieurs !

VITTORIO.

Et si nous ne voulions pas te laisser passer, nous ?

BERNARDO.

S'il nous avait pris envie de nous venger avant que de mourir ?

STROZZI.

Si nous avions décidé de t'étouffer entre nos mains ?

TOUS.

Qu'il meure, celui qui nous a vendus tous ! qu'il meure, le traître ! qu'il meure, l'infâme !

(Lorenzino porte la main à son épée, comme pour s'ouvrir un passage.)

FRA LEONARDO, s'élançant entre lui et les Prisonniers.

Frères ! laissez passer cet homme en vous inclinant devant lui... C'est le plus grand de nous tous !...

ACTE CINQUIÈME

La chambre de Lorenzino. Grande porte au fond. A droite, au premier plan, une porte ouvrant sur un escalier; du même côté, vers le fond, une autre porte; entre les deux portes, une fenêtre. A gauche, l'entrée d'un petit oratoire dont on voit l'intérieur, et qui occupe le premier plan; au deuxième plan, une porte donnant dans un cabinet.

—

SCÈNE PREMIÈRE

LORENZINO, LE DUC, puis LE HONGROIS.

LORENZINO.
Rentrez chez vous, monseigneur; faites les honneurs du souper à vos convives, buvez plutôt deux coupes qu'une... Dans une demi-heure, Luisa sera ici.

LE DUC.
J'y puis compter?

LORENZINO.
Lorsque je vous le promets!... Vous ai-je jamais promis une chose que je n'aie pas tenue?

LE DUC.
Ainsi, dans une demi-heure?

LORENZINO.
Oui... Seulement, je ne voudrais pas quitter la maison. Je n'ai personne à qui me fier... Vous êtes sûr du Hongrois?

LE DUC.
Comme de moi-même.

LORENZINO.
Prêtez-le-moi pour aller chercher notre belle affligée.

LE DUC.
Bon! elle reconnaîtra qu'il m'appartient, et elle ne voudra pas le suivre.

LORENZINO.
Avec un billet de moi qui lui promette la vie de son père, elle suivrait le diable en enfer! D'ailleurs, ce n'est pas la première fois que l'enfant vient ici. N'est-elle pas ma fiancée?

LE DUC.
Alors, pourquoi tant de précautions?

LORENZINO.

Pour sauver les apparences, pardieu!

LE DUC.

Prends donc le Hongrois; je le mets à ta disposition.

LORENZINO.

Appelez-le, et dites-lui qu'il doit m'obéir en tout point.

LE DUC, ouvrant la porte du fond.

Viens ici, et, sur ta tête, fais tout ce que t'ordonnera Lorenzino.

(Le Hongrois entre.)

LORENZINO, écrivant.

Oh! pardieu! c'est bien simple! (Au Hongrois.) Tu vas t'en aller place Sainte-Marie-Vieille, chez la jeune fille du bénitier; tu lui remettras ce billet; elle te suivra, et tu l'amèneras ici. Voici la clef de la rue.

LE HONGROIS.

Et quand elle sera ici?

LORENZINO.

Tu iras prévenir Son Altesse.

LE HONGROIS.

Ce sera fait comme monseigneur le désire.

LE DUC.

Va, et reviens vite!

(Le Hongrois sort. Le Duc va pour sortir lui-même.)

LORENZINO.

Monseigneur, votre parole que nul de vos convives ne saura où vous allez, ni pourquoi vous quittez la table?

LE DUC.

Je te la donne.

LORENZINO.

Maintenant, votre parole que vous n'oublierez pas que vous me l'avez donnée!

LE DUC.

Mignon!...

LORENZINO.

Ne nous fâchons pas... J'aime mieux deux promesses qu'une... Sur votre foi de gentilhomme?

LE DUC.

Sur ma foi de gentilhomme!

LORENZINO.

Alors, tout va bien!

LE DUC.

Qu'as-tu donc?

LORENZINO.

Moi?

LE DUC.

Tu es pâle comme un mort, et cependant la sueur ruisselle de ton front!

LORENZINO.

Votre Altesse est trop bonne! ce n'est rien... Allez, monseigneur, allez!

LE DUC.

Dans une demi-heure!

LORENZINO.

Plus tôt, si je puis...

(Le Duc sort.)

SCÈNE II

LORENZINO, seul.

Il va à la fenêtre et regarde dans la rue.

Cet air glacé me fait du bien!... Pourvu que Michele soit à son poste!... Un homme se promène dans la rue... C'est lui probablement... Psitt!... c'est lui!

MICHELE, de la rue.

Monseigneur?...

LORENZINO.

Voici la clef... Entre, et monte au deuxième étage; tu connais le chemin... Tiens! (Il lui jette la clef, puis va se regarder dans une glace.) Son Altesse avait raison, j'ai le visage pâle... Mais le cœur est ferme!

SCÈNE III

LORENZINO, MICHELE.

MICHELE.

Me voici, monseigneur.

LORENZINO.

Je suis heureux de te trouver si exact au rendez-vous... Es-tu prêt?

MICHELE.

C'est donc pour ce soir?

LORENZINO.

Dans une heure, tout sera fini.

MICHELE.

Où faut-il aller?

LORENZINO.

Nulle part.

MICHELE.

C'est donc chez vous que la chose se passera?

LORENZINO.

C'est ici même.

MICHELE.

Mais ne craignez-vous pas qu'on n'entende, de chez le duc, le cri et le cliquetis des armes?

LORENZINO.

Depuis un an, les voisins ont entendu chez moi tant de cris et de froissements d'épée, qu'ils n'y feront pas attention; sois tranquille.

MICHELE.

Votre Excellence n'oublie pas qu'elle m'a fait une promesse?

LORENZINO.

Rappelle-la-moi.

MICHELE.

C'est que, vous vengé, je serai libre de me venger à mon tour.

LORENZINO.

Tu veux donc tuer le duc?

MICHELE.

Plus que jamais!

LORENZINO.

Et ni pour or ni pour argent, ni par menace ni par prière, tu ne renoncerais à ton projet?

MICHELE.

J'ai fait serment de le tuer sans pitié, sans miséricorde.

LORENZINO.

C'est donc bien vrai, ce que tu m'as raconté?

MICHELE.

Je vous ai dit la vérité tout entière.

LORENZINO.

Mais c'est impossible à croire!

MICHELE.

Pourquoi cela?

LORENZINO.

Il n'y a pas d'homme capable d'une pareille cruauté.

MICHELE.

Le duc Alexandre n'est pas un homme.

LORENZINO.

Elle était belle, cette jeune fille?

MICHELE.

Belle comme un ange!

LORENZINO.

J'ai oublié son nom...

MICHELE.

Nella.

LORENZINO.

Et morte?...

MICHELE.

Morte!

LORENZINO.

A quel âge?

MICHELE.

A dix-huit ans.

LORENZINO.

C'est bien jeune!

MICHELE.

C'est trop vieux, quand, depuis deux ans déjà, le malheur et la honte sont entrés dans votre vie?

LORENZINO.

Et tu dis qu'après t'avoir donné l'espoir d'être son mari, le duc Alexandre...?

MICHELE.

Oh! laissez-moi, monseigneur!... Ne sentez-vous pas qu'à chacune de vos paroles, la colère me monte au front et me donne le vertige?... Taisez-vous! vous me rendriez insensé... Il ne s'agit pas de moi, il s'agit de vous; c'est vous qui allez vous venger, n'est-ce pas? et non pas moi; c'est moi qui suis obligé d'acheter ma vengeance au prix de la vie d'un autre que celui qui m'a offensé... Dites-moi quel est l'homme assez abandonné du ciel pour servir de bouclier au duc... Nommez-moi cet homme, nommez-le-moi! Je suis prêt.

LORENZINO.

Je n'ai pas besoin de te le nommer, tu le verras.

MICHELE.

Mais je le connais donc?

LORENZINO.

Tu as mauvaise mémoire, Michele ! Tu m'as nommé quatre hommes qui étaient dans la chambre du duc pendant cette nuit fatale, et je t'ai dit que celui dont j'avais à me venger était un de ces quatre hommes.

MICHELE.

C'est vrai ; cela suffit. (Voyant Lorenzino qui écoute.) On ferme la porte de la rue... Est-ce lui ?

LORENZINO.

Non, pas encore... Mais c'est quelqu'un qui ne doit pas te voir. (Montrant la gauche.) Entre dans ce cabinet, et n'en sors que quand je t'appellerai à mon aide... Pense au duc, rêve ta vengeance, et que, lorsque j'aurai besoin de toi, je te trouve l'épée à la main... Entre !

(Il le pousse dans le cabinet.)

SCÈNE IV

LORENZINO, LE HONGROIS, LUISA.

LE HONGROIS, à Luisa, qui le suit.

La !... Maintenant, signorina, douterez-vous encore ?

LORENZINO.

Luisa !

LUISA.

Lorenzo !

LORENZINO, au Hongrois.

Tu sais ce qui te reste à faire ?

LE HONGROIS.

Oui, monseigneur.

LORENZINO.

Rends-moi la clef... Tu tireras la porte derrière toi... (Lui jetant sa bourse.) Tiens !

LE HONGROIS, à part.

Décidément, je ne comprendrai jamais rien à cet homme-là !

SCÈNE V

LORENZINO, LUISA.

LORENZINO, faisant signe à Luisa de se taire, écoute le bruit des pas du Hongrois qui s'éloigne ; puis, après avoir entendu refermer la porte de la rue.

Tu n'as pas douté de moi, Luisa ; merci !

LUISA.

Mon Lorenzo, l'heure où je douterai de toi sera l'heure de ma mort.

LORENZINO, allant à la porte du fond.

Attends que je ferme cette porte... (Luisa le suit des yeux ; il ferme la porte, et revient près de la jeune fille.) Maintenant, écoute-moi.

LUISA.

Comme on écoute la voix de Dieu... Mais, avant tout, mon père ?

LORENZINO, d'une voix brève.

Je t'ai dit que ton père serait sauvé, et il le sera. Mais ce n'est point assez ; en pensant à lui, j'ai pensé à nous, ma bien-aimée. Dans une heure, nous quittons Florence.

LUISA.

Où allons-nous ?

LORENZINO.

A Venise. J'ai là une licence que m'a donnée l'évêque de Mazzi, pour prendre des chevaux de poste. Une fois libre, ton père te rejoindra.

LUISA.

Alors, partons, mon Lorenzo !

LORENZINO, d'une voix qui s'altère de plus en plus.

Non, pas encore. Avant que nous partions, un grand événement doit s'accomplir, Luisa.

LUISA.

Où cela?

LORENZINO.

Ici.

LUISA.

Comment, ici?

LORENZINO, désignant la chambre à droite.

Ici, dans cette chambre...

LUISA.

Mais moi, moi?

LORENZINO.

Toi, Luisa, tu seras dans cet oratoire, où tu prieras pour moi... Quelque chose que tu entendes, quelque bruit qui se fasse, quelque action qui s'accomplisse, tu ne bougeras pas, tu ne feras pas un mouvement, tu ne souffleras pas le mot... Quand tout sera fini, je t'ouvrirai; tu fermeras les yeux en traversant cette chambre... et nous partirons!

LUISA.

Lorenzo! Lorenzo! tu me fais frémir!...

LORENZINO.

Chut!... N'as-tu pas entendu?

LUISA.

Des pas dans ce corridor...

LORENZINO.

C'est cela... Passe dans cet oratoire, Luisa; voici le moment suprême. Appelle à ton aide tout ton courage, et, visses-tu entrer la mort (la poussant dans l'oratoire, un doigt sur les lèvres), tais-toi!...

LUISA.

Sainte mère des anges, que va-t-il donc se passer?

LORENZINO.

Prie!...

(Il ferme la porte de l'oratoire, dont il met la clef dans sa poche. La porte du fond s'ouvre.)

SCÈNE VI

LORENZINO, LE DUC, LUISA, à genoux et priant dans l'oratoire.

LE DUC, entrant.

Allons, Lorenzino, je reconnais que tu es un homme de parole.

LUISA.

La voix du duc!

LORENZINO.

Le Hongrois a dit à Votre Altesse...?

LE DUC.

Que, croyant suivre le pasteur, la douce brebis avait suivi le boucher!

LUISA, se soulevant sur un genou.

Que dit-il donc?

LE DUC.

Eh bien, voyons, où est-elle, notre belle affligée?

LORENZINO, montrant l'oratoire.

Chut!... Là.

LE DUC.

Pourquoi là, et pas ici?

LORENZINO.

Je vous savais à table, j'ignorais le nombre de coupes que vous comptiez y vider... si vous étiez ivre, je ne voulais pas que vous lui fissiez peur.

LUISA

Mon Dieu, mon Dieu, ai-je bien entendu?

LE DUC.

Tu le vois, je me suis ménagé.

LORENZINO.

Oui, Votre Altesse est tout à fait présentable... (Le conduisant vers la chambre à droite.) Ainsi, monseigneur...

LE DUC.

Où me mènes-tu?

LORENZINO.

A ma propre chambre, pardieu!... Dans cinq minutes, je vous la livre.

VII.

LUISA, jetant un cri.

Ah!... (Elle ouvre la fenêtre, comme pour se précipiter.) Grillée, grillée!

LORENZINO.

Une fois dans cette chambre, je pousse la porte derrière elle... Le reste vous regarde.

LUISA.

Oh! lui! lui-même!... Le poison! le poison!... Merci, mon père!

(Elle vide le flacon d'un trait, et retombe à genoux sur le prie-Dieu.)

LORENZINO, entrant dans la chambre derrière le Duc, mais sans disparaître de la vue du public.

Ne vous débarrassez-vous pas de votre robe de chambre et de votre épée?

LE DUC, dans la chambre.

De ma robe de chambre, oui; quant à mon épée, elle ne quitte mon côté que pour dormir à mon chevet.

LORENZINO.

Vous êtes homme de précaution, monseigneur!

LE DUC, de même.

Et cette précaution n'a pas été inutile chez la marquise Cibo.

(En ce moment, tous deux sont entrés dans la chambre.)

SCÈNE VII

Les Mêmes, MICHELE, sortant du cabinet.

MICHELE, l'épée à la main, et écoutant.

Dieu me pardonne, c'est la voix du duc!...

LE DUC, hors de vue, poussant un cri.

Ah! traître!

LORENZINO.

Meurs, misérable!... meurs, infâme!... A moi, Michele!

LE DUC.

Oh! je ne meurs pas pour un coup de poignard, moi!

(Il s'élance en scène, et se trouve en face de Michele, qui lui met l'épée sur la poitrine.)

MICHELE.

Non ; mais tu meurs pour un coup d'épée.

LE DUC.

Michele !...

MICHELE, le repoussant dans la chambre.

Souviens-toi de Nella !

LE DUC, hors de vue.

Je suis mort !...

(On entend le bruit d'un corps qui tombe.)

LUISA.

Jésus ! Madone sainte !... On tue ! on tue !...

SCÈNE VIII

LUISA, dans l'oratoire ; LORENZINO.

LORENZINO, se précipitant hors de la chambre, tout sanglant, blessé à la main et à la joue.

Luisa ! viens ! viens !...

(Il ouvre la porte de l'oratoire.)

LUISA.

Ah ! malheureux, je comprends !

LORENZINO.

Ne perdons pas un instant, mon amour, ma vie !... Viens ! viens !... Qu'as-tu ? Pourquoi hésites-tu ?... Plus rien à craindre : il est mort ! Florence est libre, et ton père est sauvé !

LUISA, ne pouvant marcher, et se renversant sur son bras.

Pardonne-moi, mon bien-aimé Lorenzo ! mais j'ai douté de toi... et je te l'avais dit, que l'instant où je douterais de toi serait celui de ma mort !

LORENZINO.

Eh bien ?...

LUISA.

Mon père m'avait donné, pour le cas où je tomberais aux mains du duc,... ce flacon de poison... Non-seulement j'ai cru que j'y étais tombée, mais encore que c'était toi qui me livrais à lui !

LORENZINO.

Après ?... Parle ! mais parle donc !

LUISA, lui montrant le flacon.

Regarde!

LORENZINO.

Le flacon vide!... Oh! malheur sur moi, je suis maudit!

LUISA.

Lorenzo! mon Lorenzo!...

LORENZINO.

Luisa!

LUISA.

Oh! dans tes bras!... contre ton cœur!

LORENZINO, sanglotant.

Mon Dieu! mon Dieu!... (Luisa glisse sur ses genoux.) A l'aide! au secours!... Elle se meurt!... (Luisa pousse un long soupir.) Morte!... (Silence désespéré, pendant lequel Michele reparait à la porte de la chambre.) Je n'avais que deux amours : Florence et elle... Je n'ai plus qu'une religion : la liberté!...

FIN DE LORENZINO

TABLE

	Pages
MADEMOISELLE DE BELLE-ISLE.	1
UN MARIAGE SOUS LOUIS XV.	99
LORENZINO.	197

F. Aureau. — Imprimerie de Lagny

www.ingramcontent.com/pod-product-compliance
Lightning Source LLC
Chambersburg PA
CBHW050645170426
43200CB00008B/1158